金融创新与国际贸易发展

张　琳　李继强　周　佩 编著

吉林科学技术出版社

图书在版编目（CIP）数据

金融创新与国际贸易发展 / 张琳，李继强，周佩编
著 . -- 长春：吉林科学技术出版社，2019.12
ISBN 978-7-5578-6415-6

Ⅰ．①金… Ⅱ．①张… ②李… ③周… Ⅲ．①金融一
关系－国际贸易－研究－中国 Ⅳ．① F832 ② F752

中国版本图书馆 CIP 数据核字（2019）第 300317 号

金融创新与国际贸易发展

编　著　张　琳　李继强　周　佩
出 版 人　李　梁
责任编辑　端金香
封面设计　刘　华
制　版　王　朋
开　本　16
字　数　290 千字
印　张　13
版　次　2019 年 12 月第 1 版
印　次　2019 年 12 月第 1 次印刷
出　版　吉林科学技术出版社
发　行　吉林科学技术出版社
地　址　长春市福祉大路 5788 号出版集团 A 座
邮　编　130118
发行部电话 / 传真　0431—81629529　　　81629530　　81629531
　　　　　　　　　　81629532　　81629533　　81629534
储运部电话　0431—86059116
编辑部电话　0431—81629517
网　址　www.jlstp.net
印　刷　北京宝莲鸿图科技有限公司
书　号　ISBN 978-7-5578-6415-6
定　价　55.00 元

前　言

随着经济全球化的不断发展，金融行业在国际经济中的地位也日益重要，对各个国家与地区的社会发展起到了主要的推动作用，也是经济发展水平的标志。在实际中，金融发展在不同国家、不同发展阶段都会对国际贸易产生不同的影响，通过相应的金融制度规则，金融行业普及发展水平，金融产业机构，金融约束等因素对国际贸易的进程与结构产生影响。金融与贸易是国民经济活动中的两大重要组成部分，也是各个地区之间进行产业交流与经济往来的重要渠道。随着经济一体化的不断深入发展，金融与贸易之间的融合与互动也不断深化。学术界关于金融发展与贸易往来之间的研究日益增多，表明金融与贸易正在不断受到社会各界人士的关注与认可。

众多研究表明，金融的发展与国际贸易之间存在千丝万缕的关系。国际贸易的开展与实践能够为地区金融的发展提供有效的经验，国际贸易过程中，贸易双方需要进行资金的结算，这些资金的转移与结算均属于金融范围，通过对每次的贸易活动流程以及经验进行总结分析，能够对传统的贸易交流理论进行更新；其次，在国际贸易的蓬勃发展下，金融也能够更加自由的发展，国际贸易是一种自由的贸易形式，对于企业而言，经营生产的最终目的就是将产品推向全球各个市场，金融服务的范围较为广泛，为了推动贸易的开展，必须不断改革，完善自身。

本文从金融创新与国际贸易两篇进行详细的分析与叙述，对其基本知识和发展问题进行分析，同时对未来进行展望。希望本书能够为我国相关工作项目提供一定的帮助。

目　录

上　篇　金融创新篇

第一章　金融创新导论

第一节　金融创新概述

一、金融创新的含义

金融创新的含义，目前国内外尚无统一的解释。有关金融创新的定义，大多是根据美籍奥地利著名经济学家熊彼特（Joseph Alois Schumpeter，1883～1950）的观点衍生而来。熊彼特于1912年在其成名作《经济发展理论》（Theory of Economic Development）中对创新所下的定义是：创新是指新的生产函数的建立，也就是企业家对企业要素实行新的组合。

按照这个观点，创新包括技术创新（产品创新与工艺创新）与组织管理上的创新，因为两者均可导致生产函数或供应函数的变化。

具体地讲，创新包括五种情形：

（1）新产品的出现；

（2）新工艺的应用；

（3）新资源的开发；

（4）新市场的开拓；

（5）新的生产组织与管理方式的确立，也称为组织创新。

二、金融业务创新与金融技术创新

金融业务创新包括金融产品、金融交易方式和服务方式、金融市场、金融经营管理机制和监控机制等的创新。

金融技术创新要在金融业务创新的基础上，大力发展以信息技术为基础的先进的金融手段和金融机具与装备，完善电子金融体系建设，实现金融能力质的跃升。

金融创新定义虽然大多源于熊彼特经济创新的概念，但各个定义的内涵差异较大，总括起来对于金融创新的理解无外乎有三个层面。

（一）宏观层面的金融创新

宏观层面的金融创新将金融创新与金融史上的重大历史变革等同起来，认为整个金融业的发展史就是一部不断创新的历史，金融业的每项重大发展都离不开金融创新。

从这个层面上理解金融创新有如下特点：金融创新的时间跨度长，将整个货币信用的发展史视为金融创新史，金融发展史上的每一次重大突破都视为金融创新；金融创新涉及的范围相当广泛，不仅包括金融技术的创新，金融市场的创新；金融服务，产品的创新，金融企业组织和管理方式的创新，金融服务业结构上的创新，而且还包括现代银行业产生以来有关银行业务，银行支付和清算体系，银行的资产负债管理乃至金融机构，金融补偿，金融体系，国际货币制度等方面的历次变革。如此长的历史跨度和如此广的研究空间使得金融创新研究可望而不可即。

（二）中观层面的金融创新

中观层面的金融创新是指20世纪50年代末，60年代初以后，金融机构特别是银行中介功能的变化，它可以分为技术创新，产品创新以及制度创新。技术创新是指制造新产品时，采用新的生产要素或重新组合要素，生产方法，管理系统的过程。产品创新是指产品的供给方生产比传统产品性能更好，质量更优的新产品的过程。制度创新则是指一个系统的形成和功能发生了变化。而使系统效率有所提高的过程。从这个层面上，可将金融创新定义为，是政府或金融当局和金融机构为适应经济环境的变化和在金融过程中的内部矛盾运动，防止或转移经营风险和降低成本，为更好地实现流动性，安全性和盈利性目标而逐步改变金融中介功能，创造和组合一个新的高效率的资金营运方式或营运体系的过程。中观层次的金融创新概念不仅把研究的时间限制在60年代以后，而且研究对象也有明确的内涵，因此，大多数关于金融创新理论的研究均采用此概念。

（三）微观层面的金融创新

微观层面的金融创新仅指金融工具的创新。大致可分为四种类型：信用创新型，如用短期信用来实现中期信用。以及分散投资者独家承担贷款风险的票据发行便利等；风险转移创新型，它包括能在各经济机构之间相互转移金融工具内在风险的各种新工具，如货币互换、利率互换等；增加流动创新型，它包括能使原有的金融工具提高变现能力和可转换性的新金融工具，如长期贷款的证券化等；股权创造创新型，它包括使债权变为股权的各种新金融工具，如附有股权认购书的债券等。

我国学者对此的定义为：金融创新是指金融内部通过各种要素的重新组合和创造性变革所创造或引进的新事物。并认为金融创新大致可归为三类：

（1）金融制度创新；

（2）金融业务创新；

（3）金融组织创新。

从思维层次上看，"创新"有三层含义：

（1）原创性思想的跃进，如第一份期权合约的产生；

（2）整合性将已有观念的重新理解和运用，如期货合约的产生；

（3）组合性创性，如蝶式期权的产生。

三、金融创新的种类

中国学者对此的定义为：金融创新是指金融内部通过各种要素的重新组合和创造性变革所创造或引进的新事物。并认为金融创新大致可归为七类：

（1）金融制度创新；

（2）金融市场创新；

（3）金融产品创新；

（4）金融机构创新；

（5）金融资源创新；

（6）金融科技创新；

（7）金融管理创新。

（一）金融制度创新

一国的金融制度总是随着金融环境的变化，如政治、经济、信用制度、金融政策等的变化而逐渐演变的，这种演变不仅是结构性的变化，从某种意义上说，也是一种本质上的变化。金融制度创新包括金融组织体系、调控体系、市场体系的变革及发展。它影响和决定着金融产权、信用制度、各金融主体的行为及金融市场机制等方面的状况和运作质量。

（二）金融市场创新

金融市场创新主要是指银行经营者根据一定时期的经营环境所造成的机会开发出新的市场。现代金融市场大致包括：

（1）差异性市场，如按不同的内容划分的货币市场、外汇市场、资本市场、黄金市场、证券市场、抵押市场、保险市场等。

（2）时间性市场，按期限长短划分，短期的有资金拆借市场、票据贴现市场、短期借贷市场、短期债券市场等；长期的有资本市场，如长期债券市场、股票市场等。

（3）地区性市场，如国内金融市场、国际金融市场等。金融市场创新主要指的是微观经济主体开辟新的金融市场或宏观经济主体建立新型的金融市场。由于金融市场向更高级金融市场的过渡和转化，由封闭型金融市场向开放金融市场的进入和拓展。

（三）金融产品创新

金融产品的核心是满足需求的功能，它包括金融工具和银行服务。金融产品的形式是客户所要求的产品种类、特色、方式、质量和信誉，使客户方便、安全、盈利。在国际金融市场上，金融创新的大部分属于金融产品的创新。

（四）金融机构创新

金融机构创新，是从金融创新经营的内容和特征出发，以创造出新型的经营机构为目的，建立完整的机构体系。

（五）金融资源创新

金融资源是指人才、资金、财务、信息等，它是保证银行正常经营的必要前提，金融资源创新主要包括以下几个方面的内容：1.金融资源的来源创新。首先，金融业经营的正常进行必须有专门的人才，人才来源包括自己培养、吸收其他机构高级人才和引进国外高级专业人才；其次，必须有资金来源的充分保证，它要求金融机构经营者随时掌握资金供应市场的动态，挖掘和寻求新的资金供应渠道，开辟新的负债业务；2.金融资源的结构创新。金融资源结构包括及时、准确地掌握各种信息，高级专业人才比重大，负债结构合理，财务管理先进。它能创造出比同行领先的经营效率和方法；3.金融资源聚集方式创新。对不同的金融资源有不同的吸引和聚集方式，银行经营者要不断创造新的手段，用最经济、最有效的方法去聚集自己所需的金融经营资源，合理地配置这些资源，以求得经营上的最大效益。

（六）金融科技创新

进入20世纪70年代以来的金融技术革新和金融自由化。主要体现在银行和非银行金融机构，金融服务讲究速度和效率，以及科学技术在金融领域的应用，对金融业务产生了划时代的影响。它一方面使金融市场在时间和空间上的距离缩小，另一方面又使金融服务多元化、国际化。

（七）金融管理创新

金融业管理创新机制包括两个方面：一方面，国家通过立法间接对金融业进行管理，目标是稳定通货和发展经济；另一方面，金融机构内部的管理，建立完善的内控机制，包括机构管理、信贷资金管理、投资风险管理、财务管理、劳动人事管理等方面。目前，金融机构管理，其着眼点都是通过资金来源制约资金运用，实现银行资产和负债双方总量和结构的动态平衡，不断创造新的管理方法。

从思维层次上看，"创新"有三层含义：

（1）原创性思想的跃进，如第一份期权合约的产生；

（2）整合性将已有观念重新理解和运用，如期货合约的产生；

（3）组合性创性，如蝶式期权的产生。

第二节 金融创新的内容

一、金融创新的理论基础

（一）西尔柏的约束诱导型金融创新理论

1. 西尔柏（W.L.Silber）主要是从供给角度来探索金融创新。西尔柏研究金融创新是从寻求利润最大化的金融公司创新最积极这个表象开始的，由此归纳出金融创新是微观金融组织为了寻求最大的利润，减轻外部对其产生的金融压制而采取的"自卫"行为。

2. 西尔柏认为，金融压制来自两个方面：其一是政府的控制管理；其二是内部强加的压制。

（二）凯恩的规避型金融创新理论

1. 凯恩（E.J.Kane）提出了"规避"的金融创新理论。所谓"规避"就是指对各种规章制度的限制性措施实行回避。"规避创新"则是回避各种金融控制和管理的行为。它意味着当外在市场力量和市场机制与机构内在要求相结合，回避各种金融控制和规章制度时就产生了金融创新行为。

2. "规避"理论非常重视外部环境对金融创新的影响。从"规避"本身来说，也许能够说明它是一些金融创新行为的源泉，但是"规避"理论似乎太绝对和抽象化地把规避和创新逻辑联系在一起，而排除了其他一些因素的作用和影响，其中最重要的是制度因素的推动力。

（三）希克斯和尼汉斯的交易成本创新理论

1. 希克斯（J.R.Hicks）和尼汉斯（J.Niehans）提出的金融创新理论的基本命题是"金融创新的支配因素是降低交易成本"。这个命题包括两层含义：降低交易成本是金融创新的首要动机，交易成本的高低决定金融业务和金融工具是否具有实际意义；金融创新实质上是对科技进步导致交易成本降低的反应。

2.交易成本理论把金融创新的源泉完全归因于金融微观经济结构变化引起的交易成本下降，是有一定的局限性的。因为它忽视了交易成本降低并非完全由科技进步引起，竞争也会使得交易成本不断下降，外部经济环境的变化对降低交易成本也有一定的作用。

3.交易成本理论单纯地以交易成本下降来解释金融创新原因，把问题的内部属性看得未免过于简单了。但是，它仍不失为研究金融创新的一种有效的分析方法。

（四）金融深化理论

1.美国经济学家爱德华·S·肖从发展经济学的角度对金融与经济发展的关系进行了开创性的研究。

2.肖提出金融深化理论，要求放松金融管制，实行金融自由化。这与金融创新的要求相适应，因此成了推动金融创新的重要理论依据。

（五）制度学派的金融创新理论

1.以戴维斯（S.Davies）、塞拉（R.Sylla）和诺斯（North）等为代表。

2.这种金融创新理论认为，作为经济制度的一个组成部分，金融创新应该是一种与经济制度互为影响、互为因果关系的制度改革。

（六）理性预期理论

1.理性预期学派是从货币学派分离出来的一个新兴经济学流派，最早提出理性预期思想的是美国经济学家约翰·穆斯。20世纪70年代初，卢卡斯正式提出了理性预期理论。

2.理性预期理论的核心命题有两个：

（1）人们在看到现实即将发生变化时倾向于从自身利益出发，做出合理的、明智的反应；

（2）那些合理的明智的反应能够使政府的财政政策和货币政策不能取得预期的效果。

（七）格林和海伍德的财富增长理论

格林（B.Green）和海伍德（J.Haywood）认为财富的增长是决定对金融资产和金融创新需求的主要因素。

二、金融创新的动因

（一）顺应需求的变化

20世纪50年代，3个月期的美元国库券利率在1%和3.5%之间波动。到了70年代，它的波幅达到4%～11.5%之间。而80年代这一波幅已扩大至5%和15%以上。利率的剧烈波动造成了巨额的资本利得或资本损失，并使投资回报率具有较大的不确定性。经济环境的这一变化，刺激了对满足该需求的创新的探求，激励人们创造一些能够降低利率风险的新的金融工具。在该需求的推动下，70年代产生了三种新的金融创新：可变利率抵押贷款、金融期货交易和金融工具的期权交易。

（二）顺应供给的变化

当前计算机和通信技术的改善，是导致供给条件发生变化的最重要的源泉，它有力地刺激了金融创新。当能够大大降低金融交易成本的新计算机技术可以运用时，金融机构便可据以设想出可能对公众有吸引力的新金融产品和新金融工具。银行卡即是其中之一。计算机和通信技术的改善进步也改善了市场获得证券信息的能力，这种由交易和信息技术的改善而引发的金融创新最重要的例证是证券化。此外，政府管理制度的变化也能够导致供给条件变化，由政府管理变化而发生的金融创新的例子是贴现经纪人和股票指数期货的出现。

（三）规避既有管理法规

由于金融业较其他行业受到更为严格的管理，政府管理法规就成为这个行业创新的重要推动力量。当管理法规的某种约束可以合理地或被默认地予以规避，并可以带来收益，创新就会发生。过去美国银行业在法定准备金与存款利率两个方面受到限制。自20世纪60年代末期开始，由于通货膨胀率引起的较高的利率水平同存款利率上限和存款准备金合在一起减少了银行的利润，促使商业银行产生了欧洲美元、银行商业票据、可转让提款通知书账户（NOW）、自动转换储蓄账户（ATS）和隔日回购协定、货币市场互助基金（MMMF）等形式的金融创新。

三、金融创新工具的分类

金融创新大致可以归纳为以下几类：

（一）所有权凭证

股票是所有权的代表。传统的主要有普通股和优先股。由于创新出现了许多变种。以优先股为例，有可转换可调节优先股、可转换可交换优先股、再买卖优先股、可累积优先股、可调节股息率优先股、拍卖式股息率优先股等。

（二）融资工具

债务工具对借款人来说是债务凭证，对放款者来讲是债权凭证。最早的债务工具是借据，紧接着出现的是商业票据，以后又出现了银行票据和企业、政府发行的各种债券。由于创新，债务工具又发生了许多新变化。就个人债务工具而言，其变种主要表现有：信用卡、可转让提效单账户、可变或可调节利率抵押、可转换抵押、可变人寿保险等。

（三）股权账户等

就企业而言就更多，主要表现为以下几类：

1. 可调节的利率有：浮动利率票据、利率重订票据、可调节利率、可转换债券、零息票可转换债券。

2. 可变期限的有：可展期票据、可卖出可展期票据、可变期限票据、可卖出可调节清偿债务。

3. 可以外国通货标值的有：外国通货标值债券、双重通货标值债券、欧洲通货债券。

4. 可担保的债务有：以抵押为后盾债券、以应收项目为后盾债券、以不动产为后盾债券、有附属担保品抵押债券。

（四）衍生金融产品

最传统的金融产品是商业票据、银行票据等。由于创新，在此基础上派生出许多具有新的价值的金融产品或金融工具，如期货合同、期权合同互换及远期协议合同。远期合同和期货近几年又有新的创新，具体表现在：远期利率协议、利率期货、外国通货期货、股票指数期货等。目前最新的杰作则为欧洲利率期货、远期外汇协议，前者为不同通货的短期利率保值，后者为率差变动保值。

（五）组合金融工具

组合金融工具是指对种类不同的两重以上（含两重）的金融工具进行组合，使其成为一种新的金融工具。组合金融工具横跨多个金融市场，在多个市场中，只要有两个市场或两个以上市场的产品结合，就能创造出一种综合产品或一种组合工具，如可转换债券、股票期权、定期美元固定利率、等等，都是组合金融工具。其他衍生金融工具还有票据发行便利、备用信用证、贷款承诺等。

第三节　金融创新的发展与影响

一、中国金融创新的现状

我国的金融创新经过 20 年的发展，也取得了巨大的成绩，主要体现在以下几个方面：

（一）在组织制度上的创新

建立了统一的中央银行体制，形成了四家国有商业银行和十多家股份制银行为主体的存款货币银行体系，现在城市信用社改成城市商业银行。建立了多家非银行金融机构和保险机构，放宽了外资银行分支机构和保险以市场进入条件，初步建立了外汇市场，加快了开放步伐。

（二）管理制度的创新

1. 中央银行从纯粹的计划金融管制转变为金融宏观调控，调控方式有计划性，行政性手段为主的宏观调控想一经济和法律手段转变，调控手段上逐步启用存款准备金，公开市场业务等货币政策工具。加快了外汇改革，实现了人民币经常项目下的可兑换。

2. 对金融机构业务管制有所放松，各专业银行可以开办城乡人民币，外汇等多种业务，公平竞争；企业和银行可以双向选择。对信贷资金的管理"切块管理，实存实贷，存贷挂钩"等措施，到 1980 年改为"统一计划，分级管理，存贷挂钩，差额控制"，1985 年改为"统一计划，划分资金，实存实贷，相互融通"；1994 年改为"总量控制，比例管理，分类指导，市场融通"的管理体制。此外，对国有银行以外的其他金融机构实行全面的资产负债比例管理；1998 年对国有商业银行也实行资产负债比例管理。

（三）金融市场创新

建立了同业拆借，商业票据和短期政府债券为主的货币市场；建立了银行与企业间外汇零售市场，银行与银行间外汇批发市场，中央银行与外汇指定银行间公开操作市场相结合的外汇统一市场。在资本市场方面，建立了以承销商为主的一级市场，以深，沪市核心，以城市证券交易中心为外围，以各地券商营业部为网络的二级市场。

（四）金融业务与工具的创新

从负债业务上，出现了三、六、九个月的定期存款、保值储蓄存款、住房储蓄存款、委托存款、信托存款等新品种；从资产业务看，出现了抵押贷款、质押贷款、按揭贷款等品种；在中间业务上出现了多功能的信用卡。从金融工具上看，主要有国库券、商业票据、短期融资债券、回购协议，大额可转让存单等资本市场工具和长期政府债券、企业债券、金融债券、股票、受益债券、股权证、基金证券等。

（五）金融技术创新

在技术上出现了以上海，深圳交易所为代表的电子化装备。

从我国的创新历程可以发现，我国金融创新的如下特征：

1. 吸纳性创新多，原创性创新少。

2. 创新层次低，主要表现为数量扩张。

3. 负债类业务创新多，资产类业务创新少。

4. 区域特征明显，特区和沿海城市金融管制相对较松，市场比较活跃，创新比较集中。

5. 金融创新靠外力推动，内部驱动不足。创新主要由体制转换和改革等外因推动。

6. 资金滞留在一级市场多，进入实体经济少。

二、金融创新对货币流通速度的影响

金融创新使对货币的定义和货币层次的划分更加复杂，同时对货币流通速度也产生了较大的影响。从货币乘数和货币流通速度的反向关系对传统的货币乘数进行修正，从而可以得出：金融创新使货币流通速度降低。同时通过近年来我国货币流通速度和货币乘数的实证检验，上述结论基本成立。下面就从修正的货币乘数角度，来分析金融创新对货币流通速度的影响。

（一）货币流通速度的模型

1. 交易型的货币数量模型

原始货币数量论认为，经济中货币需求量与所需满足的商品交易量成正比，用公式表示就是费雪的货币交易方程：

MV—PQ。

其中 M 为货币数量，V 为货币流通速度，P 为商品价格，Q 为商品交易量，PQ 乘积即为某一时期内的商品交易额。可见，货币流通速度最早的定义乃是指年度内单位货币被使用的平均次数，因而又被称为货币交易流通速度。

2. 收入型货币数量模型

20 世纪 60 年代到 70 年代，以弗里德曼为首的货币主义学派发展了货币数量论，新的货币数量论，方程式如下：$MV=PY$，其中 PY 指名义货币收入，伴随这一转变货币流通速度亦有了新的含义：一定时期内单位货币周转（这里所指的周转包括再生产的全过程）的平均次数。因而又被称为货币收入流通速度。

从上述模型可以看出，二者在原理上基本统一，它们的区别主要在于前者是源于货币作为交易手段的职能来解释货币流通速度；而后者则是从货币储藏手段（永久性收入）的职能来解释。根据货币均衡理论，货币市场均衡的条件为 Ms = Md，所以货币的流通速度 V 和货币的供给量具有直接的关系，众所周知，M_2 是由 M_1 和准货币（$M_2 - M_1$）构成的，其中 M_1 对应货币的交易职能，准货币对应货币的贮藏职能。把二者加以综合可以得出货币流通速度的一般公式为：

$M_2V = GDP$

三、金融创新对货币定义和货币划分的影响

从整个货币发展的里程来看，一般认为货币经历了朴素的商品货币阶段、贵金属货币阶段、代用符号货币阶段、电子货币阶段四个阶段。各阶段就其作为货币的价值与本身所包含的价值而言，具有实物货币、金属货币、信用货币、电子货币、数字货币等多种形式（其中数字现金是电子货币发展的较高阶段形式）。金融创新的日新月异使得理论界对货

币的定义变得日益困难。货币到底是什么？传统的货币定义认为货币是为广大公众所普遍接受的一般等价物的特殊商品。马克思和一些当代主流经济学家均认为"货币是一种社会关系"；而米尔顿·弗里德曼和新凯恩斯主义的经济学家、哈佛大学的年轻教授曼昆却说"货币是经济中人们经常用于购买其他人的物品与劳务的一组资产"；社会学家西美尔则把货币视作为"一切价值的公分母""价值的现金化""货币是人与人之间交换活动的物化，是一种纯粹功能的具体化。"在围绕着理解和把握货币到底是什么这一问题上，经济学家和社会学家们被长期困扰，特别是金融创新使货币的外延越来越广泛，所以对货币的界定越发复杂。

金融创新，特别是大量金融业务创新后，涌现了许多新型账户，这些账户的出现使传统货币供给层次划分出现混乱，例如 NOW、ATS、MMDA 等新型账户都具有开具支票的功能，类似于活期存款，理应划入 M1，但这些账户余额又大部分放在投资性储蓄账户上，实际上它应属于 M_2。由于类似的金融创新，各国对货币供给层次的划分不断进行修改。英国已有 M_1、M_2、M_3、DCE、PSL_1、PSL_2 等 8 个货币供给指标，从 1970～1984 年间修改货币定义 9 次之多。美国在 1971～1984 年间共修改货币定义 7 次，货币供给指标发展到目前的 M_1、M_2、M_3、L 和 Debt 5 个。尽管频繁修改，金融创新带来的难题并未完全解决，如电子账户、多功能信用卡和网络支付账户等对应的货币层次，各国中央银行目前尚无明确答案。所以金融创新使得对与货币的定义和货币层次划分更加难以界定，从而直接影响到货币流通速度的分析与测定。

（一）货币流通速度和货币乘数的关系

货币乘数是指在基础货币（高能货币）基础上货币供给量通过商业银行的创造存款货币功能产生派生存款的作用产生的信用扩张倍数。根据货币乘数理论其公式为：

$$K_2 = \frac{M_2}{B} = \frac{1+c+t}{c+rd+t.rt+e}$$

其中，K_2 为广义货币乘数，c 为现金漏损率，rd 为活期存款准备金率，t 为定期和储蓄存款占活期存款的比重，rt 为定期存款准备金率，e 为超额准备率。

$$K_2.B = \frac{GDP}{V}$$

不难看出，在一定的名义 GDP 下，货币乘数 B 和货币流通速度 V 之间存在着反比关系，即在一定的产出水平下，货币流通速度增大，则货币乘数减少；反之亦然。所以要分析金融创新对货币流通速度的影响，只要找出影响货币乘数的因素，就可以得出相应的结论。

（二）从修正的货币乘数看金融创新对货币流通速度的影响

金融创新对货币的定义和货币层次的划分产生了深刻的影响，随着金融工具种类的不断丰富，无论是流通中的现金、各类存款等流动性不同的货币供给都发生了较大的变化。

金融创新对货币乘数的各种影响因素的影响变化如下。

1. 对现金的影响

随着电子技术的日益成熟，电子货币的发展将会成为货币的主流。经济体之间的借贷、消费、转账等将无一不是通过网络进行结算，支票和现金结算将逐步减少。特别是数字现金是在银行存款转移支付工具的逐渐深化和对现金通货的逐渐挤占的基础上发展起来的电子货币的高级发育形态，是货币经历实物货币、贵金属货币、代用符号货币（纸币）等各种发育阶段类型的电子货币的不断发展和演化的产物，具有良好的匿名性、无限的分割性、真实的价值性、快捷便利和可交换性等一系列的优点，可以推知，数字现金对货币形态演化的这种影响趋势将使数字现金不断挤占现金通货纸币和存款通货的某些形态而逐渐成为未来数字货币时代的最主要流通货币形式之一，它是现金纸币通货和存款通货的最佳替代者，因此，从其一问世以来便迅速挤占现金和存款通货中数字现金前期各种发育形态的电子货币的位置，并且后来居上。不难推知，随着数字经济对整体经济增长贡献率的提高，实体经济对现行的现金纸币通货的需求将因数字现金的逐渐挤占而大幅缩减到少量存在，数字现金则会广为流行，而结算性临时存款通货的大部分将逐步转化为数字现金形态，小部分仍将以卡型电子货币形态和存款转账型电子货币形态存在，但也将逐渐向数字现金形态转化。

2. 金融创新对货币层次和货币乘数的影响

金融创新使传统的货币层次的划分变得越来越模糊，各种货币之间转变的交易成本越来越低，而且货币层次越来越多，如 NOW 账户、ATS 账户等。特别在西方国家金融市场，由于金融产品不断创新，金融产品日益增多，不同流动性的金融创新产品在不同程度上充当了商品交换的媒介。成了事实上的货币。这样一来使货币的供应规模量在不断扩大。这里可以引入一个金融创新下的可以充当货币媒介的可替代性金融资产的一个量，即在货币供应量上加入一个量 Mc，所以金融创新下货币供应量为：

$$M^* = C + Dr + Dt + Ce + Mc$$

其中，Ce 为数字现金，Mc 为金融创新下的可以充当货币媒介的可替代性金融资产。所以，新的货币乘数为：

$$K^* = \frac{1 + c + c_e + t + t_c}{c + c_e + r_d + t.r_t + r_e.c_e + e}$$

其中，c_e 为数字现金占活期存款的比例，t_c 为替代性金融资产占活期存款的比例，r_e 为数字现金的准备金率。

为了分析的方便，假设在金融创新下，活期存款占比 t 和法定存款准备金率 r_t 不变。那么在金融创新下：

（1）由于数字现金对纸币现金的挤占，现金的漏损率 c 逐渐变小，所以货币乘数增大，货币流通速度降低；

（2）数字现金占活期存款比例 Ce 增大，货币乘数减少，货币流通速度增大，如果央行监管严格，即数字现金的发行只由央行或由央行指定的某些商业银行进行，货币乘数减少幅度变少，货币流通速度增幅增大；

（3）替代性金融资产占活期存款的比例 tc 增大，货币乘数增大，货币的流通速度降低；

（4）金融创新使各种资产的转换更加快捷灵活和费用低廉。特别是商业银行的存、贷款业务空间的减少，企业和个人资产选择的空间更加广泛，所以超额准备金数量和超额准备金率 e 将逐步减少，所以货币乘数增大，货币的流通速度降低。

综上所述可知，金融创新对货币流通速度的影响可以从不同的方面得到解释，其中现金漏损率的降低、替代性金融资产的比例增大和超额准备率的下降都使货币的流通速度降低，而数字现金占活期存款比例则会使货币的流通速度加快。总的来说，由于数字现金和活期存款的流动性都比较强，所以在一定时期内产生较大的相互替代可能性不大（但是长远来看 ce 还是增大的），所以要考察在一定时期内货币的流通速度或者货币乘数发生变换总的趋势是：金融创新使货币乘数增大，流通速度下降。

四、金融创新的道德风险分析

金融创新存在着危机和风险，其中道德风险是风险的重要组成部分，从某种意义来看，道德风险的存在和失控是金融创新的毒药。金融创新的道德风险就是金融机构及其从事金融领域工作的精英们为追求自身利益的最大化使创新脱离了道德的轨迹，造成了道德危机，进而危害投资人和金融机构的利益。近些年来，由于追求竞争优势和高额利益，西方国家出现了放宽金融管制与倡导金融领域的自由化经营的倾向，如允许各金融机构业务交叉，放松对本国居民和外国居民在投资方面的诸多限制，货币政策宽松、资产证券化和金融衍生产品得到了无节制的发展等，使道德风险不断积聚，最后导致危机的爆发。

（一）金融创新以规避制度监管为目的，使道德风险失去了有效的制度控制

道德风险首先源自于制度管制缺失的风险。按照制度经济学的观点，人是制度化的人，没有好的制度环境，好人也会变为坏人。金融创新的原动力之一就是可以通过创新以突破旧体制的限制。按照凯恩（E. J. Kane）的规避型金融创新理论，金融创新就是回避各种金融控制和管理的行为。也就是说，当外在市场力量和市场机制与机构内在要求相结合以规避各种金融控制和规章制度时就产生了金融创新行为。凯恩认为，许多形式的政府管制与控制实质上等于隐含的税收，阻碍了金融业从事已有的盈利性活动和利用管制以外的利润机会，因此，金融机构会通过创新来逃避政府的管制。在他看来，金融创新与金融监管是相互博弈均衡的过程。综观本次美国金融危机，根源之一在于现有金融机构通过金融创新，形成了一个完全不同于传统金融体系的"影子银行"体系。其核心是通过一系列金融产品、金融工具、金融市场的创新，突破既有的金融监管体系，以便在这种无监管金融交

易中获得最大利润。

对金融监管的规避使道德现象时有发生。例如：利用监管制度的滞后性以及法律的真空地带，滥用金融创新或恶意金融创新；利用金融机构的特殊性，对公众不公开有关金融产品的信息，导致由于信息不对称产生的道德风险等。由于监管制度的不完善，使得金融创新行为乃至不道德行为合法化，从而变相鼓励了某些不道德的金融创新行为。

此外，从金融监管的形式以及金融监管失效的原因看，由政府主导的监管尤有不足之处，它不可能从微观层面来监督和解决所有的问题，法律监管和道德监管就显得尤为重要。美国金融监管机制一直被视为全球的典范，但事实证明并非完美无缺。美国自 1929 年金融大崩溃以来先后经历了自由放任、加强管制、金融创新、加强监管、放松监管等多次转折，其结果还是发生了危机，这与道德机制监督的缺失不无关系。

（二）金融创新引发的金融风险转移，致使投资者承担了道德风险的后果

创新是对未知世界的探求，其根本特征是不确定性和风险性。然而，创新同时又能抵御一定的风险，金融创新的原动力之一是规避金融风险，金融创新的特点是将诸多风险以不同的组合方式再包装，相对于传统金融业务，这种方式更加复杂。它对单个经济主体提供风险保护的同时却将风险转移到了其他的更多的经济主体上，如果经济主体都想转移同一方向的风险时，风险就会集中爆发，给金融体系造成严重危害。

为何以规避风险为目的的金融创新会使风险毫无限制的产生？答案就是能把风险扔给别人。对于金融创新者而言，他们非常清楚并懂得风险的含义，而当他们自己的风险较小或风险能够转移时，为了欲望和贪婪，他们会制造风险，除非他们是有道德的人，或者是受制度约束的人。金融市场的扩大和繁荣靠投资者的数量，金融机构为取得更大的利益、规避投资风险，通过金融创新吸引更多的投资者参与市场，同时也使金融机构的风险转移到投资人身上，致使投资人的利益受到损害。

对于投资人而言，他们的投资行为也是受利益驱使的。他们能接受金融创新并承受道德风险源于对投资收益的预期，在此前提下，投资者为了获取更高的收益愿意承担风险。当无论金融创新的主体还是高风险倾向的投资者都追求收益最大化时，就出现了共振和同向效应，这使得金融创新的发起者的金融风险的转移成为可能。

（三）金融创新打破了原有的信用体系，使道德风险的防范体系更加脆弱

金融创新导致了银行信用体系的风险。信用风险是交易对方无法履约偿还借款而造成的损失，这既包括金融机构又包括投资者。金融机构既要有信用，又要追求效益和利益，这二者要有平衡，如果追求效益和利益的动机占了上风，就会出现信用危机和道德危机。

制度经济学家凡勃伦提出了金融机构的内在脆弱理论，该理论认为商业银行要发挥作为金融中介的作用必须满足以下两个条件：

（1）储蓄者任何时候都可以提款，对银行充满信心；

（2）银行能够在众多的项目当中筛选出效益较好的项目。

这就是说，银行首先是要有信用，其次是要能提供给投资者盈利的产品。这说明，银行从产生之日起就是与信用紧密相连的，信用是其安身立命之本，而金融产品创新则是银行业竞争的结果，为了吸引更多的资金银行在监管无效的情况下从事高风险行业，创造出令人眼花缭乱的金融创新产品，由于创新产品的复杂性、链条的间接性、预期的不确定性以及信息的不对称性，导致了信用的脆弱性和无效性。

本次美国次贷危机中通过加大融资链条稀释信用度的做法就是例证。次贷危机的起因是资产证券化产品，它们是以商业银行传统的信贷资产作为基础资产的，而证券化之后其影响范围却远远超过了传统的商业银行领域。金融创新使得各种金融机构原有的分工限制日益模糊、交叉，职责难以区分和控制，不受旧的信用体系的约束，大量开展投机业务，以增加利益来源。这些投机行为有很多从传统信用体系评价来看是不正当的。

金融创新还改变了原有的信用承诺体系，使信用度降低，这种创新模式没有保证投资者在分配中获益，失去了应有的承诺和保障，导致投资者的利益无形中受到损害。

在此次危机中，传统存贷业务比重较大的商业银行受到的影响较小，而主要从事资产管理、证券业务的投资银行影响较大，一个重要原因在于投资银行的高负债率和高杠杆交易比率的金融衍生产品，而它们的信用担保是比较脆弱的。

五、金融创新道德风险的防范措施

从以上的分析可以看出，金融创新所带来的道德风险及负面效应是比较严重的。就我国目前而言，金融创新的势头很猛，虽然没有美国金融创新的自由度大，且监管体系一般比较严格，但道德风险也有不同程度的存在，并且由于不少商业银行和投资银行为追求高额利润，不断推出创新产品和理财产品，使得道德风险问题日益突出。为此，应采取以下措施加以防范。

（一）加强金融监管的有效性，对不道德行为进行外部控制和规范导向

如果假定金融创新是必要的，那么，对金融创新的监管和控制就是解决危机、控制道德风险的主要方法之一。金融监管既能降低金融市场的成本，维持正常合理的金融秩序，又能提升公众对金融业的信心。在受监管的金融创新中，个人和企业通常认为政府会确保金融机构安全，或至少在发生违规时会有支付保障，因而减少了对金融创新道德风险的担忧。

在金融监管的实施中，金融监管的效果无疑是检验金融监管的重要尺度。金融监管的有效性则是控制道德风险的重要条件。金融监管的有效性在于所有的金融创新行为都必须在监管之下。奥巴马在金融监管改革计划中就极力主张，"所有衍生品合约都将受到监管，所有衍生品交易商也都将受到监管，监管官员将被赋予对市场操纵和滥用行为实施相关规定的权力。"可以说，奥巴马政府金融监管制度改革的成败，就在于能否通过制定监管规

则，让无度、无序的金融创新不再出轨，能否通过设定信用扩张的边界，让道德风险的概率降低等。

金融监管措施的制定还要充分体现金融监管的导向作用，这种导向一定要有利于处于弱势一方的投资者利益，有利于培养和鼓励金融创新者的道德行为。我国在金融监管方面推出的一些举措注意到了投资者利益的保护。如银监会把提高商业银行金融创新能力作为一项非常重要的监管工作内容，推出了《商业银行金融创新指引》，于 2006 年 12 月 11 日正式实施。

在保护消费者利益方面提出了很多严格的要求。银监会已经注意到，目前商业银行在创新业务活动中，对消费者利益的保护还不到位，因此，特别强调了充分的信息披露和对客户的尽职责任。商业银行向客户销售创新产品时，风险提示要放在销售合同的显著位置，要帮助客户理解产品的风险特征，确保客户购买到与自身实际需求、风险认知能力和承受能力相匹配的金融产品。

从具体措施来看，实施监管要加强立法和监督，加大对投资者利益的保护；制定措施解决代理人问题；从制度上规范信息披露行为，减少信息不对称带来的道德风险。此外，还要建立金融创新产品的稽核制度，制定金融市场参与者的准入条件，对创新业务实施风险管理等。总之，要把金融监管措施落到实处。

（二）设置信用扩展的边界，加强金融系统的道德责任意识

除外部监管外，银行信用体系的建设对道德风险的控制是十分必要的。金融创新必定会打破旧有信用体系的模式，使原有的一系列信用体系包括评价体系发生变革。然而，这种变革绝不是以牺牲或稀释对客户的承诺、减轻对消费者的道德义务以及道德责任为代价的。因此，在金融创新的过程中要强化信用担保制度和信誉评价制度，并加强权利与责任意识。

就强化信用担保制度而言，金融创新必须要有确定性的担保和承诺。目前，在衍生金融工具的发展和金融资产证券化的过程中，出现的许多证券形式和融资方式，特别是金融资产证券化而形成的各种虚拟资本，都已游离于物质再生产过程而相对独立化。而金融体系的信用确立归根结底是相信货币资产最终能转化为真实的社会财富的，一旦二者脱节，或彼此分离，就会产生模糊、混乱和无序，从而产生信用危机和道德风险。

在次贷通过证券化转为次债的过程中，就存在信用担保危机引发的一系列问题，如过度担保问题，信用增强的手段过于单一问题等。"两房"就是因为隐性的国家担保，误导投资者，在不清楚自己买的是什么，就把口袋里的钱交给了金融精英们。因此，要确立信用的边界，不能过度和滥用信用担保。

就建立和完善评价体系而言，要切实搞好信用评价体系这个环节。建立良好而公正的信用评价体系可以为金融创新的评价起到基础性的作用。信用评级可以为投资者提供及时、有效的信息，减少投资者的信息搜寻成本和决策成本，使投资者给出真实客观的评价，从

而使好的创新金融产品得以吸引更多的资金，对金融机构起到外部激励的作用。目前，中国还缺乏完善的金融创新评级制度，这在某种程度上使投资者处于不利的地位，加剧了金融创新者的逆向选择。

就权利与义务的关系而言，在金融创新中要进一步深化和扩展权利与义务的关系。债权与债务实属权利与义务的关系，消费者与银行的关系也是如此。金融创新要强调对投资者的义务。如果以"买者自负"作为逃避对金融创新产品消费者的保护，就是逃避对投资者的义务和责任。

（三）培养和增强道德自律意识，从自身的内在控制抵御道德风险

监管政策、措施总是滞后的。这就要求除技术控制和监管外，行业自律和职业道德规范成为保证交易市场的公平、公正和公开的重要手段。

要做好内部控制工作，首先是要建立道德自律约束机制。金融创新增加了技术的复杂性，各层面的投资者对风险的认知并不全面，对后果的预估不准确，这容易导致欺骗行为的发生。要求金融系统建立行业自律以规范因过度竞争等引发的投机行为和不道德行为。

其次是决策者要将道德决策贯彻在创新决策中去。金融部门的负责人在金融创新的计划中往往忽视了道德决策的重要性。道德决策就是要将金融创新决策所涉及的利益相关人的利益考虑进去而不是仅仅只考虑自身的利益。他应该对采用何种金融工具、拓展什么样的金融产品进行考量。然而，有的金融机构在决策中，或在金融产品的模型设计中没有将道德因素考虑进去。

再次是从业者的职业道德要求。银行开展金融创新活动，应遵守职业道德标准和专业操守，完整履行尽职义务，充分维护金融消费者和投资者的利益。努力避免在销售过程中的欺骗行为，诸如夸大产品收益、掩饰产品风险、误导消费者等，要将信息完整地披露给客户。而投行及华尔街的风险家们只顾通过金融创新取得高薪水、高待遇。这些待遇来源于他们自己制定的创新产品的高价格以及高额手续费，并将风险转移给了广大投资者，将职业道德要求束之高阁。

第二章　金融业务创新

第一节　商业银行金融创新

一、商业银行金融创新概述

（一）商业银行金融创新内涵

回顾经济思想史，熊彼特（Joseph Alois Schumpeter）首次将创新提升至经济发展理论的高度。他认为，创新是指建立一种新的生产函数，即把一种从来没有过的关于生产要素和生产条件的新组合引入生产体系，而企业家的职能就是引进新组合，实现创新。熊彼特定义的创新包含五种类型：

（1）采用一种新产品；

（2）采用一种新的生产方法；

（3）开辟一个新市场；

（4）掠取或者控制原材料或半制成品的一种新供应来源；

（5）建立任何一种新产业的组织。

概括而言，上述五种创新类型可称作产品创新、技术创新、市场创新、资源配置创新和组织创新（制度创新）。

虽然金融创新在学术界尚未形成统一认识，但各方面的解释大都沿袭熊彼特创新理论的总体框架。例如大卫·里维（David Lierreyn）认为金融创新是指衍生金融工具的运用、新的金融市场及提供金融服务方式的发展；莫顿·米勒（Merton Miller）认为金融创新就是在金融领域内建立起新的生产函数，是各种金融要素的新组合，包括新的金融工具、新的融资方式、新的金融市场、新的支付手段以及新的金融组织形态与管理方法；厉以宁认为金融领域存在许多潜在利润，现行体制下的运作手段无法得到这种潜在利润，因此有必要进行包括金融体制和金融手段方面的改革，这些改革可理解为金融创新。

综合国外对金融创新含义的表述，金融创新是指变更现有的金融体制和增加新的金融工具，以获取现有的金融体制和金融工具所无法取得的潜在的利润，这就是金融创新，它是一个为盈利动机推动、缓慢进行、持续不断的发展过程。金融创新的范畴涵盖了广义和狭义两层内容。狭义的金融创新是指 20 世纪 70 年代以来西方发达国家在放松金融管制以后而引发的一系列金融业务创新；广义的金融创新是一个金融体系不断成长、创新的过程。总而言之金融创新就是指金融机构内部要素的变革。自现代银行出现以来，无论是金融机构、金融市场、国际货币制度，还是银行的传统业务、银行的支付和清算系统、银行资产负债管理，乃至整个金融体系都经历了一次又一次的金融创新。本文所涉及的金融创新是指广义的金融创新，其主要包括金融产品与金融工具的创新；金融服务的创新；金融市场的创新以及金融机构职能的创新。金融创新的发展，以 20 世纪 60 年代经济的迅速发展、资本流动的加快为背景，以 20 世纪七八十年代的放松管制为契机，一直保持常盛不变的势头。进入 20 世纪 90 年代国际金融创新围绕着表外业务、筹资证券化以及金融市场全球一体化三个方向迅速发展，目前，国际金融创新主要有以下四方面的趋势：金融产品、金融工具的创新多样化、表外的重要性日趋增强、融资方式证券化、金融市场一体化趋势。本文着重探讨我国商业银行为实现其利润最大化，全方位地在各金融业务领域，对其所拥有的各种要素进行的创新性变革和开发活动。在这里，金融创新的主体是我国的商业银行，既包括国有独资商业银行，也包括股份制商业银行。

（二）商业银行金融创新特点

从商业银行的角度来看，创新具有四个显著特点：

1. 创新是一个连续不断的过程

虽然最近几十年来，金融创新速度快于任何一个时期，金融新产品的出现比任何时候都多，但此前的金融创新也并没有停滞过，就像整个社会在渐进中进步一样，很多金融创新也都是在人们不知不觉中进行的。

2. 创新以技术进步为前提

现代的金融创新几乎都跟科学的发展和技术的进步高度相关，金融新产品的发明和新手段的运用尤其如此，特别是计算机出现之后，银行是除了军事部门之外第二个应用最多最广的行业，互联网的出现几乎成了为银行"量身定做"的"新衣裳"。

3. 创新的"新"与"旧"之间并不存在非常严格的分界线

每次创新都是一种革命，都是一种破坏性的新创造。如果我们观察 21 世纪初期的银行运作方式与 300 年前的银行运作方式，我们可以说它们之间存在"天壤之别"，但是，当我们把这种比较的时间长度缩短，看看年度与年度之间的变化，我们会感觉到新与旧之间是一个渐进的演化过程。甚至会产生出"日复一日，年复一年"的感叹。它表明，银行业作为一个传统行业，作为一个古老行业，它的继承性很强，虽然金融创新的紧迫感很强烈，但继承性的烙印也很明显。

4. 创新的成本不低，但极易被模仿，且被超越的周期很短

许多金融创新，特别是一些金融衍生产品的创新。需要花费创新者大量的劳动和财力，

但当它一旦推出来之后，同业之间便很快可以借鉴过去，可以模仿掉，且模仿者还可以在原创新的基础上作进一步的改良，从而实现某种程度的超越。这表明，金融创新的专利性是不强的，其普及、应用和推广都相当容易。这正是人类得以进步和快速发展在金融领域表现出来的特征之一。

（三）商业银行金融创新理论

银行业务创新作为金融创新的一个重要组成部分是在实践中发展起来，其理论依据主要来源于当代金融创新理论。金融创新理论流派繁多，各有见地，但都是从不同角度探讨金融创新的成因问题。其中比较具有代表性的有以下几种：

1. "财富增长"理论

美国的两位经济学家格林伯姆和海沃德通过研究美国金融业的发展历史，发现科学和经济的发展导致人们财富的增加，而财富的增长又引发了人们要求规避风险的愿望，从而促使金融行业为了满足人们的这种愿望而不断地发展创新。由此，他们得出的基本的结论是：由社会财富的增长决定的对金融创新的需求是导致金融创新活动的根本动因。"财富增长"理论单纯从市场需求的角度剖析金融创新的成因，忽视了金融管制、利率和汇率的变化、竞争等因素的影响，不免有失偏颇。但是，该理论将金融创新视为以市场需求为导向的市场性行为的观点仍然具有很高的价值和实际意义。

2. "交易成本"理论

该理论认为金融创新的主要动机是降低交易成本。其代表人物是西科斯和尼汉斯两位经济学家。他们认为由科技进步引发的交易成本的降低，改变了经济个体的需求结构，从而促使金融机构不断进行金融创新，更好地满足人们的需求。"交易成本"实际上从降低成本的角度，暗示了金融机构追求利润的动机，强调了金融机构创新的内在动因，忽视了外在环境对金融创新的影响，同样具有一定的片面性。

3. "技术推进"理论

代表学者是汉农和麦克道威尔两位经济学家。他们通过对美国20世纪70年代银行业新技术应用的研究，发现新技术的出现导致了银行对新技术的采用，并影响了市场结构的变化。因此，他们得出：技术的发展是导致金融创新的主要因素的结论。"技术推进"理论将技术发展作为金融创新的主要动因，显然是值得商榷的。虽然科学技术的进步对金融业的发展创新起了非常巨大的推动作用，为金融机构的创新提供了新的方法和手段，但是金融创新活动从金融行业诞生的那一天起就已经存在，并不只是在新的技术产生后才发生的，技术的发展应当被视为金融创新的一种动力和手段。

4. "货币促成"理论

代表学者米尔顿·弗里德曼认为，国际货币体系的变化，特别是20世纪70年代汇率、利率的变化，以及通货膨胀的影响，对金融机构提出了挑战，形成了威胁。这促使金融机构通过金融创新抵制这些货币相关因素波动所产生的影响。期权、期货等新的金融衍生工具，就是为了应对这种货币风险而进行创新的很好例证。因此，他得出的结论是货币因素的波动导致了金融创新的行为。"货币促成"理论从规避市场风险的角度阐述了金融创新的成因，紧密结合了金融行业发展的重大历史事件，具有明显的时代特征。但是仍然只讨论了金融创新动因的某一个方面，缺乏系统性。

5. "规避管制"理论

代表人物凯恩强调了金融监管对金融创新的促进作用。他认为金融监管和金融创新之间的矛盾实际上是代表公众利益的监管机构和为了追求自身利益的金融机构之间的矛盾。而这种矛盾正是导致金融机构进行创新的根本原因。"规避管制"理论认为金融创新和金融监管之间存在着互相促进的辩证关系，即监管——创新——新的监管——新的创新。

6. "制度改革"理论

代表学者有戴维斯、诺斯、塞拉和威斯特等人。他们认为金融创新是历史的产物，是与生俱来的，与金融创新高度相关的是社会制度和意识形态。他们认为不同的社会制度会对金融创新产生不同的影响。在计划经济制度下，由于过分严格的管制，大大限制了金融创新的发展，其表现为金融品种少、范围窄，金融服务和管理意识都比较落后；同样，如果在完全自主发展的市场经济制度下，金融创新虽说不受任何限制，但是那些为了规避行业管制的创新就无法发生，这也将大大影响金融创新的发展。由此，他们得出的结论是，只有在受管制的市场经济制度下，才能最好的激发金融创新。与"规避管制"理论不同的是，该理论认为社会制度改革是促进金融创新的主要原因，并间接的将监管行为视为金融创新的动力。

7. "约束诱导"理论

倡导者是希尔伯，他认为金融机构是以利润最大化为目标的，为了实现该目标，金融机构必须要冲破内在和外在的各种束缚，而冲破束缚的方法就是金融创新。只要创新付出的代价低于接受束缚的代价，金融机构就会寻求通过金融创新，改变现状。

二、商业银行金融创新的动因、现状与效应分析

（一）中国商业银行金融创新的动因分析

随着管制放松、国有商业银行改制、信息技术进步、利率的市场化等经营环境的改变，我国的商业银行的传统核心竞争力受到了挑战。商业银行的金融业务创新是一种实现经济目的的活动，其主要目标是创造更多的利润，规避金融风险，以求得自身的生存和发展。从我国商业银行内外环境来研究金融业务创新的动因，可以分为内在动因和外在动因。

1. 金融创新的内在动因

（1）利润驱动创新

伴随着我国金融机构间传统壁垒的消失，单靠有形产品本身价格的优势已很难取得竞争优势，银行存贷款市场已由卖方市场转向买方市场，银行的存贷利差缩小，经营成本增加，价格竞争行为正在缩小商业银行的盈利能力。商业银行在追求利润时才会产生创新需求，利润驱动成为商业银行创新的主要内在动因。商业银行主要以降低交易成本创新、提高经营效率创新、流动性增强创新和金融产品创新为主要手段，来获得利润。

一是降低交易成本创新。希克斯和尼汉斯的交易成本创新理论为"金融创新的支配因素是降低交易成本"。它包含两层意思：①降低交易成本是金融创新的首要动机，而交易成本的高低决定金融业务和金融工具是否具有实际意义；②金融创新是对科技进步导致交易降低的反应。处于垄断竞争市场中的商业银行通过降低管理费用、调整产业结构、优化经营模式和改善支付清算系统等方法降低交易成本，从而获得超额利润。也就是说商业银行通过创新能带来特殊收益，降低成本，利润空间增大，具有明显的价格优势，从而扩大市场份额，获得超额收益。

二是提高经营效率创新。金融创新一方面通过大量提供具有特定内涵与特性的金融工具、金融服务、交易方式或融资技术等成果，从数量和质量两个方面同时提高需求者的满足程度，增加了金融商品和服务的效用，从而增加了金融机构的基本功能，提高了金融机构的运作效率。另一方面提高支付清算能力和速度。自从把电子技术引入支付清算系统后，提高了支付清算的速度和效率，大大提高了资金周转速度和使用效率，节约了大量的流通费用。只有这样才能由此提高了金融机构经营活动的规模报酬，降低平均成本，加上经营管理方面的各种创新，使金融机构的盈利能力大为增强。

三是流动性增强创新。流动性增强创新产生于对流动性需求的增长。在商业银行的资产中，有的金融资产是缺乏流动性的，如汽车消费贷款、固定资产贷款、信用卡应收账款和住宅资产净贷款等，银行只能等待到期以后才收回这些贷款或账款。而有的金融资产是富有流动性的，如证券，投资者可以随时在证券市场上把证券卖出去。在金融市场相对发达的情况下，商业银行更多地通过主动负债来获取流动性，这样可以降低非营利的现金资产，扩大盈利性资金的运用。对于银行来说为了提高资金的效率，有必要将没有流动性较差的资产转变为具有流动性的证券。因此商业银行通过金融创新以特定方式保持对外支付能力，以防止优质客户的流失；避免负债和资产利率敏感性不相匹配的情况下，利率变动对银行净利差收入产生的重新定价风险。

四是金融产品和服务创新。面对激烈的竞争环境，商业银行应该着重服务及产品的创新，以避免像2002年爱立信"倒戈"事件的发生。针对个人客户推出个人委托业务、基金销售、保险销售、贷款证券化等。有实力的银行应提出"大金融超市"的概念，即投资者在一家银行里就可以享受存取、购买保险、基金、国债、住房信贷等业务的"套餐"服务。针对公司客户推出现金管理业务、贷款证券化、咨询顾问业务、金融衍生工具、信托业务和金融租赁业务等。商业银行只有在金融产品及业务上创新才能拓展商业银行的业务领域空间，提高服务功能和效率，从而推动商业银行的健康、稳健发展。

（2）规避风险创新

随着我国的利率市场化进程不断推进，利率市场化从利率水平骤然升高和不规则波动性加大两个方面加剧了银行脆弱性。另外，在商业银行的信贷营销中，由于大企业和优质项目融资渠道较为广泛，利率的市场化使商业银行在对其发放贷款是很难上浮利率，一般采取利率下浮的政策，以占据市场份额。一旦市场上存贷利差出现大幅度的下降，对收入主要来源依赖存贷业务利差的商业银行来讲，其竞争风险将加剧。因此商业银行应利用金融创新缓解利率市场化所带来的市场风险和商业银行竞争风险。

（3）规避管制创新

凯恩提出了规避型金融创新理论，所谓"规避创新"，就是经济主体为了回避各种金融规章和管制的控制而产生的一种创新行为。在国际金融界放松对金融机构的行政式的直接管制的同时加强了以促进银行谨慎经营为目的的风险管理，并加强了对金融创新业务，特别是衍生业务的管制。金融管制的目的是为了保证整个金融体系的稳定和金融机构的经营安全，而金融创新多是为了逃避管制，直接创立性的金融工具，并广泛推广，从而获得超额利润。

（4）主观能动创新

商业银行的优秀人才的主观能动性表现是否激烈、敏锐，取决于商业银行成员所追求的最大利益目标和成员的素质。优秀人才的流失将会严重影响中资银行竞争力的提高。对于商业银行来说拥有优秀的人力资本虽然重要，但他并不足以保证它们能发挥主观能动性进行金融创新从而带来利润的增长。这需要一套有力的激励机制，就像市场提供的机制一样，它能保证了发明及其转化的产品从创新就直接服务于生产并能带来利润的增长。因此商业银行应提供一套有效的激励约束机制，充分发挥员工的主观能动性，在促进金融创新的同时避免了优秀人才向外资银行的流失。

2.金融创新的外在动因

商业银行的外在动因是指商业银行创新系统外部的动因因素，它是金融创新的条件，通过推动、驱动等方式，最终转化为创新的内在动因，对商业银行金融创新产生推动作用。

（1）技术推动创新

技术进步使计算机及电子网络技术在银行业的应用取得了长足的进展，商业银行不仅创新手段，而且更重要的是，金融服务方式发生了巨大的变化—出现了电子金融。技术进步能够使商业银行通过将劳动和资本等生产要素有更低的成本结合，并为其客户提供更多、更新的金融产品来获得更高的利润。

（2）需求驱动创新

在现代信息技术发展和商业银行服务综合化、全能化的趋势下，客户对商业银行提出了更为多样化的服务要求。消费者需要方便、低廉、优质、高效、多样化的金融服务，包括传统银行服务、新型保险、证券投资、理财等服务。另外信息技术的日新月异也刺激了企业客户需求目标的提高，银行客户需求的多元化和高层次性，这些都导致了金融创新呈现出良好的发展趋向。

（3）竞争逼迫创新

商业银行不仅面临着激烈的国内同业的竞争，还面临着强大的国际竞争对手。随着中国金融市场开放程度的逐步提高，外资银行全面参与中国银行业的竞争是无法回避的事实，我国银行业将面临严峻的考验。商业银行要想在激烈的竞争中立于不败地位，就必须改善经营机制，进行金融创新，通过产品创新来增强提高综合竞争力和保持原有的市场地位或占有新的市场。

（4）管制放松创新

从 20 世纪 90 年代，金融创新与金融监管的关系发生了变化，各国政府放松金融管制成为一种趋势，由原来强调公共利益优先逐步转向强调竞争和减少保护来提高金融业的市场效率。目前，我国政府所采取的利率市场化改革、对国有独资商业银行改制、商业银行设立基金公司等措施都促使了国内商业银行进行金融创新，以获得竞争的比较优势。

金融创新浪潮对我国的金融市场产生了深远而巨大的影响。它在提高金融机构的获利可能性的同时，也对金融系统和货币政策提出了严峻的挑战。随着世界经济金融全球化、一体化进程的加快，以及科学技术的突飞猛进，商业银行创新将是全方位的，它涵盖金融商品、交易方式、组织形式、经营管理和金融监管等领域的革命性变革。因此我国的商业银行应在客户、业务、区域、市场等方面有所侧重，将内外动力系统有效的相结合，才能实现在经营理念、金融工具、金融制度、金融技术、金融机构和支付方式等方面的创新，只有这样才能抓住发展先机，在国内市场立于不败和在国际市场上立足。

（二）中国商业银行金融创新的现状分析

1. 金融创新发展的现状

我国商业银行金融创新是从我国实行改革开放后逐步开始的，历经 20 多年，取得了显著的成绩，主要体现在：

（1）在组织制度方面，建立了统一的中央银行体制，完成了中央银行大区行的机构建设框架，形成了以 4 家国有商业银行和十多家股份制商业银行为主体的银行体系，城市信用社改组为城市商业银行，建立了近百家证券经营机构、多家保险机构和其他非银行金融机构，初步形成了多元所有制结构、多种金融机构并存的金融企业体系。同时，放宽了外资银行分支机构和保险业市场进入条件，初步建立了外汇市场，加快了开放步伐。

（2）在管理制度方面，中央银行从纯粹的计划金融管制变为金融宏观调控，调控方式由计划性、行政性手段为主向经济和法律手段为主转变；放松了对金融机构业务管制，各专业银行可开办城乡人民币、外汇等多种业务，公平竞争；对信贷资金的管理从"统一计划、分级管理、存贷挂钩、差额包干"到"计划指导，自求平衡，比例管理，间接调控"的不断改革，商业银行全面实行资产负债比率管理；外汇管理体制实现了汇率和人民币经常项目下的自由兑换，等等。

（3）在金融市场方面，形成了多种类、多层次，初具规模的金融市场体系。建立了同业拆借，商业票据和短期政府债券为主的货币市场；建立了银行与企业间外汇零售市场、银行与银行间外汇批发市场、中央银行与外汇指定银行间公开操作市场相结合的外汇统一市场；在资本市场方面，建立了以承销商为主的一级市场，以上海、深圳证券交易所场内交易为核心、以城市证券交易中心为外围、各地券商营业部为网络的二级市场。

（4）在金融业务方面，各商业银行逐渐从以传统业务为主转移到资产、负债和中间业务并重的轨道上，纷纷推出各类创新产品。资产类业务创新表现为贷款对象的细分和满足特定融资需要的业务品种；负债业务类创新则以提高受益于增强流动性以及规避风险为目的的各类理财产品为主；中间业务的创新主要表现为支付结算与现金管理、资产托管、投资银行、企业年金、咨询、担保承诺和衍生金融产品等创新活动。

（5）在金融工具方面，主要有国库券、商业票据、短期融资债券、回购协议、大额可转让存单和长期政府债券、企业债券、金融债券、股票、受益债券、股权证、封闭式基金、开放式基金等货币市场和资本市场金融工具。

（6）在金融技术方面，金融机构电子化装备水平不断提高，电子信息技术在金融中广泛应用。目前，我国已全面实现了金融机构资金汇划电子化，证券交易电子化，信息管理电子化和办公自动化，出现了电子货币"一卡通"、网上银行、网上股票交易等新型电子与网络金融业务，在金融技术上实现了与国际金融业的对接。

2. 金融创新存在的问题

从上述分析可以看到，我国金融业务创新已经全方位展开。通过金融的改革创新，增强了我国金融业的竞争力和抗风险能力，提高了金融企业的效率和服务质量，信贷资产质量有所好转，盈利状况逐步改善，从而极大地推动了金融业的发展，也为整个国民经济的发展提供了有力的金融支持。但是，从总体上说，我国的金融创新仍处于一个较低的阶段，主要表现在：

（1）吸纳性创新多，原创性创新少。以金融工具为例，改革开放以来，创新的金融工具达100多种，但是85%是从西方国家引进的。

（2）数量扩张创新多，质量提高创新少。以银行卡业务为例，近年来各商业银行在银行卡业务上投入了大量的人力、物力和财力，发行的银行卡数量已经相当可观，但使用效益不高，形成了大量的睡眠卡和无效益卡，而且银行间各自为政，造成银行卡业务重叠、功能类似，这不仅造成了资源的浪费，还影响了银行卡的快速、高效发展。

（3）负债类业务创新多，资产类业务创新少。长期以来，存款等负债业务是各家金融机构竞争相对激烈的业务领域，金融机构推出的业务创新和工具创新也在这个领域最为丰富。而贷款长期以来一直都是金融机构垄断的资源，因而创新明显少于负债业务。

（4）沿海城市创新多，内陆城市创新少。我国市场经济发展从经济特区和沿海城市发起，特区和沿海城市率先打破传统体制的束缚，金融管制相对较松，金融市场比较活跃，这些都为金融创新提供了良好的外部环境。因此，我国的金融业务和金融工具创新通常首先在特区和沿海城市产生，然后再逐步向内地推广，内陆城市的金融创新明显落后于沿海城市。

（5）外力推动创新多，内部驱动力创新少。我国的金融创新主要是由体制转换和政策改革等外部因素推动的，中央银行管理制度、管理手段的改革与创新已经成为金融机构微观创新的主要外部推动力，而金融创新主体即金融机构的内在创新冲动明显不足。

（6）追求赢利的创新多，防范风险的创新少。现在推出的许多创新产品更多的是为了，盈利，除了外汇业务有期权、互换、远期利率协议和部分商品期货外，一些具有重要风险管理特征的金融工具，比如互换交易、期权交易等等在人民币业务上基本没有，其他防范金融风险的创新活动也基本上没有成为金融机构所关注的基本创新活动。

（三）中国商业银行金融创新的效应分析

1. 金融创新的正面效应

（1）商业银行创新提高了经济社会的效益和效率

一是商业银行创新增加了经济社会的有效需求。商业银行创新对经济发展的作用效果，通常以金融资源的开发、利用与配置状况来衡量。在持续性的商业银行创新浪潮中，各种迎合投融资者偏好的新产品或品种还在源源不断地上市，使金融市场始终保持着对投融资者足够的吸引力，这必然活跃了交易，繁荣了市场。大规模、全方位的商业银行创新，使商业银行提供的金融商品总量增加、范围扩大，即使在总效用不变的情况下，由于需求者享受了更多的金融商品，也能使无差异曲线上移。因此，在一个高效完整的金融市场，商业银行通过创新活动既能提供各种方式、各种额度、各种期限和各种利率的金融商品，又能使交易双方在市场上都能获得满意或比较满意的交易效果。而且商业银行创新越活跃，新的金融商品的种类越多，其社会总效用就越大。

二是商业银行创新使经济交易活动的便利度上升。在全球经济一体化的发展中，债权债务关系纵横交错，支付清算关系日益复杂。把电子计算机和通信网络引入商业银行的支付清算系统是最为成功的创新之一。客户只要将其电脑终端与银行电子计算机联网，往来账户间的资金转移、账单支付、票据传递、报表提供等都可以通过电子计算机处理。它打破了传统转账系统的时空限制，摆脱繁重的手工操作，成百倍地提高了支付清算的速度和效率。

三是商业银行创新优化了货币政策的传导机制。20 世纪 70 年代末以来，随着商业银行创新的发展，许多国家都不同程度地放松了利率与外汇的管制，例如，出现了"浮动利率贷款"和"浮动利率抵押贷款"等创新商品，这些创新商品的利率直接与市场利率相关，能充分体现市场收益率。当商业银行创新改变了货币政策的传导机制，促使一国货币政策工具选择更偏向于市场导向的操作时，必然会促进该国金融市场的发展与完善。因为要使货币政策工具的传导机制发挥作用，金融市场中除了信息传递灵敏、交易的有价证券种类多、规模大外，还要使金融市场达到一定的广度、深度和弹性要求。

（2）商业银行创新进一步促进了自身的发展

一是商业银行创新提高了其现代化经营管理水平。商业银行创新活动的普遍开展，可以带动商业银行经营管理向更高、更深层次发展，使商业银行在经营管理过程中更注重经营成果的考核，更强调经营手段电子化，更侧重财务成本控制，更合理配置组织机构，更讲究激励机制的运用，并以其来实现其利润的最大化。商业银行创新的"双刃剑"作用也促进了国际商业银行监管的强化，其最突出的表现为对资本充足率的监管。

二是商业银行创新扩大了其经营范围。20 世纪 70 年代后，随着科学技术的进步，以及受金融自由化、国际化、电子化的影响，商业银行的创新活动涉及金融领域的各个方面。就金融商品看，出现了期权、期货、债务掉期、利率掉期、货币掉期等一系列金融衍生产品；从交易方式看，出现了银团贷款、可转让贷款证券、欧洲票据等一系列新的交易方式；从操作手段看，出现了银行信用卡、电子转账系统、自动清算所、自动出纳机、电话银行等；从业务范围看，突破了商业银行传统业务的禁锢，大举挺进投资银行业务、保险业务以及信托业务等领域。这些商业银行创新有的能给金融消费者提供多元化投资组合服务和个人理财服务等；有的不仅能给金融消费者带来较高并且稳定的收益率，而且还提高了金融消费者的资产流动性等。因此商业银行创新对广大金融消费者乃至企事业单位都产生了巨大的诱惑力，从而扩大了商业银行业务范围，增强了商业银行对经济社会的吸引力。

三是商业银行创新增加了商业银行的盈利收入。商业银行收益结构中非资产性盈利收入增加尤为迅速。这些非资产性盈利收入包括各项业务的手续费收入、信托业务收入，租赁业务收入、其他非利息收入，以及来自各种咨询业务、现金管理、证券承销与托管、信息服务、表外业务等手续费或佣金收入。20 世纪 80 年代以后，这部分收入占商业银行总收入的比重快速上升。

四是商业银行创新有利于降低风险和分散风险。商业银行创新增强了抵御个别风险的能力，特别是在金融市场上创造各种避险性金融商品与交易新技术，对于剔除个别风险有较强的功能。例如汇率、利率的频繁波动给金融消费者带来了极大风险，商业银行通过创新活动，提供给经济社会各种金融期货、期权以及互换等新的金融商品，帮助金融消费者进行多元化资产组合，并及时调整其组合，从而达到分散风险或转移风险的目的。商业银行创新还可以达到分散或降低单个银行风险的暴露。

2. 金融创新的负面效应

（1）商业银行创新使中央银行的货币政策受到很大影响

一是商业银行创新弱化了存款准备金制度的调控效果。由于存款准备金是无息的，肯定会造成商业银行资金的占压和融资成本上升，从而刺激商业银行通过创新来规避法定存款准备金的限制。创新活动所筹集的资金不算作存款，也不用缴纳法定存款准备金，从而极大地削弱了中央银行通过调整存款准备金比率控制派生存款的能力。此外，商业银行创新丰富了银行资产的可选择性，当中央银行想通过减少存款准备金供给以压缩货币供应量时，商业银行可通过负债管理在公开市场上购买资金。

二是商业银行创新打破传统金融中介的格局，削弱了中央银行货币控制能力。

（1）商业银行创新使经营活期存款的金融机构越来越多，这些金融机构都能以派生存款的形式扩张货币，从而使货币创造主体不再局限于中央银行和普通商业银行而趋于多样化；商业银行也可以把存款余额用于证券投资，所以它在派生货币方面的作用也在不断下降。因此，传统上以控制商业银行派生存款乘数为中心设计的货币控制方法显然难以奏效。

（2）商业银行创新使许多具备商业银行业务功能的新型组织机构相继产生发展。这些新兴组织机构不属于货币政策控制与监督范围，没有义务向中央银行报告，新的金融业务也往往不在原有的报告内容之列，这样即使货币定义没问题，货币的计量也会成问题，也会降低中央银行控制货币的能力。

（3）欧洲货币和亚洲货币已成为国内货币更接近的替代品了，当国内货币政策存在一系列管制时，如增加存款准备金要求、利率或税收方面的限制等，都将导致国内资金转向欧洲货币市场或亚洲货币市场，绕过中央银行货币控制。

三是商业银行创新使中央银行贴现率的作用下降。当商业银行创新活动使利率敏感性大幅度上升时，商业银行就将自己置身于利率多变的风险之中。在这种情况下，由于各种金融商品对利率变动的敏感性不同，一旦利率发生变动，公众必然会在各种金融商品之间进行重新选择，结果各层次的货币总量就可能向不同方向变动，对货币替代品利率变化的货币需求弹性将降低，即传统的货币市场均衡机制的利率弹性将下降。商业银行创新与金融国际化互为因果，跨国银行国外利润的比重不断上升，使它对国内利率的变化越来越不敏感，商业银行不到万不得已不会向中央银行申请贴现或贷款。

（2）商业银行创新带来新的风险

商业银行创新虽然可以降低或转移个别风险，但商业银行创新的高风险的本质特征使其不能消除或减少整个商业银行系统的风险，而且随着商业银行创新的不断发展，也不断产生新的风险。从商业银行经营管理来看，其经营风险日益增大；从商业银行体系来看，其伙伴风险日趋显现；商业银行科技应用程度看，其电子化风险逐步突出；从商业银行业务内容看，其表外业务风险越来越明显。

商业银行创新存在着利益的冲突，并且受制于经济金融环境，所以在西方经济学阵营中，对商业银行创新作用的利弊认识存在着较大差异。大多数经济学家认为商业银行创新利多弊少。从创新主体看，商业银行只有预期创新能带来净收益时才会从事创新活动；从社会效果看，商业银行创新不仅增强金融活力和渗透力，还能有效地促进市场机制的灵敏度和作用力，有力推动经济金融健康稳定的发展。但是少数经济学家如亨利·西蒙斯、艾伯特·哈特和菲利普·卡甘等则认为商业银行创新的利是眼前的，而弊却是长远而深重的。

三、商业银行金融创新的对策

（一）完善金融监管体制

金融创新是把双刃剑，在促进商业银行快速发展的同时，也极易产生金融风险。金融危机之后，人们普遍认为，由于过度的金融创新，金融创新的积极作用受到了质疑。所以，金融创新必须与金融监管相适应，超出现有的监管能力去创新，就可能出现金融创新的过度与失控，就会引发金融系统性风险或金融危机。因此，金融创新的规模和速度应取决于金融监管者的资源和能力，金融创新必须是在监管者的控制范围内。这也就意味着，如果金融监管者的资源和能力有限，而且不能很快加强和提升，就必须放慢金融创新的速度，严格限制金融创新的范围。因此，要努力构建和完善以银监会监管为主体、以金融机构内控为基础、以行业自律为制约、以社会监督为补充的银行监管体系，形成严格高效的全方位监管格局，最大限度地促进银行机构的创新。

1. 加强行业专业监管。在明确行业监管责任的基础上，进一步强化相互之间的协调配合和信息共享，加强对金融创新的功能性监管，最大限度地减少金融创新监管的边界模糊领域和真空地带，防止金融创新的失控，防止金融风险的跨行业、跨市场传染。

2. 强化金融机构法人的监管。加强法人的公司治理和法人对风险的整体管控，提高金融机构自身的风险管理能力和水平。金融机构的董事会要制定明确的金融创新战略和风险控制战略，要有严格的风险上限和容忍度；高管层要科学管控金融创新过程中的风险，实施严格的风险管理流程；监事会及内审风控部门要对战略实施情况及相关政策、制度和流程的有效性进行严格监督。

3. 改进金融监管方式。首先要根据其结构、功能、风险及风险传染性等特征，对金融创新的业务、产品、工具进行科学的分类，并在科学分类的基础上，在市场准入、审核程序、现场检查、信息披露和监管干预等方面，实施差别性的分类监管。其次，要突出重点，对高杠杆、高风险、结构复杂及风险传染性强的金融创新业务和产品，实施更严格的市场准入、信息披露和监管检查。再次，监管当局要凭借自己的专业能力和判断，对金融创新进行前置性、动态性、差别性、全过程的监管。最后，要严格执行公开、公正、透明的原则，有效监督信息披露的充分性和可靠性，加强投资者和市场对金融创新业务及产品的监督。

4. 改进金融监管手段。要将监管人员的经验判断与信息科技手段很好地结合起来，将非现场监测与现场检查很好地结合起来，将计算机软件模型运用与监管人员的直接抽查检查很好地结合起来。通过改进监管手段，提高监管手段的科技含量，以提高监管效率，科学配置和使用监管资源，增强监管的前瞻性、及时性、针对性和有效性。

5.完善金融监管的相关制度与法规。对金融创新的有效规范和监管，需要配套制度法规的支持和保障。除了要有相关的监管制度法规、金融业务规范制度法规外，还需要建立和完善金融机构破产关闭的法规，存款保险制度，投资者和金融消费者保护制度，地区性、系统性金融风险的预警、处置机制。

（二）构建组织管理模式

从业务创新组织管理模式来看，目前我国的商业银行组织体系是一级法人，集约化经营、专业化管理，分支机构自主权限较小。我国传统银行业组织结构设置纵向叠床架屋，以行政区划各自独立；横向以功能划分，既缺乏制约，又不能协调，严重影响了银行业务创新能力的提升和内部管理效率的提高。在这种组织体系下，基层分支机构即使有创新动机，也没有专门的研发机构和人才。

1.建立业务创新的组织机构。要有专门负责业务创新的研究开发和组织领导机构，并明确分支机构在业务创新活动中的地位、职能和作用，从而形成一个从市场需求—可行性论证—产品研发—试点投放—跟踪反馈—改进推广，各司其职、各负其责，有机联系且有序运转的业务创新管理机制。

2.构建流程银行的组织模式。流程银行是以银行再造为基本内容的银行变革，银行再造就是以客户和银行核心竞争力为中心再造业务流程，以业务流程为中心再造管理流程和支持流程，最终在金融市场和银行决策层建立起满足客户立体化、多层次服务需要的业务和服务流程。通过根本性变革，流程银行将围绕客户的需求，建立贯穿前中后台，高效、灵活、创新的各类流程，变革组织构架、资源配置与考核体系，来体现和提升核心竞争力。

3.建立高素质专业人才队伍。商业银行的业务创新离不开高素质的人才。为此，银行除了从国内外的大专院校、金融同业及其他社会机构等引进所急需的专业人才外，更重要的是做好现有员工的理论与技能培训工作，注重扩大员工的知识面，使其掌握更多更新的专业理论和专业知识，提高其接受新业务和进行业务创新的能力。

（三）健全金融创新机制

1.完善信息传导机制。要尽快完善自上而下、自下而上的多渠道的信息传导机制。国内商业银行的分支机构要提高对市场需求信息、创新产品市场动态的反应能力，不断提出对创新的意见建议，积极向上反映。要加强市场调研，跟踪国内外金融服务、金融产品的新动向，明确战略目标，积极推动业务创新，同时指导经营机构对创新产品的市场营销。

2.建立产品研发机制。要从战略高度出发，建立健全符合中资商业银行和国内金融市场实际情况、具有前瞻性的业务创新产品目录，依据创新需求的迫切程度，处理好短、中、长期效益的关系，对业务创新产品有计划地组织研发。在产品研发过程中，要注意结合商业银行业务流程实际情况，满足客户需求和风险控制需求，不一味求新，不盲目开发不适应国内市场和加大银行风险的产品。

3. 建立考核激励机制。明确业务创新开发、研制、管理等方面的要求；明确部门间的权责；明确业务创新的奖惩措施，从战略高度建立和完善金融创新的激励机制，最大限度地激活创新的内在动力。在加大物质激励力度的同时，要注重精神激励，形成尊重人才的浓厚氛围。考核激励机制在注重强化创新精神的同时，要培育风险防范意识，在注重考核创新产品数量的同时，要注重考核创新产品产生的效益。

4. 健全法律保障机制。要为商业银行业务创新提供法律保障，通过对商业银行业务创新知识产权的保护，对有利于经济发展、扩大金融消费的金融创新产品给予政策优惠，如允许商业银行申请业务创新产品的专利权，给予商业银行的业务创新一定的保护期。对于一些创新产品，还要给予法律上的保障。

（四）建立风险管理体系

金融机构在设计金融创新产品时，首先必须自觉地将其风险降到最低，并建立起严格的制度来落实风险防范措施。要建立起有效的创新业务的风险预警机制，自觉利用市场来检验各种创新业务，监督其风险，适时完善创新产品，并建立起有效的风险预防体系和严格的后续监督机制。对于一些目前我国还不具备发展条件、投机和虚拟性较大的金融创新，应认真研究，严格控制，审慎发展。

1. 树立风险成本理念。目前部分商业银行对金融创新的风险成本没有正确的认识，因惧怕产生风险使得创新缺乏动因。开展业务创新，就必须树立风险成本理念，鼓励大胆尝试，包容失败。引导员工以积极的方式对待业务创新，勇于进取，敢于承担创新风险。

2. 明确风险管理原则。金融机构在创新新产品，推出新业务时首先要遵循谨慎决策的原则，切勿盲目从事，急于求成；其次还要遵循分散风险的原则，扩大经营范围，实行多元化经营，以达到分散风险的目的；此外，金融机构在创新过程中，还要遵循规避风险的原则，避开高风险业务，以达到规避风险的目的。

3. 建立风险管理体系。金融机构要统一制定有效的、切实可行的风险防范制度，并结合自身的特点，在实践的基础上建立一套科学的风险预测评估指标体系，通过该体系，随时对各项业务创新的风险做出比较准确的监测和判断，测算风险的时间、风险发生的环节、风险量，以及风险化解的可能性，及时通过系统指导各行解决问题，化解风险。同时，通过建立动态风险报表，随时发现业务创新中存在的风险隐患，并协同业务部门就该风险制定措施，降低风险的发生率。

4. 加强创新主体内部监管。金融创新主体应根据自身的规模、资金、能力等确定表外业务占全部资产额的比例，并把握好表外头寸。同时，表外业务与表内业务要分开管理，建立完善的表外业务报表制度，加强表外业务的统计和核算。此外，还要加强对表外业务定期与不定期的内部稽核，及时发现表外业务经营中存在的问题，并制定出应付突发事件的措施。

第二节　证券业务创新

证券业务也叫公开市场业务，是指中央银行在金融市场上公开买卖有价证券的一项业务。中央银行在公开市场买进有价证券实际就是投放了基础货币，卖出有价证券则是回笼基础货币。

公开市场业务是中央银行调控货币供给的重要方式，是一项有效的货币政策工具。

随着我国即将加入WTO，证券市场的国际化、市场化、网络化进程正在加快，证券行业的外部环境和内部结构也正在发生深刻的变化，传统的交易模式、运行规则以及经营理念已经受到一系列的、前所未有的挑战，这预示着中国的证券市场在跨入21世纪的历史时刻，迎面而来的将是一场创新与变革的"风暴"。

一、对新形势、新环境的认识

1.加入WTO意味着我国的证券市场将逐步与国际接轨

首先，它要求我国的证券监管体制和市场游戏规则逐步走向国际化、市场化和法制化，券商业务的定位也应有相应的变化；其次，由于国内市场逐步对外开放，国外资本和国外机构的大举进入，国内券商的垄断地位将受到威胁，市场竞争将更加激烈；与此同时，国外券商先进的管理经验、管理技术及创新品种也会不断地引入我国，从而带动和推进国内券商乃至整个市场运作水平的不断提高。

2.加入WTO，网络经济将进一步得到迅猛发展，它给创新提供了全新的技术平台，给变革注入了催化剂

以证券网上交易为主要内容的证券电子商务将成为证券交易的一个主要手段，它打破了传统交易方式在时间和空间上的限制，以其高速度、高效率、低成本、全开放的优势，将会引发证券交易业务的一场革命。

3.WTO组织已给出"时间表"，我国管理层正加快推出各项改革措施，这给创新、变革的有序进行和健康发展提供有力的政策保证

在当前我国经济转型进入关键时期，各项改革措施的成龙配套、循序渐进显得尤其重要，这样一个庞大复杂的系统工程需要管理层在目标方向、政策措施、方法步骤上总揽全局、精心策划、有力指导。

4.国内券商自身的生存和发展是创新、变革的内在动力

在加入WTO和目前分业重组大的政策背景下，中国券商正在进行一场前所未有的机构兼并、业务重组大行动，券商的竞争格局发生了重大改变，一个以不断扩大经济规模、改善内部治理结构，增强核心竞争力，提高集约化经营水平为特征的新经营战略将把中国的券商发展推向一个新阶段。

二、证券业务创新与变革的具体内容

1. 从证券交易的市场划分来看，目前的总体思路已经明确。它可以概括为：沪深市合并，一、二板并存，三层次结构（主板、二板、场外交易），多品种发展，境内外互通。

2. 从证券市场的参与者来看，目前管理正在推行超常规发展机构投资者的战略，除了加速发展证券投资基金，还要全方位、超常规发展其他机构投资者，如保险基金、社保基金、债券市场基金、货币市场基金等，这些机构将成为今后市场的主力；同时，境外机构和投资人也是一只不可小觑的"黑客"，随着资本市场的逐步准入，其对国内市场的冲击和影响力不可低估；另外，随着证券网点的不断辐射和交易手段的不断更新，县以下城乡居民加入证券投资的人数也在加快增长。总之，投资者结构将发生重大变化。

3. 从证券交易的方式看，将会出现柜台交易、电子交易、网上交易、店头交易（场外交易）多种方式并存的新格局。交易网点也会出现"有形"和"无形"并行，城市和乡镇共同发展，国内和国外相互联通的新发展模式。与此相关的交割清算、委托代理方式也会呈现多渠道和多样性。

4. 从证券交易的品种来看，目前开放式基金已经呼之欲出，A、B股并轨势在必行，股指期货等金融衍生物也会在不远的将来逐个推出。更有道琼斯、纳斯达克、恒生指数下的各主要国外市场上股票、债券及金融衍生物，国人在不远的将来也能可望可及。

5. 从证券交易服务手段来看，全方位、全天候、专业化、个性化、增值化服务将取代传统的广布网点、扩充硬件、以透支返佣为主要手段的粗放式经纪模式。委托资产管理业务将成为经纪业务的重头戏。研究咨询和投资理财水平的高低将是衡量一个券商竞争实力的主要标准。

6. 参与证券业务的机构也不再是证券公司独揽天下。随着开放式基金的推出和银证联网的加强，银、证、保三业交互营销，共享网络资源和客户资源已成必然趋势。国外机构也会把境外证券的投资业务、经纪业务延伸到我们国内。交易手续费的降低和证券公司利润的稀释在所难免。

三、应采取的措施

以上令人眼花缭乱的变化趋势，对于我们每一个券商来说，可谓既感兴奋，又感压力，既看到了自身的差距和不足，也看到自身发展的机遇和前景。我们要紧紧抓住这个历史赋予我们券商发展的最有利时机，全身心地投入到这场创新与变革的历史大潮之中。

首先，我们要充分做好知识准备、技术准备和人才准备。人才战略应是目前阶段的核心战略。要建立起培养和吸引各类专业人才的有效机制，保证各项新业务能尽快接受，顺利推出。为适应国际化趋势，应加强知识和人才的国际交流，可采取请进来、派出去的办法来改善知识结构和人才结构。

其次，要按国际惯例和现代企业制度来改善券商的内部治理结构，提高经营管理水平。要真正建立起有效的内部动力机制、制衡机制和风险约束机制，在规范经营、依法经营和赚取"阳光利润"上下功夫，在特色化经营和集约化经营上寻找突破。这是券商在新形势下可持续发展的基本保证。

第三，在机构和业务的设置上要坚持多元化与专业化相结合，做到融会贯通，相得益彰。要按市场划分、交易方式的新变化重新设置管理部门和业务部门，如交易一部、交易二部、网上交易部、资产管理部、国际业务部，等等。

第四、要建立一支高水平的研究咨询队伍，提高经纪业务的服务水准。同时，要积极探索委托资产管理业务，实现传统经纪业务的突破，不断满足不同层次投资者的新需求。

第三节　保险业务创新

一、全面风险管理内涵及特点

基于目标上分析，传统风险管理只是被动的规避风险；全面风险管理是保险公司目标实现的基础前提，制定不同的风险控制方法。基于管理主体分析，传统风险集中于财务部门的财务风险管理。互联网背景下，风险管控注重职工的主动融入，各部门帮助配合。基于管理客体来说，以往风险控制只注重某一风险个体，而互联网环境下全面风险控制更加全面，包含了市场风险、操作风险、信用风险。

二、互联网保险发展模式

（一）互联网保险业务创新

"互联网＋"环境下业务开展打破了传统保险人员展业销售、银邮代理、中介代理、电销形式，直接借助线上销售再一次扩大了销售范围。同时，为保险类型开发设计也创造了条件。另一方面，客户体验上也有了一定提升，互联网保险更加趋于人性化、场景化。首先，保险类型创新。大中型保险公司为提高综合实力立足于市场精细化划分上，研发对口专业保险产品，比如：铁路系统代理的短期意外伤害保险、淘宝运费险等。其次，组织创新。互联网保险公司打破了传统机构组成模式，节约了运营成本投入；并借助互联网技术和有利资源实现保险业务全过程服务。

（二）互联网保险商业模式发展

第一时期，萌芽时期，建立官方网站。较早以前就有大型保险公司建立了属于自己的官方网站，主要推广保险品牌与不同险种，增强企业形象。第二时期，第三方平台代理。

该时期发展标志着互联网保险业务走向专业化、标准化，逐渐走向微博、微信或一些金融网站。第三时期，快速发展，形成专业互联网保险公司结构。2012年，中国平安、阿里巴巴、腾讯三马共同创建首个互联网保险公司——众安在线财产保险公司。

三、保险公司业务创新方法

（一）保险产品创新

伴随着互联网的快速发展，保险公司业务创新的显著成就就是产品创新。基于"互联网＋"环境下，保险公司通过数据分析掌握用户需求进而完善保险产品，出台了单一风险的分散性保险产品。此外，面对互联网业务拓展风险与保险要求，公司研发了高频的新型保险产品。同时，与第三方平台合作并对其庞大的客户资源综合分析，采取场景化保险产品研发。

（二）方法创新

近几年，保险行业发展如火如荼，销售路径越来越广，但是保险营销手段经济投入较大。而借助"互联网＋"创新销售方法、降低营销成本，能够融入保险营销、理赔、售后等业务全过程。现阶段，多数保险产品多通过网络销售途径，例如：官网店铺、电商平台、第三方机构等。

（三）服务创新

保险公司借助"互联网＋"环境打破了传统空间、时间、地点的约束，实现了服务内容、服务过程的创新，有助于服务质量提高并增加服务体验。比如：某保险公司 APP、e 宝通等，客户业务办理更加简便、快捷。

四、保险公司风险因素

首先，"互联网＋"条件下的风险控制应用包含损失制约目标，包含经济补偿，保证稳定开展。价值创造目标：全面风险管理优化，也就是考虑风险因素的条件下保险公司把资产分配降至最低、收益最高。这样一来，有效保证资源的全面配置、资产保值增值。所以，风险管理目标制定上应注重公司价值目标达成。

其次，确定风险偏好。针对风险管理目标而言，保险公司不仅对传统经济赔偿风险进行了约束，还对价值创造目标有全面考量。不过，价值创造目标与传统风险控制有着本质不同。保险公司展开风险管控保证价值发挥有效性，需要有明确的风险态度。

（一）数据失衡

"互联网＋"环境下，一切业务办理、交流都是在虚拟条件下，对于保险合同签订二者缺少全面沟通与完全信任。例如：工作人员在互联网环境下难以了解投保人与被保险人实际状况，容易出现信息登记不完整、缺少真实性从而导致道德风险与逆向选择。

（二）产品开发风险

保险业务开展多以数据信息提供为依据，目前我国互联网保险业务处于发展阶段，缺少精准的数据积累从而导致创新型产品定价差别，增加产品定价风险。另一方面，互联网保险产品类型逐渐趋于多样化，不过其结构有待进一步完善，多数为高效益低保障类型使得产品趋于同质化。

（三）网络安全

互联网保险业务创新需要依靠信息技术，然而信息技术在为其提供便利条件的同时也存在一定网络风险，集中体现在几点：第一，网络系统安全，如：软硬件等基础设施异常、违规操作、信息技术设计不足、木马攻击等；第二，信息保密。网络环境下业务开展包含保险中介、保险公司、第三方机构、客户群体，涉及内容较多且网络节点复杂，容易导致客户个人信息泄露；第三，支付风险。客户在于保险公司业务办理、支付时，由于技术漏洞会变更保险合同、存在支付结算风险。

五、保险业务风险管控方法

（一）遵循保险特征

"互联网+"环境下保险业务开展节约了经济投入、扩大了覆盖面积，保险公司从实地业务开展逐渐延伸至互联网。据调查显示，至 2017 年国内保险公司在互联网上开通保险业务已经达到上百家，参保与续保业务收入近 700 亿元，占据全部保费的 7%。由此不难看出，"互联网+"环境下保险业务发展迅速，不过保险业务创新还应注意风险控制，一些保险产品与其背道而驰。产品创新时应围绕保障功能、客户权益、公正公平、保险利益等几方面。

（二）风险降低

若有新的保险产品上市在平台发布更新时应注意风险的管控，比如：人寿保险业务可以通过网络技术与科技对参保人身体健康状态评估，为参保人推荐科学饮食、适度运动等信息督促，有助于提高参保人身体素质、减少患病风险。或者在财产险中可以利用智能系统对客户住址监控，保证出现意外时得到及时帮助、及时切断危险源。

（三）构建系统网络保险监督管理制度

保险业务开展需要对人的身份状态、资金流动有所了解，因此政府、保险公司可以出台互联网保险监督管理制度。针对有异议的保险与网络风险政府发挥导向作用、保险公司发挥主动性，从而实现良好合作交流。

（四）加大风险管控人才培养

相对于发达国家，我国保险行业高专业水平、综合素养的人才资源匮乏；加之风险管控对人才技能水平要求严格。因此，保险公司的当务之急是建立内部培养体系，吸引高水平风险控制人才；同时展开人才引进措施，吸引外部专业人才从而得到先进的风险控制经验，为风险管理作用的发挥提供人才支撑。

第三章　金融体系与金融机构体系

第一节　金融体系

　　金融体系是一个经济体中资金流动的基本框架，它是资金流动的工具（金融资产）、市场参与者（中介机构）和交易方式（市场）等各金融要素构成的综合体，同时，由于金融活动具有很强的外部性，在一定程度上可以是为准公共产品。

　　因此，政府的管制框架也是金融体系中一个密不可分的组成部分。

　　在现实中，世界各国具有不同的金融体系，很难应用一个相对统一的模式进行概括。一个是德国，几家大银行起支配作用，金融市场很不重要；另一个极端是美国，金融市场作用很大，而银行的集中程度很小。在这两个极端之间是其他一些国家，例如日本、法国传统上是银行为主的体制，但是近年来金融市场发展很快，而且作用越来越大；加拿大与英国的金融市场比德国发达，但是银行部门的集中程度高于美国。

一、金融体系基本内容

　　金融体系包括金融调控体系、金融企业体系（组织体系）、金融监管体系、金融市场体系、金融环境体系五个方面。

　　（一）金融调控体系既是国家宏观调控体系的组成部分，包括货币政策与财政政策的配合、保持币值稳定和总量平衡、健全传导机制、做好统计监测工作，提高调控水平等；也是金融宏观调控机制，包括利率市场化、利率形成机制、汇率形成机制、资本项目可兑换、支付清算系统、金融市场（货币、资本、保险）的有机结合等。

　　（二）金融企业体系，既包括商业银行、证券公司、保险公司、信托投资公司等现代金融企业，也包括中央银行、国有商业银行上市、政策性银行、金融资产管理公司、中小金融机构的重组改革、发展各种所有制金融企业、农村信用社等。

　　（三）金融监管体系（金融监管体制）包括健全金融风险监控、预警和处置机制，实行市场退出制度，增强监管信息透明度，接受社会监督，处理好监管与支持金融创新的关系，建立监管协调机制（银行、证券、保险及与央行、财政部门）等。

　　分业经营分业监管：银监会、证监会、保监会。

（四）金融市场体系（资本市场）包括扩大直接融资，建立多层次资本市场体系，完善资本市场结构，丰富资本市场产品，推进风险投资和创业板市场建设，拓展债券市场、扩大公司债券发行规模，发展机构投资者，完善交易、登记和结算体系，稳步发展期货市场。

（五）金融环境体系包括建立健全现代产权制度、完善公司法人治理结构、建设全国统一市场、建立健全社会信用体系、转变政府经济管理职能、深化投资体制改革

二、金融体系类型

由于现实中不同国家的金融制度差异较大，因此很多研究认为，存在着不同的金融体系。一是以英美为代表的市场主导型金融体系，二是以法德日为代表的银行主导型金融体系。

在美国，银行资产对 GDP 的比重为 53%，只有德国的三分之一；相反，美国的股票市值对 GDP 的比重为 82%，大约比德国高三倍。因此，美国英国的金融体制常常被称为"市场主导型"，而德国、法国、日本则被称为是"银行主导型"。

三、金融体系基本框架

按我国金融机构的地位和功能进行划分，主要体系如下：

中央银行。中国人民银行是我国的中央银行，1948 年 12 月 1 日成立。在国务院领导下，制定和执行货币政策，防范和化解金融风险，维护金融稳定，提供金融服务，加强外汇管理，支持地方经济发展。中国人民银行与中国银行的主要区别为：中国人民银行是政府的银行、银行的银行、发行的银行，不办理具体存贷款业务；中国银行则承担与工商银行、农业银行、建设银行等国有商业银行相同的职责。

金融监管机构。我国金融监管机构主要有：中国银行业监督管理委员会，简称中国银监会，2003 年 4 月成立，主要承担由中国人民银行划转出来的银行业的监管职能等，统一监督管理银行业金融机构及信托投资公司等其他金融机构；中国证券监督管理委员会，简称中国证监会，1992 年 10 月成立，依法对证券、期货业实施监督管理；中国保险监督管理委员会，简称中国保监会，1998 年 11 月设立，负责全国商业保险市场的监督管理。按照我国现有法律和有关制度规定，中国人民银行保留部分金融监管职能。

国家外汇管理局。成立于 1979 年 3 月 13 日，当时由中国人民银行代管；1993 年 4 月，根据八届人大一次会议批准的国务院机构改革方案和《国务院关于部委管理的国家局设置及其有关问题的通知》，国家外汇管理局为中国人民银行管理的国家局，是依法进行外汇管理的行政机构。

国有重点金融机构监事会。监事会由国务院派出，对国务院负责，代表国家对国有重点金融机构的资产质量及国有资产的保值增值状况实施监督。

政策性金融机构。政策性金融机构由政府发起并出资成立，为贯彻和配合政府特定的

经济政策和意图而进行融资和信用活动的机构。我国的政策性金融机构包括三家政策性银行：国家开发银行、中国进出口银行和中国农业发展银行。政策性银行不以盈利为目的，其业务的开展受国家经济政策的约束并接受中国人民银行的业务指导。

商业性金融机构。我国的商业性金融机构包括银行业金融机构、证券机构和保险机构三大类。

银行业金融机构包括商业银行、信用合作机构和非银行金融机构。商业银行是指以吸收存款、发放贷款和从事中间业务为主的盈利性机构，主要包括国有商业银行（中国工商银行、中国农业银行、中国银行、中国建设银行）、股份制商业银行（交通银行、中信实业银行、中国光大银行、华夏银行、中国民生银行、广东发展银行、深圳发展银行、招商银行、兴业银行、上海浦东发展银行、恒丰银行等）、城市商业银行、农村商业银行以及住房储蓄银行、外资银行和中外合资银行。信用合作机构包括城市信用社及农村信用社。非银行金融机构主要包括金融资产管理公司、信托投资公司、财务公司、租赁公司等。

证券机构是指为证券市场参与者（如融资者、投资者）提供中介服务的机构，包括证券公司、证券交易所、证券登记结算公司、证券投资咨询公司、基金管理公司等。这里所说的证券主要是指经政府有关部门批准发行和流通的股票、债券、投资基金、存托凭证等有价凭证，通过证券这种载体形式进行直接融资可以达到投资和融资的有机结合，也可以有效节约融资费用。

保险机构是指专门经营保险业务的机构，包括国有保险公司、股份制保险公司和在华从事保险业务的外资保险分公司及中外合资保险公司。

四、金融体系基本功能

（一）清算和支付功能

在经济货币化日益加深的情况下，建立一个有效的、适应性强的交易和支付系统乃基本需要。可靠的交易和支付系统应是金融系统的基础设施，缺乏这一系统，高昂的交易成本必然与经济低效率相伴。一个有效的支付系统对于社会交易是一种必要的条件。交换系统的发达，可以降低社会交易成本，可以促进社会专业化的发展，这是社会化大生产发展的必要条件，可以大大提高生产效率和技术进步。所以说，现代支付系统与现代经济增长是相伴而生的。

（二）融资功能

金融体系的融通资金功能包含两层含义：一、动员储蓄和提供流动性手段。金融市场和银行中介可以有效地动员全社会的储蓄资源或改进金融资源的配置。这就使初始投入的有效技术得以迅速地转化为生产力。在促进更有效地利用投资机会的同时，金融中介也可以向社会储蓄者提供相对高的回报。金融中介动员储蓄的最主要的优势在于：一是它可以分散个别投资项目的风险；二是可以为投资者提供相对较高的回报（相对于耐用消费品等实物资产）。金融系统动员储蓄可以为分散的社会资源提供一种聚集功能，从而发挥资源的规模效应。金融系统提供的流动性服务，有效地解决了长期投资的资本来源问题，为长期项目投资和企业股权融资提供了可能，同时为技术进步和风险投资创造出资金供给的渠道。

（三）股权细化功能

将无法分割的大型投资项目划分为小额股份，以便中小投资者能够参与这些大型项目进行的投资。通过股权细化功能，金融体系实现了对经理的监视和对公司的控制。在现代市场经济中，公司组织发生了深刻的变化，就是股权高度分散化和公司经营职业化。这样的组织安排最大的困难在于非对称信息的存在，使投资者难以对资本运用进行有效的监督。金融系统的功能在于提供一种新的机制，就是通过外部放款人的作用对公司进行严格的监督，从而使内部投资人的利益得以保护。

（四）资源配置功能

为投资筹集充足的资源是经济起飞的必要条件。但投资效率即资源的配置效率对增长同样重要。对投资的配置有其自身的困难，即生产率风险，项目回报的信息不完全，对经营者实际能力的不可知等。这些内在的困难要求建立一个金融中介机构。在现代不确定的社会，单个的投资者是很难对公司、对经理、对市场条件进行评估。金融系统的优势在于为投资者提供中介服务，并且提供一种与投资者共担风险的机制，使社会资本的投资配置更有效率。中介性金融机构提供的投资服务可以表现在：一是分散风险；二是流动性风险管理；三是进行项目评估。

（五）风险管理功能

金融体系的风险管理功能要求金融体系为中长期资本投资的不确定性即风险进行交易和定价，形成风险共担的机制。由于存在信息不对称和交易成本，金融系统和金融机构的作用就是对风险进行交易、分散和转移。如果社会风险不能找到一种交易、转移和抵补的机制，社会经济的运行不可能顺利进行。

（六）激励功能

在经济运行中激励问题之所以存在，不仅是因为相互交往的经济个体的目标或利益不一致，而且是因为各经济个体的目标或利益的实现受到其他个体行为或其所掌握的信息的影响。即影响某经济个体的利益的因素并不全部在该主体的控制之下，比如现代企业中所有权和控制权的分离就产生了激励问题。解决激励问题的方法很多，具体方法要受到经济体制和经济环境的影响。金融体系所提供的解决激励问题的方法是股票或者股票期权。通过让企业的管理者以及员工持有股票或者股票期权，企业的效益也会影响管理者以及员工的利益，从而使管理者和员工尽力提高企业的绩效，他们的行为不再与所有者的利益相悖，这样就解决了委托代理问题。

（七）信息提供功能

金融体系的信息提供功能意味着在金融市场上，不仅投资者可以获取各种投资品种的价格以及影响这些价格的因素的信息，而且筹资者也能获取不同的融资方式的成本的信息，管理部门能够获取金融交易是否在正常进行、各种规则是否得到遵守的信息，从而使金融体系的不同参与者都能做出各自的决策。

五、金融体系必备能力

（一）稳定能力

一个稳定的金融系统才具有竞争力，才能应对各种潜在威胁，化解金融风险，保障金融安全，才能保持货币稳定，没有过度通货膨胀或通缩、过度扭曲性融资安排和过度金融泡沫，因此金融体系应该具备稳定能力。金融体系不稳定的代价是非常严重的。首先，定价体系的紊乱会扰乱实体经济领域的交易秩序，破坏正常的生产活动；其次，社会信用会受到影响，融资活动难以正常进行，从而影响投资进而经济的增长；再次，不稳定的金融体系使人们产生不确定的预期，极易导致具有巨大破坏力的集体行动，对正常的经济活动产生强大的冲击力。因而金融保持自身的稳定对整体经济的稳定意义重大。金融稳定要求定价体系能够正常运转，币值、利率、汇率、股价等价格指标保持稳定；要求具备危机预警指标体系和识别、转移、控制、分散风险的机制，能够应对各种意料之外的突发事件的冲击，化解风险，解除危机；要求具有约束微观金融机构进入金融市场、开展各项经营活动的规章制度并保证它们能够被遵守的机制；要求建立对金融体系进行宏观监管的机构、监管规则和监管手段。

（二）适应能力

金融体系是在特定的经济环境中实现其各项功能的，金融体系必须适应其赖以存在的经济环境，同时经济环境处在不断地变化之中，金融体系也必须同步变化，即应该具备适应能力和创新能力。金融体系的适应能力即一国的金融发展应该放在强调金融体系基本功能正常发挥的制度建设和协调发展上，而不是脱离金融体系的基本功能去看重市场外部结构的发展和规模的扩充上，否则，忽视金融功能谈金融发展就有可能造成金融资源的严重浪费和扭曲。另外，值得指出的是，金融体系的活动存在外部性：偏重某一金融功能的发挥，有时可能会放大它的负面效应，比如为了提高金融体系的价格发现功能，市场的整合与利率和汇率的市场化是必要的，但是这些做法会增加市场风险，如果金融体系的风险防范和分散功能还不到位，那么这种不平衡的发展就会导致宏观经济的不稳定，最终会反过来遏制金融体系的价格发现功能的正常发挥。一个能保证金融发展和实体经济之间良性的互动关系的金融体系，绝对不是单纯地在规模和数量上追求最好的投、融资制度和金融工具的集合，而应该是能够平衡好各种利益冲突、效果冲突，在此基础上能够有效地发挥金融体系六大基本功能，从而推动实体经济持续稳定地增长这样一种最优化的动态体系。

（三）经营能力

金融体系必须通过自身的经营活动实现其各项功能，除了初期必需的投入以外，它不能依赖于政府或任何个人的连续不断的资金投入，这样的金融体系才能够长期存在并不断发展，即金融体系必须具有经营能力。金融机构的经营能力是指金融机构利用经济资源实现经营目标的程度。由于经济主体的多元性，导致了经营目标的多元化，经营绩效是多元化目标的综合反映，是经营能力大小的反应。金融机构通过向社会提供负债工具、信贷资产使用权、股票、债券等金融服务或者工具来达到经营目的。金融机构必须依靠自身的能力来履行其各项职能，而不能依靠不断地外部资源投入，因而经营能力是金融机构得以生存的必要条件，是它能够不断发展的基础。

（四）配置能力

为了发挥在时空上实现经济资源转移提供渠道的功能和融通资金和股权细化功能，金融体系必须能够对金融资产进行定价，能够将非流动性资产变成流动性资产，并且能够将资产进行最优的配置，因此金融体系必须具有配置能力、流动能力、定价能力。金融资源配置效率是指市场以最低交易成本为资金需求者提供金融资源的能力，换句话说，是将有限的金融资源配置到效益最好的企业和行业的能力。金融中介的资金配置作用主要来自金融中介的信息优势。在政府主导型的融资制度下，银行与企业从理论上说应关系密切，特别是日本、韩国等国主银行制度的建立，对银行和企业之间的信息流通是非常有利的，银行可以充分利用这一信息优势选择好的项目并对项目的旅行进行有效监督，实现较高的资金配置效率。提高资金配置效率，除了可以利用金融中介的信息优势外，还可以通过合同安排降低资金配置所需要的信息量来实现。信息不对称所引起的逆向选择和道德风险是影响资金配置效率的主要因素。当提高企业自有资金比例或增加抵押、担保后，可以减少甚至消除逆向选择和道德风险，从而减少甚至取消银行提供贷款时对信息的需求，即信息与自有资金、抵押、担保之间存在着互补关系。金融体系通过银行、证券、保险等多种渠道将资金从储蓄领域高效地引至投资领域，并发挥金融系统的监督功能，促使资金在实体经济领域的良性循环，实现资源的优化配置。

（五）传导能力

各国都将金融体系作为对经济进行宏观调控、传导政策意图的途径，金融体系必须具有传导能力，才能实现这种用途。金融体系是政府影响实体经济部门、促进经济增长的重要渠道。它之所以天然地能够承担起这一传导政策意图的职能，是因为它同时与经济部门有着千丝万缕的联系，并且具有操作方便、容易测量、能够控制的特点。政策措施通过金融体系的传导一般需要经过以下三个层次：第一层是货币政策对金融体系影响的传导链，第二层是金融体系对实体经济部门影响的传导链；第三层是实体经济的各部门对经济增长的贡献链。金融体系传导政策意图的能力可以通过传导的及时性、完整性、准确性来加以衡量。政府的政策措施只有被及时传导才会产生良好效果，否则这种政策措施在变化后的环境中发挥作用可能会适得其反。完整性是指政府的所有政策意图都要能够被传导至经济活动中，而不能遗漏其中的一些内容，否则可能达不到预期的政策效果。准确性是指依照政策制定者所设计的方式来加以传导，从而使得这些政策能够按照政策制定者预期的方式发挥作用。

（六）流动能力

流动性是指，由于金融体系的作用，资源可以更充分地流动。资源的充分流动对经济运行的好处是显而易见的，它使得处于闲置状态的资源能被投入运用，使得运用效率低的资源流向更有效率的用途。金融体系的流动能力具有两个方面的含义：一是它将固定的、不流动的资产变现为流动资产的能力；二是流动性资产在不同投资者之间流转的能力。如何衡量金融体系的流动性呢？一是当全部有效资金供应都流向了需求方，全部有效需求都得到了满足，不存在闲置资金，也不存在未满足的有效资金需求时，货币资金的供求就达到了最佳的均衡状态。二是配置在各种用途上的资源的边际价值达到均等，使资源配置处于最佳状态。

（七）定价能力

市场经济遵循等价交换的原则，金融市场上的交易也不例外。金融交易中的定价不仅要考虑金融产品的内在价值，同时要考虑其风险价值。在金融市场上，金融产品的价格可以通过较公开的竞价方式形成，通过这种竞价过程，金融市场能够在迅速平衡金融产品的供给和需求的同时，为金融产品形成统一的市场价格。基于此，金融市场才能够有效地指导增量金融资源的积累与存量资源的调整。因此，金融体系对金融资产准确定价是配置资源和消化风险的前提。

（八）创新能力

金融体系是在特定的经济环境中存在并发挥作用的，没有也不可能存在能够脱离经济环境而独立存在的金融体系。由于社会分工的不断深化、国际经济联系的进一步加强、技术手段和知识在经济发展中得到越来越多的应用、市场交易的方式日益增多，现代经济环境正在变得越来越复杂。与此相应，现代经济中所蕴藏的风险也越来越复杂。因此在经济中发挥枢纽作用的金融体系必须具有随经济环境变化而变化的能力，只有如此它才能够正常行使其所承担的各项职能，才能满足经济发展对金融体系提出的各项要求。金融体系的创新与经济环境的变迁是互动的。一个僵化的金融体系只会使得经济运行受到阻碍，从而制约经济的进一步发展。

（九）信息能力

金融体系传导信息的功能特别重要，正是由于金融体系发挥了这一功能，市场才真正被连接到一起。与单个投资者对代理人所管理的企业的独立监督相比，投资者联合起来组成联盟，由联盟派出代表进行监督成本更低。这个联盟可以是金融中介，也可以是金融市场。金融中介在监督企业方面存在比较优势，而金融市场在信息获取和汇总方面存在比较优势。金融市场特别是股票市场的一个重要功能就是信息的及时快速传播。因为股票市场上的交易价格是快速变动而且公开的，而作为有效市场，股票价格包含大量的公司信息。加上股票市场的信息披露，从而使得股票市场成为信息最完全传播最快的市场。尽管如此，股票市场信息仍然可能是不完全的，因而存在有套利机会。那些通过非公开渠道获得公司信息的投资者，就能够在信息广泛传播之前通过证券买卖获得利润。

六、金融体系基本作用

对金融体系产生影响的因素中，交易成本和信息不对称起着非常重要的作用。金融体系的几大功能都与这两个因素有关。

交易成本指金融交易中所花费的时间和金钱，是影响金融体系功能效率的主要因素。对个人来说，发放贷款的交易成本是非常高的。为了保护自己的资金，在发放贷款前需要调查项目、调查借款人的信用水平，聘请专门的法律人员设计完备的借款合同等。高额交易成本的存在成为资金在借、贷双方流动的阻碍。银行等金融中介机构在解决这个问题上存在较大的优势。他们具有规模经济效应，因此可以节约交易成本。金融中介从个人和企业聚集资金再将其贷放出去。由于形成了规模经济，金融中介可以减少交易成本。

信息不对称在交易之前会造成逆向选择问题，在交易之后会导致道德风险问题。如果想在贷款市场上尽量减少逆向选择问题，就需要贷款者从不良贷款的风险中识别好的项目。道德风险的存在降低了还款的可能性，使贷款者的预期收益降低，从而降低了他们提供贷款的愿望。股东和经理人之间也存在这个问题。股东期望公司实现利润的最大化从而增加其所有者权益。而实际上，经理人的目标常常与股东的目标有所偏差。由于公司的股东人数众多且比较分散，无法对经理人进行有效的监控，经理人掌握私人信息，股东无法避免经理人隐藏信息，实施对自己有利而对股东不利的行为。

金融中介在解决信息不对称带来的道德风险和逆向选择时，也显示出了自身的优势。由于其在生产公司信息方面是专家，因此在某种程度上可以分辨信贷风险的高低。银行等金融中介从存款者那里获得资金，再将其贷给好的公司，这就保证了银行的收益。贷款发放以后，银行代表存款者对项目进行监督。一旦银行与企业签订长期贷款合同，那么其对企业的监控成本要比直接去企业监督的成本低。金融中介机构的作用是"代理监督"。可以在一定程度上解决债务人和债权人之间的委托—代理问题。当然，银行并不能完全解决信息不对称所带来的问题。银行掌握信息的优势是相对于存款者来说的，而借款者拥有的有关自身情况、项目性质等的信息是最多的。因此银行也常常面临道德风险和逆向选择问题，银行的不良资产就说明了这一点。

证券市场，特别是股票市场的相关制度安排与机制会降低代理成本，部分克服存在于资本分配中的道德风险和逆向选择。而且，股票市场的发展也有利于对公司的控制。所有者会将公司在股票市场上的表现与经理人员的报酬结合起来，从而有效地将经理人员与所有者的利益联系起来。同时，流动性使金融资产的交易成本和不确定性都会下降。一些高回报的项目要求长期资本投资，但储蓄者不可能将其储蓄押在长期投资上，因此，如果金融体系不能增加长期投资的流动性，长期项目的投资就会不足。

由此可见，利用银行融资和利用资本市场融资的主要差别集中在解决交易成本以及信息不对称所带来的道德风险、逆向选择问题上。银行在降低交易成本方面比证券市场更有优势；在信息不对称的条件下，银行解决委托—代理问题的能力也强于证券市场。这也正好可以解释为什么人们一度认为银行导向型金融体系比市场导向性金融体系更为有利于经济的发展。然而，近20年来，市场导向型体系国家，特别是美国出现了持续的经济高涨，而银行导向型体系国家相对而言竞争力明显减弱。不仅如此，银行导向型国家还在大力发展市场机制，出现了向市场导向型体系融合的趋势。这其中技术进步所起的作用是不容忽视的。

七、金融体系科技影响

（一）技术进步带来的变化

20世纪70年代以来，国际金融市场上最显著的三个变化是：资产证券化、金融市场国际化和网上交易。计算机技术的进步是这些变化的重要物质基础。

1. 资产证券化

证券化是将非流动性金融资产转变为可交易的资本市场工具。由计算机纪录，金融机构发现他们可以将多种形式的债务组合绑在一起，集合利息和本金，再将其卖给第三方。证券化开始于70年代，汽车贷款，1985年证券化的汽车贷款只发行了90亿美元，1986年就发展到了100亿美元。计算机技术还使得金融机构可以为市场的特殊需求量身定做有价证券，集合抵押债务就是例子。计算机化使集合抵押债务可以划分为几级。每级根据不同的风险等级获取不同的收益。

2. 计算机技术是网上交易的关键

网上交易可以使大宗的股票及其他有价证券买卖通过网络进行。大大节省了交易成本。同时它还打破了参与交易者在地理上的局限性，使得交易者无论身处何地都可以即时参与交易。虽然网络安全问题仍然存在，但证券市场的网上交易与其他类型的电子商务一样都被认为是有着广阔前景的发展方向。

3. 计算机和先进的电子通信技术还是金融市场国际化的重要动力

技术的进步使得交易者可以在全球传递股票价格和即时信息。交易者可以不受市场营业时间的限制，国际交流的低成本使对外投资更为容易了。证券市场的电子化开始于1971 年，美国证券交易商协会自动报价系统即 NASDAQ 成为世界上第一个电子化证券市场。在欧洲，证券市场电子化进程从 1986 年开始。英国建立了最新的"证券交易所自动报价系统"，以卫星线路与纽约、东京相连的电子计算机进行，实现了一天 24 小时的全球证券交易。

（二）技术进步对金融体系的影响

上述变化使金融体系也相应发生了改变，包括：

1. 债务市场规模更大、越来越多的债务工具开始可交易了

信息技术的进步减小了金融市场中的信息不对称，减轻了逆向选择和道德风险问题。使得不透明的资产变成了信息充分的有价证券，交易成本也下降了。交易成本的下降增加了这类债务的供给并加强了他们的流动性。因此，债务市场发展起来。而这种债务已经不仅仅以银行贷款的形式出现，它通常作为新兴的金融产品在证券市场上进行交易，如 CMO 债券等。

2. 衍生产品市场发展起来，企业交易的市场风险成本降低

衍生品市场在 20 世纪 70 年代出现，80 年代，柜台交易衍生品市场迅速发展。它们是应供求两方面的需要而出现的。70 年代宏观经济动荡，与此相关的汇率和利率也不稳定，这提高了企业对更好地管理系统风险的需要。供给方面，金融理论的发展使得金融机构可以以较低的成本在这些市场上运作，特别是金融工程学为资本定价和风险管理提供了理论依据。

3. 支付体系向电子体系发展，减少了家庭对将其财富投资于银行存款的需求

过去，大量的零售支付由支票来完成。自动取款机（ATM）应用范围越来越大。这种技术在 70 年代就已经出现，在 1988 ~ 1998 年之间，ATM 机的数量翻了一番，交易额增加了两倍。同时，信用卡和借记卡的应用在 20 世纪 90 年代也迅速发展起来。

技术进步对金融体系的影响是通过对交易成本和信息不对称问题的解决而实现的。它对交易成本的影响在于：计算机的出现以及便宜的数据传输导致了交易成本的锐减。通过增加交易的数量，以及让金融机构以低成本提供新的产品和服务，而使得金融体系的效率更高。计算机和通信技术可以合称信息技术。它对金融市场信息对称产生了深远的影响。投资者可以更容易地识别不良贷款的风险，或去监督企业，从而减少逆向选择和道德风险的问题。结果是，发行可交易证券的障碍减少，从而鼓励了发行。由此导致的必然结果是人们对银行的依赖程度降低，银行在金融体系中的重要性被削弱；与此同时，证券市场在

解决以上两个问题时相对于银行的劣势在很大程度上也得到了弥补，而在流动性上的优势得以发挥，其重要性也日益凸显出来。由此，银行主导型金融体系表现出向市场主导型融合的趋势。

第二节　金融机构体系

一、金融机构体系概述

（一）一般而言，凡是专门从事各种金融活动的组织，均称为金融机构。金融机构分为直接金融机构和间接金融机构。间接金融机构，是作为资金余缺双方进行金融交易的媒介体，如各种类型的银行和非银行金融机构；直接金融机构则是为筹资者和投资者双方牵线搭桥的证券公司、证券经纪人以及证券交易所等。

（二）金融机构的经济功能

1. 降低金融的交易成本
2. 防范金融交易中的逆向选择和道德风险
3. 提供长期贷款
4. 发行流动性较大的间接金融工具
5. 减少融资风险

二、金融机构体系的构成

（一）商业银行

商业银行在金融机构体系中居主体地位，是最早出现的金融机构。它们以经营工商业存、放款为主要业务，并为顾客提供多种服务。其中通过办理转账结算实现着国民经济中的绝大部分货币周转，同时起着创造存款货币的作用。下一章将进行详尽的讨论。

（二）政策性专业银行

政策性专业银行是由政府投资设立的，根据政府的决策和意向专门从事政策性金融业务的银行。它们的活动不以盈利为目的，并且根据分工的不同，服务于特定的领域。在我国，政策性专业银行有国家开发银行、中国进出口银行和农业发展银行。

（三）商业性专业银行

商业性专业银行与政策性专业银行相对应，从事专门经营范围和提供专门性金融服务，一般有其特定的客户，以盈利为目的。它们的存在是社会分工发展在金融领域中的表现，随着社会分工的不断发展，要求银行必须具有某一方面的专门知识和专门职能，从而推动着各式各样专业银行的出现。如投资银行、储蓄银行、抵押银行等。

（四）其他非银行金融机构

商业银行、中央银行及其他专业银行以外的金融机构，统称为非银行性金融机构。非银行性金融机构筹集资金发行的金融工具并不是对货币的要求权，而是其他的某种权利，如保险公司发行的保险单只代表索赔的权利。从本质上来看，非银行性金融机构仍是以信用方式聚集资金，并投放出去，以达到盈利的目的，因而与商业银行及专业银行并无本质区别。如保险公司、投资公司、信用合作社等。

（五）金融监管机构

金融监管机构是根据法律规定对一国的金融体系进行监督管理的机构。其职责包括按照规定监督管理金融市场；发布有关金融监督管理和业务的命令和规章；监督管理金融机构的合法合规运作等。我国目前的金融监管机构包括银保监会和证监会。

三、我国的金融机构体系

我国的金融中介机构，按其地位和功能大致可分为四大类：

第一类是货币当局，也叫中央银行，即中国人民银行。

第二类是银行。包括政策性银行和商业银行。商业银行又可分为：国有独资商业银行、股份制商业银行、城市商业银行以及住房储蓄银行。

第三类是非银行金融机构。主要包括国有保险公司，股份制保险公司，城市信用合作社及农村信用合作社，信托投资公司，证券公司，及其他非银行金融机构。

第四类是在我国境内开办的外资、侨资、中外合资金融机构。包括外资、侨资、中外合资的银行、财务公司、保险机构等金融机构在我国境内设立的业务分支机构和驻华代表处。

特点：

1. 国有商业银行实力雄厚但市场份额不断下降
2. 股份制商业银行迅速成长
3. 外资银行发展势头强劲
4. 保险市场的规模扩张迅速
5. 证券公司随证券市场的发展不断壮大
6. 基金管理公司发展迅速，前景光明。

第三节　银行金融机构

金融机构创新是指建立新型的金融机构，或者在原有金融机构的基础上加以重组或改造。金融机构创新的原因多种多样，例如，电子技术的发展导致了纯粹网络银行的诞生，套利和投机动机导致对冲基金出现，"新经济"的热潮引发风险投资基金的大发展，放松金融管制与金融国际化产生了一大批新式的金融机构，等等。

一、银行金融机构原因

金融机构创新主要集中在非银行金融机构和跨国银行的发展两方面。因为各国金融制度不尽相同，对金融机构的设置分工等各方面的要求也各有所侧重，金融机构的形式也就不一致。但是，综合世界各国的金融机构创新的原因不外乎两个方面：一是金融自由化的进展使金融机构从"专业化"向"综合化"方向发展，为各种新的金融机构的诞生创造了条件；二是西方各国在二战后初期，根据经济发展需要对金融体制进行了改组和整编，使得金融机构由"专业化"向"综合化"转化。其实质是战后经济活动的实际内容发生变化，使得金融机构突破原来的业务分工，在较大范围内开始综合经营。而且实行多种金融业务的交叉，出现了大批新的金融机构。20世纪30年代资本主义经济危机以后，各国加强了金融管制，防止经济危机对金融业的影响。特别是二次大战以后，世界各国金融体系专业化程度得到了加强，对金融业的管理法规也更加严密。80年代新技术革命的进展和资本国际化的形成等因素，促成金融交易的自由化发展，这些都导致了金融法规相应变革，朝着放松管制和促进金融自由化的方向发展，这又反过来进一步促进了金融机构的创新。

二、银行金融机构特征

当代金融机构创新的突出特征可以归结为多样化、全能化、同质化三个方面。在多样化方面主要是金融机构类型创新，新型金融机构不断涌现。在全能化、同质化方面，主要是金融组织结构创新，分业体制的逐步放松使得金融机构能够日益向其他业务领域渗透，传统经营单一业务的金融机构日益提供全能服务，不同机构逐渐趋同。例如，商业银行通过金融创新渗透入投资银行领域，或者干脆通过收购兼并直接开展投资银行业务；投资银行也在创新性产品和服务中融入商业银行性质业务，向商业银行领域渗透，或直接收购商业银行；保险公司则通过创新使得保险产品具有了基金：商业银行等不同机构的业务特征，向其他业务渗透，直至直接参与商业银行，投资银行业务。渗透融合的结果是使得传统分业经营体制下职能界限分明的金融机构逐步趋于同质化和全能化。

三、银行金融机构内容

金融机构创新的内容主要有三个方面：

（一）非银行金融机构迅速发展

20世纪初经济危机以前，非银行金融机构一直很少，二次世界大战以后得以迅速发展，先后出现了保险公司、养老基金、住宅金融机构、金融公司、信用合作社、互助基金等非银行金融机构。

（二）跨国银行迅速发展

20世纪60年代以来，现代跨国银行发展的结果形成了三大网络，即国际金融中心网络、发达国家网络、发展中国家网络；并形成了国际银团贷款、国际联合银行等国际银行联合组织。

（三）建立完善的机构体系

过去商业银行的机构多是单一银行制和分支银行制，进入70年代后，几乎所有大型商业银行均向连锁银行制和集团银行制发展。西方发达国家的一些大银行或金融机构都在力争发展成为一种金融联合体，或者是办成一个能向顾客提供任何金融服务的金融超级市场。

四、银行金融机构影响

对货币传导机制金融创新在金融机构领域内产生了大量的非银行金融机构．这对货币政策传导有正反两方面的影响。

1. 积极影响体现在金融机构创新促进了金融机构运作效率提高，增加了经营效益，开拓了服务领域，扩大了服务品种和提高了服务质量，使金融机构运作效率提高了。对货币政策传导机制而言，使其市场化程度更高、更灵敏。

2. 消极影响体现在金融机构创新，一定程度上削弱了货币控制。随着金融机构创新，大量非银行金融机构分流了银行的信贷资金来源，使得传统的货币政策传导机制载体——商业银行作用减弱，中央银行存款准备金机制作用范围缩小，削弱了中央银行货币控制基础。

从上述两点展开分析，金融机构创新对货币政策传导机制虽然有正反两方面的影响，但从本质上看，金融机构创新是增加了非银行金融机构，增加了中间业务，增加了间接融资，因此对货币政策传导机制而言，要求更加符合市场化的方面了。

第四节　非银行金融机构

非银行金融机构（non-bank financial intermediaries）以发行股票和债券、接受信用委托、提供保险等形式筹集资金，并将所筹资金运用于长期性投资的金融机构。

非银行金融机构与银行的区别在于信用业务形式不同，其业务活动范围的划分取决于国家金融法规的规定。非银行金融机构在社会资金流动过程中所发挥的作用是：从最终借款人那里买进初级证券，并为最终贷款人持有资产而发行间接债券。通过非银行金融机构的这种中介活动，可以降低投资的单位成本；可以通过多样化降低投资风险，调整期限结构以最大限度地缩小流动性危机的可能性；可以正常地预测偿付要求的情况，即使流动性比较小的资产结构也可以应付自如。非银行金融机构吸引无数债权人债务人从事大规模借贷活动，可以用优惠贷款条件的形式分到债务人身上，可以用利息支付和其他利息形式分到债权人身上，也可以用优厚红利的形式分到股东身上以吸引更多的资本。中国非银行金融机构的形式主要有信托投资公司、租赁公司和保险公司等。

一、非银行金融机构种类

非银行金融机构（non-bank financial intermediaries），除商业银行和专业银行以外的所有金融机构。主要包括公募基金、私募基金、信托、证券、保险、融资租赁等机构以及财务公司等。非存款性金融机构包括金融控股公司，公募基金，养老基金，保险公司，证券公司等，小额信贷公司等。

非银行金融机构指经一行两会（中国人民银行、证监会、银保监会）批准成立的，一般包括公募基金、私募基金、典当行、担保公司、小额信贷公司等。这类机构放贷灵活、手续便捷，符合中小企业资金快速融资的要求。

公募基金：向公众募集资金的基金管理公司。

私募基金：向合格投资人募集资金的基金管理公司。

信托投资机构：专门（或主要）办理金融信托业务的金融机构。它是一种团体受托的组织形式。信托机构的产生是由个人受托发展为团体受托。在商品经济条件下，社会分工愈来愈细，经济上的交往愈来愈多，人事与商务关系愈来愈复杂，人们为了有效地经营和处理自己力不能及的财产及经济事务，就需要专门的信托机构为之服务。信托机构的重要种类有：信托投资公司、信托银行、信托商、银行信托部等。证券机构：专门（或主要）办理证券业务的金融机构。证券机构是随着证券市场的发展而成长起来的。主要有证券交易所、证券公司、证券投资信托公司、证券投资基金、证券金融公司、评信公司、证券投资咨询公司等。

合作金融机构：合作金融有着悠久的历史，在金融体系中占有重要地位。主要有农村信用合作社、城市信用合作社、劳动金库、邮政储蓄机构、储蓄信贷协会等。

保险机构：主要有保险公司、国家保险局、相互保险所、保险合作社及个人保险组织等。

融资租赁机构：主要有商业银行投资和管理的租赁公司或租赁业务部，制造商或经销商附设的租赁公司。

财务公司：又称金融公司，各国的名称不同，业务内容也有差异。但多数是商业银行的附属机构，主要吸收存款。

二、非银行金融机构发展历史

（一）产生

非银行金融机构是随着金融资产多元化、金融业务专业化而产生的。早期的非银行金融机构大多同商业银行有着密切的联系。1681年，在英国成立了世界上第一家保险公司。1818年，美国产生了信托投资机构。

（二）发展

到1980年年底，美国信托财产总计达5712亿美元。1849年，德国创办了世界上第一家农村信用社。20世纪初，证券业务和租赁业务迅速发展，产生了一大批非银行性的金融机构。第二次世界大战后，非银行金融机构逐步形成独立的体系。例如证券业，美国有7000多家证券公司，18家全国性的证券交易所。70年代以来，金融创新活动不断涌现，非银行金融机构起了主要作用，它有力地推动了金融业务的多元化、目标化和证券化，使得各类金融机构的业务日益综合化，银行机构与非银行金融机构的划分越来越不明显，非银行金融机构自身的业务分类也日趋融合。它们之间业务交叉进行，只是比重有所差别。

（三）现状

据银监会统计，截至2013年8月，中国非银行金融机构总资产为415995亿元，占银行业金融机构总资产的29.4%。

三、非银行金融机构改革方向

（一）现存问题

中国经过改革开放三十多年的发展，逐步建立起了较为完整的金融体系。各类非银行金融机构在经济建设中发挥着越来越重要的作用。但受传统计划经济的影响，中国现行的金融规制仍然存在着"跛行"态势，一方面，过于重视金融机构的进入规制，为金融机构设置了严格的市场进入门槛；另一方面，中国没有建立起相应的金融机构退出制度。受国家信用保护，金融行业垄断现象较为严重，市场竞争不足。金融机构经营状况较差，无法通过正常渠道退出市场，加剧了金融体系的风险。规制部门没有相应的预警机制及时发现存在问题的非银行金融机构。在危机出现时，往往不知所措，只能层层上报，逐级请示，最后延误了退出的时机。此外，由于缺乏必要的规制手段和措施，规制部门只能通过行政手段加以干预。在"维稳"的一元目标下，采取封闭处理的方式，不计成本的将大量社会资源投入到非银行金融机构拯救中，造成社会资源的浪费。这样做的结果导致社会公众的心理恐慌和对非银行金融机构的不信任。

究其原因，中国的金融规章制度变迁是强制性制度变迁和诱致性制度变迁相结合的过程。其中正式制度供给不足和非正式制度变迁缓慢是问题的症结所在。在制度演进过程中，由于利益集团的目标函数并不一致，所以在非银行金融机构退出过程中表现为复杂的利益交织和利益冲突现象。在经济全球化和金融机构竞争日益加剧的今天，非银行金融机构作为市场微观主体，必然要经历市场优胜劣汰的选择，出现危机导致破产也会是正常现象。金融规制部门不能被动应对，而应探索出一套行之有效的办法主动出击。因此，完善非银行金融机构退出规制对于当下处于转型时期的中国来说，具有十分重要的意义。中国非银行金融机构退出规制改革应以稳定金融市场秩序，保护债权人合法利益为目的。以透明、及时、依法和审慎为原则。同时，要以市场化为导向，以成本收益为衡量标准。首先，完善非银行金融机构退出规制体制。要改革现有规制部门机构设置模式，建立以"一行三会"为主体，其他权责机关为辅的规制组织机构模式，重点发挥人民银行在退出规制中的核心作用，加强规制部门间协调，建立完善的联席会议制度，实现信息交流和共享。其次，完善非银行金融机构退出规制体系。按照事前规制、事中规制和事后规制的标准，建立包括风险预警体系、风险救助体系和应急处理机制在内的非银行金融机构退出规制体系。再次，完善有关非银行金融机构退出的法律法规体系，加强对非银行金融机构负责人的追查力度。最后，要加强规制环境的治理和完善。从改善社会信用环境，建立社会信用体系的角度出发，努力营造和谐良好的金融生态环境。

（二）整改建议

首先，完善非银行金融机构发展的制度安排，规范金融市场秩序。尽管我国非银行金融机构的发展已有近30年的历史，但很长时间内缺乏一个与之相适应的制度安排，信托公司出现风险控制弱化、资本金不足、违规经营及亏损严重等问题；财务公司出现行政干预过多、贷款集中度过高等问题。这些都导致非银行金融机构发展缓慢甚至出现停滞不前的局面。因而，要发展非银行金融机构，政府必须进一步完善相应的制度安排，推动金融机构创新，促进非银行金融机构健康有序发展。当前，可以考虑大力发展小额贷款公司，改造某些准金融机构为信贷机构，加快步伐构筑中小企业融资平台。

其次，适时推出非银行金融机构发展的各项优惠政策，促进非银行金融机构快速发展。非银行金融机构作为货币紧缩环境下的金融创新，政府有必要适时通过财政补贴、税收优惠等手段给非银行金融机构创造快速发展的机会。比如在完善制度的基础上，通过财政补助等手段补充非银行金融机构资本金，对这些企业实行有区别的税收政策，促进其较快发展，更好地实现高效的资金配置。

再次，政府应积极引导非银行金融机构金融服务向中小企业倾斜。与银行体系一样，非银行金融机构可能也会偏好大企业、大项目。为此，政府需要进一步创新金融工具，通过财政资金实行担保建立非银行金融机构与中小企业的资金融通关系，完善各种类型的贷款担保机构，组建多种类型的担保公司，以适应小企业抵押贷款的灵活性需要。此外，为促进非银行金融机构向中小企业提供资金支持的良性循环，政府应积极搭建非银行金融机构与银行等其他机构的融资平台，对非银行金融机构实行财政资金支持，实现非金融机构资金来源多元化和稳定化，促进非银行金融机构的快速发展，切实解决中小企业融资难问题。

第四章 金融工具与金融市场创新

第一节 金融期货

金融期货（Financial Futures）是指交易双方在金融市场上，以约定的时间和价格，买卖某种金融工具的具有约束力的标准化合约。以金融工具为标的物的期货合约。金融期货一般分为三类，货币期货、利率期货和指数期货。金融期货作为期货中的一种，具有期货的一般特点，但与商品期货相比较，其合约标的物不是实物商品，而是传统的金融商品，如证券、货币、利率等。金融期货产生于20世纪70年代的美国市场，目前，金融期货在许多方面已经走在商品期货的前面，占整个期货市场交易量的80%，成为西方金融创新成功的例证。

一、金融期货基本知识

（一）主要品种

金融期货有三个种类：货币期货、利率期货、指数期货。其在各交易所上市的品种主要有：

1. 货币期货：主要有欧元、英镑、瑞士法郎、加元、澳元、新西兰元、日元、人民币等期货合约。

主要交易场所：芝加哥商业交易所国际货币市场分部、中美商品交易所、费城期货交易所等。

2. 利率期货：美国短期国库券期货、美国中期国库券期货、美国长期国库券期货、市政债券、抵押担保有价证券等。

主要交易场所：芝加哥期货交易所、芝加哥商业交易所国际货币市场分部、中美商品交易所。

3. 股票指数期货：标准普尔500种股票价格综合指数（S&P 500），纽约证券交易所股票价格综合指数（NYCE Composite），主要市场指数（MMI），价值线综合股票价格平均指数（Value Line ComPosite Index），此外日本的日经指数（NIKI），香港的恒生指数（香港期货交易所）。

主要交易场所：芝加哥期货交易所、芝加哥商业交易所、纽约证券交易所、堪萨斯市期货交易所。

（二）期货分类

20 世纪 70 年代，期货市场有了突破性的发展，金融期货大量出现并逐渐占据了期货市场的主导地位。金融期货的繁荣主要是由于国际金融市场的剧烈动荡，金融风险越来越受到人们的关注，金融期货的推出，满足人们规避金融市场风险的需求。随着许多金融期货合约的相继成功，期货市场焕发生机，取得了突飞猛进的发展。

与金融相关联的期货合约品种很多。已经开发出来的品种主要有五大类：

1. 利率期货

指以利率为标的物的期货合约。世界上最先推出的利率期货是于 1975 年由美国芝加哥商业交易所推出的美国国民抵押协会的抵押证期货。利率期货主要包括以长期国债为标的物的长期利率期货和以二个月短期存款利率为标的物的短期利率期货。

2. 货币期货

指以汇率为标的物的期货合约。货币期货是适应各国从事对外贸易和金融业务的需要而产生的，目的是借此规避汇率风险，1972 年美国芝加哥商业交易所的国际货币市场推出第一张货币期货合约并获得成功。其后。英国、澳大利亚等国相继建立货币期货的交易市场，货币期货交易成为一种世界性的交易品种。国际上货币期货合约交易所涉的货币主要有欧元、英镑、美元、日元、瑞士法郎、加元、澳元、新西兰元、人民币等。

3. 股指期货

指以股票指数为标的物的期货合约。股票指数期货是目前金融期货市场最热门和发展最快的期货交易。股票指数期货不涉及股票本身的交割，其价格根据股票指数计算，合约以现金清算形式进行交割。

世界上影响范围较大，具有代表性的股票指数有以下几种。

（1）道琼斯价格指数

（2）标准普尔 500 指数

（3）英国金融时报指数

（4）香港恒生指数

4. 外汇期货

指交易双方约定在未来某一时间，依据约定的比例，以一种货币交换另一种货币的标准化合约的交易。是指以汇率为标的物的期货合约，用来回避汇率风险。它是金融期货中最早出现的品种。自 1972 年 5 月芝加哥商品交易所的国际货币市场分布推出第一张外汇期货合约以来，随着国际贸易的发展和世界经济一体化进程的加快，外汇期货交易一直保持着旺盛的发展势头。它不仅为广大投资者和金融机构等经济主体提供了有效的套期保值的工具，而且也为套利者和投机者提供了新的获利手段。

5.国债期货

指通过有组织的交易场所预先确定买卖价格并于未来特定时间内进行钱券交割的国债派生交易方式。国债期货属于金融期货的一种，是一种高级的金融衍生工具。它是在20世纪70年代美国金融市场不稳定的背景下，为满足投资者规避利率风险的需求而产生的。

（三）交易制度

1.集中交易

金融期货在期货交易所或证券交易所进行集中交易。期货交易所是专门进行期货合约买卖的场所，是期货的核心，承担着组织、监督期货交易的重要职能。

标准化的期货合约和对冲机制：

期货合约是由交易所设计、经主管机构批准后向市场公布的标准化合约。期货合约设计成标准化的合约是为了便于交易双方在合约到期前分别做一笔相反的交易进行对冲，从而避免实物交收。

2.保证金

为了控制期货交易的风险和提高效率，期货交易所的会员经纪公司必须向交易所或结算所缴纳结算保证金，而期货交易双方在成交或都要经过经纪人向交易所或结算所缴纳一定数量的保证金。由于期货交易的保证金比例很低，因此有高度的杠杆作用。

3.结算所和无负债结算制度

结算所是期货交易的专门结算机构。结算所实行无负债的每日结算制度，又被称为"逐日盯市制度"，就是每种期货合约在交易日收盘前规定时间内的平均成交价为当日结算价。与每笔交易成交时的价格作对照。计算每个结算所会员账户的浮动盈亏，进行随时清算。由于逐日定时制度以一个交易日为最长的结算周期，对所有的账户的交易头寸按不同到期日分别计算，并要求所有的交易盈亏都能及时结算，从而能及时调整保证金账户，控制市场风险。

4.限仓制度

限仓制度是交易所为了防止市场风险过度集中和防范操纵市场的行为，而对交易者持仓数量加以限制的制度。

5.大户报告

大户报告制度是交易所建立限仓制度后，当会员或客户的持仓量达到交易所所规定的数量时，必须向交易所申报有关开户、交易、资金来源、交易动机等情况，以便交易所审查大户是否有过度投机和操纵市场行为，并判断大户交易风险状况的风险控制制度。

6. 每日价格波动限制和断路器规则

为防止期货价格出现过大的非理性变动，交易所通常对每个交易时段允许的最大波动范围作出规定。一旦达到涨、跌幅限制，则高于、低于改价格的买入、卖出委托无效。

（四）功能

金融期货市场有多方面的经济功能，其中最基本的功能是规避风险和发现价格。

1. 规避风险

20世纪70年代以来，汇率、利率的频繁、大幅波动，全面加剧了金融商品的内在风险。广大投资者面对影响日益广泛的金融自由化浪潮，客观上要求规避利率风险、汇率风险及股价波动风险等一系列金融风险。金融期货市场正是顺应这种需求而建立和发展起来的。因此，规避风险是金融期货市场的首要功能。

投资者通过购买相关的金融期货合约，在金融期货市场上建立与其现货市场相反的头寸，并根据市场的不同情况采取在期货合约到期前对冲平仓或到期履约交割的方式，实现其规避风险的目的。

从整个金融期货市场看，其规避风险功能之所以能够实现，主要有三个原因：其一是众多的实物金融商品持有者面临着不同的风险，可以通过达成对各自有利的交易来控制市场的总体风险。例如，进口商担心外汇汇率上升，而出口商担心外汇汇率下跌，他们通过进行反向的外汇期货交易，即可实现风险的对冲；其二是金融商品的期货价格与现货价格一般呈同方向的变动关系。投资者在金融期货市场建立了与金融现货市场相反的头寸之后，金融商品的价格发生变动时，则必然在一个市场获利，而在另一个市场受损，其盈亏可全部或部分抵销，从而达到规避风险的目的；其三是金融期货市场通过规范化的场内交易，集中了众多愿意承担风险而获利的投机者。他们通过频繁、迅速的买卖对冲，转移了实物金融商品持有者的价格风险，从而使金融期货市场的规避风险功能得以实现。

2. 发现价格

金融期货市场的发现价格功能，是指金融期货市场能够提供各种金融商品的有效价格信息。

在金融期货市场上，各种金融期货合约都有着众多的买者和卖者。他们通过类似于拍卖的方式来确定交易价格。这种情况接近于完全竞争市场，能够在相当程度上反映出投资者对金融商品价格走势的预期和金融商品的供求状况。因此，某一金融期货合约的成交价格，可以综合地反映金融市场各种因素对合约标的商品的影响程度，有公开、透明的特征。

由于现代电子通信技术的发展，主要金融期货品种的价格，一般都能够即时播发至全球各地。因此，金融期货市场上所形成的价格不仅对该市场的各类投资者产生了直接的指引作用，也为金融期货市场以外的其他相关市场提供了有用的参考信息。各相关市场的职业投资者、实物金融商品持有者通过参考金融期货市场的成交价格，可以形成对金融商品价格的合理预期，进而有计划地安排投资决策和生产经营决策，从而有助于减少信息搜寻成本，提高交易效率，实现公平合理、机会均等的竞争。

影响金融期货的因素主要有：国家经济增长情况，货币供应量，通货膨胀率，国际收支差额，国家货币、财政、外汇政策，国际储备，心理因素等。

我们在分析具体某一品种金融期货发展趋势时，应结合上述情况灵活判断。

3. 成本

最重要的在于持有成本，即将期货的标的物持有至期货契约期满所需的成本费用，这成本费用包括三项：

（1）储存成本：包括存放标的物及保险等费用；

（2）运输成本；

（3）融资成本：购买标的物资金的机会成本。

各种商品需要储藏所存放，需要仓储费用，金融期货的标的物，无论是债券、股票或外币，所需的储存费用较低，有些如股票指数期货则甚至不需储藏费用。除此之外，这些金融期货的标的物不但仓储费用低，若存放到金融机构尚有生息，例如股票有股利，债券与外币均有利息，有时这些生息超过存放成本，而产生持有利益。一般商品较诸金融商品另一项较大的费用是运输费用，例如将玉米从爱荷华运到芝加哥，显然较外币或债券的汇费高，有些如股价指数甚至是不用运费的。

（五）影响因素

1. 物价水准

一般物价水准及其变动数据，是表现整体经济活力的重要信息，同时它也是反映通货膨胀压力程度的替代指标。一般而言，通货膨胀和利率的变动息息相关，同时也会左右政府的货币政策，改变市场中长期资金状况。具体的表现，则在影响投资人或交易商的投资报酬水准。因此，证券，甚至期货和选择权市场的参与者，必须密切关切通货膨胀指标的变化。

2. 政府政策

在美国的例子里，他的货币政策，系由联邦准备理事会所制定，并透过联邦储备银行系统来执行其货币政策与执行管理。由于联邦准备理事会可透过 M1 及 M2 的监控及重贴现率的运用来控制货币的流通和成长，因此其政策取向和措施，对利率水准会产生重大影响。

3. 干预措施

政府为达成其货币管理的目的，除了利用放松或紧缩银根来控制货币流通量的能力外，央行或美国 FED 仍可用其他方式暂时改变市场流通资金之供给。因此，期货市场的交易人，除了一边观察政策面的措施对货币，乃至于一般性金融商品的影响外，对于 FED 或其他国家央行在公开市场所进行的干预性措施，亦应加以掌握和了解，才能对金融商品在现货，以及期货市场可能的价格波动，做出较为正确的判断。

4. 经济指标

产业活动有关所有商品的供给，也影响市场资金的流动。一般而言，产业活动的兴盛、商业资金和贷款的需求增加，会促成利率的上升；产业活动的衰退、商业性贷款和资金需求减少、利率也随之下降。因此政府机构密切关注着产业活动的变化，并发布各种产业经济活动的报告，作为经济政策施行的依据；而私人组织与市场参与者，汇整这些资料与报告，以作为经济金融预测的基础。

（六）发展前景

2010年4月16日，首批4个沪深300股指期货合约挂牌交易，这意味着我国金融期货在沉寂了近15年后再次登上资本市场舞台。

长期以来，我国股票市场盈利模式单一，投资者买入股票，只有股票价格上涨，投资者才能赚钱。缺乏做空机制也使得国内股票市场操纵之风盛行，庄家和一些大的机构利用自己的资金和信息优势，拉抬股价使股票价格长期偏离其正常的价值范围，这会导致股市系统性风险积聚，加大股票投资者面临的风险。股指期货在丰富投资者资产组合的同时，也防止了系统性风险的积聚，股指期货提供了一个内在的平衡机制，促使股票指数在更合理的范围内波动。

股指期货上市以来，期现指数波动的一致性以及成熟的成交持仓比充分反映了成熟市场的特性。投资者开户参与率自初期的50%上升至当前的89%，标的指数波动率的环比降幅创历史新高，期间各合约运行平稳，到期交割日效应从未发生，种种现象表明国内金融期货市场正在稳步向前发展。

1. 股指期货

随着股指期货市场交易规则、信息技术系统、从业人员培训等更多细节的逐步成熟与完善，监管部门对于参与股指期货的约束将来有望放宽，类似公募基金、信托理财产品、阳光私募等机构投资者未来都会加入到股指期货的套期保值与套利交易中。与国际成熟市场相比，国内股指期货的机构投资者参与比例仍很低。根据中金所的数据，机构投资者在股指期货的投资者结构中只占3%。而美国CME机构法人的避险交易占整个股指期货交易量的61.3%，非避险大额交易占比为7.5%，小额交易者占比为20.6%，价差交易占比为8.8%。随着投资者对股指期货认识的深入，期指持仓与成交规模将在稳定的基础上继续扩大，股指期货对冲风险、稳定市场、促进价格发现等功能也将得以更好体现。

2. 中小指数合约

由于沪深300指数成分股中金融地产等超大市值股票占据半壁江山，因此，股指期货上市以来对于整体指数起到了有效的稳定作用，大盘指数的年化波动率大幅降低。但是，中小盘股与创业板的波动率仍很激烈，泡沫快速滋生，未来泡沫破灭必然会引起市场大起大落，对于经济的稳定发展有着不可忽视的负面效应。与此同时，创业板和中小板的发行规模与速度不断壮大与加快，相信在中国经济转型的机遇下，传统行业与上市公司表现会趋于稳定，而以中小板与创业板为代表的新生力量对于中国未来金融市场的影响力不容小视。根据国际市场经验，一般在推出大盘股标的指数期货合约后推出中小盘标的以及行业指数期货合约，能够达到很好的互补效应，可以提高各股指期货合约的活跃度。当然，当前中小板和创业板市场容量还不大，现货市场容易被操纵，如果单就中小板指数或创业板指数推出股指期货，容易引发操纵风险。因此，在标的物、合约规模、交易规则灵活性等合约设计相关问题上需要进一步完善和改进。

3. 利率期货

我们从"十二五"规划中可以看出政府正加大对债券市场发展的重视，努力建设一个产品序列齐全、功能完备、具有相当规模的债券市场体系。为了达成这一目标，政府部门将积极配合减少行政管制、鼓励金融制度与工具的创新，并且会在信息披露、信用评级、会计、税收等方面进行制度和体制改革。当前中国期货与债券市场正处于从量的扩张向质的提升转变的关键时期，在良好的政策环境下，开展利率期货交易的条件正在逐步形成。

首先，利率期货可以对冲系统性风险，维护社会经济稳定。前期因欧美国家流动性泛滥引发全球通胀水平迅速上升，对新兴经济体造成较大伤害，各国政府多次通过调高基准利率等货币手段应对通胀，全球整体利率波动明显加大，造成借贷双方都面临很大的利率风险，对企业的资金链形成很大压力。在国内市场，利率期货的适时推出可以为广大机构和社会公众提供一个规避利率风险的工具，对于企业稳定经营、提高抗风险能力有着巨大的推动作用。

其次，利率期货的套保功能可以提高债券市场的活跃度。目前国内债券市场投资者结构不够合理，国有商业银行和保险公司持有大部分国债与银行间债券，这就形成了一定的行业垄断。在缺乏有效避险工具的情况下，这些机构投资者宁愿采取长线持有的策略，因此难以在市场变动时产生分歧而达成交易，导致整个债券市场流动性较差。推出利率期货可以在很大程度上改善这种局面，由于期货市场采用保证金交易并引进做空机制，一方面使得现有投资者在利率变动时可以主动规避风险，而不是采取被动持有的策略；另一方面还可以吸引更多的投资者和投机者进入债券市场，改变债券现货市场投资者分布不均的局面，扩大债券需求，改善债券流动性，促进利率期限结构趋向合理，进而推动债券市场不断发展成熟。

再次，利率期货将推动利率市场化目标尽快达成。现货交易方式决定了我国的国债交易具有以下局限性：一是交易成本相对于期货过高，市场对利率的反应不如期货灵敏；二是由于现货市场分割，形成的国债收益缺乏权威性和指导性；三是现货交易形成的收益率只能反映时点上不同期限的利率，无法对未来时点的利率水平进行合理预测，难以形成一个完整的市场利率体系。如果有了一个集中交易的国债期货市场，其在交易过程中形成的收益率就是市场利率，并通过期货和现货之间的套利活动，促进现货市场形成一个统一的基准市场利率，逐步形成一个从短期到长期的完整的国债收益率体系，为金融市场提供重要的收益率曲线信号，在利率市场化过程中发挥相应的作用，同时给国家判断金融形势和进行金融宏观调控提供依据。

最后，利率期货还可以有效降低政府宏观调控的成本。利率期货价格走势的前瞻性能为央行货币政策操作和决策提供依据和参考，而且利率期货的敏感性与延伸性能够缩短中央银行通过金融市场影响宏观经济运行的距离，有助于提高公开市场的操作效果。

4. 货币期货

随着中国经济的不断发展与人民币国际化进程的加快，一方面外汇储备不断增加，另一方面汇率改革后的人民币汇率波动加大，我国迫切需要有效管理汇率风险的金融衍生品工具。国际上流行的汇率对冲工具有外汇远期合同、掉期和外汇期货，而我国的人民币汇率衍生品只有远期和掉期，将来外汇期货的上市只是时间问题。根据央行货币政策委员会委员李稻葵在举行的夏季达沃斯论坛上的讲话，人民币自由兑换不再是一个空想，如果没有大的不确定性发生，未来5年人民币将基本成为可兑换货币。人民币可自由兑换后，汇率将更加稳定，中国资产也成为更重要的金融工具，届时对外汇期货的需求将呈爆发式增长。

二、金融期货交易风险及其控制

（一）金融期货交易的概念

1. 含义

金融期货交易就是以期货产品合约为主进行的产品交易行为，金融期货是规范化、标准化的合约模式，是交易双方对产品未来价格的一种期许交易。金融期货交易品种众多，包括股权交易、股指交易、商品期货交易等。金融期货交易具有高风险、高收益的特点，这也是期货交易之所以受到投资者青睐的主要原因。

2. 特点

（1）杠杆特点。金融期货交易所采取的是保证金制度，而且在缴纳保证金的过程中运用的是杠杆原理，客户只需要缴纳一定的保障金就能够实现撬动更大的交易量，保证金制度能够使客户以较少的资金购买更多的期货产品，实现以小博大的目的。保证金制度所利用的其实就是杠杆原理，虽然保证金要比实际交易的资金小得多，但是当交易次数频繁以及交易规模扩大的过程中，保证金的整体资金量就会变大并且产生重要作用，对经济产生重要影响，当交易完成时，所产生的社会效益、经济效益要远远大于交易本身，而且这种交易与市场经济紧密结合，能够产生连锁反应，而交易本身所面临的风险也会变大。

（2）虚拟特点。期货交易具有虚拟性特点：一方面交易本身是通过虚拟网络实现的，客户只需要有对应的账户、密码，就能够通过网络进行期货方面的交易，交易于无形之中，不会见到实实在在的物品；另一方面，期货交易与现货交易不同，现货交易是有实体物品，比如在现货交易当中，当现货合约到期之后投资者可以将合约直接进行转让，也可以将所持有的现货合约到指定现货交易中心进行兑现，而且现货交易中心必须要储存有对应的实体货物；期货则不同，属于期货合约，交易双方只能对合约进行买卖，无法通过合约兑换实体物体，双方之间仅仅维持的是一种合约关系，因此具有虚拟性特点。

（3）复杂性特点。金融期货交易相对比较复杂，整个交易是一个互动的过程，交易双方需要达成一致的协定，而且到期之后卖方必须要履行相应的合约，而买方的选择性较多；其次，交易双方身份复杂，尤其是在网络信息化影响下，客户可以是全国各地人员，没有局限性；再次，期货交易的投资者多以投机交易为主，存在较大的市场风险，任何一个环节出现问题都会对投资者以及市场带来波动。

（二）期货交易风险因素分析

1. 价格因素

金融市场与社会经济密切相关，是一个复杂的体系，市场任何波动都会对价格因素产生影响，尤其是在期货交易当中，价格因素对交易产生的影响更大，例如，在期货交易过程中，利率因素对价格影响较大，一旦利率上涨或者下降就会影响期货的最终交易状况，对交易双方的收益会产生影响，尽管波动很小，但是在资金量大的情况下，所产生的损失就会比较大。对于期货交易双方而言，这种风险是难以避免的，是存在的潜在风险因素。在期货交易中需要了解这些风险因素，并且根据风险开展适当的防范措施。

2. 人为因素

在交易过程中，交易者的专业水平，交易理念，交易风格都会对交易的最终结果产生影响。目前，在我国期货交易市场中，很多投资者并不理想，没有专业的交易知识，在交易过程中往往存在跟风状况，而且风险防范意识比较薄弱，一旦出现问题，就会对自身产生严重打击。此外，很多投资者往往将自己的决策权交给专业期货人士，但是这些人士由于自身素质以及专业技能有限，会做出一些错误的决策，同样会给投资者以及市场带来风险，这些都是人为因素造成的。

3. 信用因素

信用因素主要是指在期货交易过程中，由于一些特殊情况造成的投资者风险加大，这个时候就需要投资者进行仓位补充，也就是继续增加保证金，以此来避免爆仓风险，但是，在这种情况下，一些投资者不愿意或者是没有备用资金进行增仓，这个时候经纪商就需要承担对应的风险，而这些风险主要是由于信用因素导致的，也被称为信用风险。不过从本质上看，这种风险是由于价格风险所导致的。

4. 法律因素

期货交易属于一种合约性质，是买卖双方进行的自愿性交易，目前还没有相应的法律制度予以规范和保障，一旦交易过程中一方出现违约或者由于自身问题无力进行交割，那么就很难通过法律途径维护自身的合法权益，因为合约在法律层面还没有予以立法进行保护，无法作为受害者维护自身权益的有效依据，所以一旦出现问题就面临着法律风险，这也是法律制度不健全而导致的，属于法律因素。

（三）期货交易风险控制的有效措施

1. 提高投资者综合素质，增强风险防范意识

在金融产品交易当中，交易者自身素质的高低会直接影响到自身的收益状况以及风险情况，一般而言，投资者素质越高风险意识越强，投资收益越高。所以作为投资者要不断提高自身综合素质，加大期货方面的学习力度。此外，做好资金的合理配置，不要将所有资金进行一次性投资，要给自己留有机会。例如，客户在对某一期货品种进行投资前，要对该品种进行全面了解，了解产品的特点、性质、风险等，在投资时要根据资金状况，将资金进行分割，最好不要一次性全部投入，要留有一定资金做好补仓或者增加保证金，做到有的放矢。

2. 把控市场，规避风险

期货交易容易受到外界因素影响，尤其是市场因素中的价格因素，这个时候投资者就需要对市场进行全面了解，对市场各种信息进行分析判断，规避市场风险。其次，对于金融机构而言，也要做好风险监督管理，完善风险预警体系，对市场资金以及影响价格波动的因素进行及时检测，并且将检测到的信息及时进行公布，以让投资者能够通过信息及时做出投资调整，以应对市场风险。只有这样才能将风险控制在一定范围之内。

3. 完善信用机制，健全清算体系

信用机制是确保期货交易市场健康运行的关键因素，也是避免交易风险的主要构成部分，以此要不断完善信用机制，健全清算体系。清算在一定程度上能够有效规避信用风险的发生，因为通过清算体系能够对交易双方的状况进行有效审核，并且根据交易双方情况做出风险提示。此外，清算体系与交易内容是分离的，具有相对的独立性，是第三方进行核算清算的，不涉及双方的权益，具有公平性、公正性、公开性。并且在整个期货交易当中，清算风险对其影响较大，需要健全完善这一体系，只有如此，才能确保交易的顺利进行，才能提高交易效率和质量，降低交易风险。

4. 制定法律法规，做到有法可依

法律制度不仅能够对违法犯罪行为进行有效约束和打击，而且能够形成制度规范，避免违法行为的发生，所以健全的法律制度是确保社会经济秩序有效运行的关键。在期货交

易当中，同样需要健全的法律制度，要制定完善的法律法规，使期货交易能够有法可依。目前，我国方面的法律制度还不完善，存在诸多问题，很多方面没有法律依据，而我国期货交易中投机者较多，在交易中往往趋利避害，甚至为实现自身利益而不惜损害他人利益，这个时候就需要通过法律途径维护受害人的合法权益。此外，在立法的同时还要加大普法宣传力度，让期货交易者能够了解到哪些行为属于违法行为，以便约束自己的行为活动，避免违法犯罪，这样能够有效降低法律风险。

三、金融期货市场风险监管措施

（一）金融期货市场风险监管的基本概念

从字面上看，"监管"一词包含了监督和管理的含义，风险监管在广义上可指市场参与者为避免各种市场风险而采取的监督和管理措施。在金融市场中，市场参与者是一个外延宽泛的概念，囊括了从个人投资者到国家政府等所有可能参与市场活动的主体，不同主体所关注的风险、所期望达成的风险监管目标和所具备的监管能力各不相同。因此，在阐述具体风险监管措施之前，本文将先就风险监管本身的概念加以剖析，以明确金融期货市场风险监管的主体及其监管目标。

1. 金融期货市场风险监管的内涵

在市场经济国家，金融业的风险监管又称"金融风险监督"，是指"对金融机构防范和控制风险的能力和状况的监督和管理。"

由于金融机构在金融市场上扮演了资金提供者和需求者之间服务中介的角色，在各种风险相对集中的金融市场上，个别金融机构在经营过程中的纰漏容易波及整个金融体系，尤其是破坏资金供需双方对金融体系的信心，从而引发社会性金融危机。因此，金融机构地位的特殊性决定了其经营行为应当被加以监督和管理，其中包括了金融机构应对金融市场上各种风险的能力。

可见，在实践中，金融风险监管的内涵从狭义上被加以界定。本文认为，有别于金融机构和投资者本身对市场风险的管理和控制，金融风险监管实际针对的不是金融市场上的各种风险本身，而是有义务就市场风险进行防范和控制的金融机构。

因此，作为金融市场的重要组成部分，金融期货市场的风险监管是对金融期货市场提供各种中介服务的金融机构防范和控制各种市场风险的能力和状况的监督和管理。其中，金融期货市场提供中介服务的金融机构是指有利于资金在不同投资者之间通过金融期货交易的方式流转的服务机构，其不仅包括期货经纪公司一类的中介商，还包括了金融期货市场的各类组织者。

2. 金融期货市场风险监管的主体

金融市场风险监管的含义揭示了风险监管能维护整个社会金融系统的稳定，其基本出发点是维护社会千家万户、各行各业的利益，而维护这种社会公众利益的职权只能有国家法律授权的机构行使，其中包括了政府机构以及具有准政府机构性质的法人。

因此，上述两类主体便构成了金融市场风险监管的主体，其中，对于准政府机构性质的法人而言，其监管的权力可以通过国家法律直接授权而获得，也可以通过政府机构颁布的行政规章而确认。

依照上述认定，金融期货市场风险的监管主体包括了依照国法法律所设立的行政性主体，如美国的 CFTC 和我国的证监会，以及依照政府行政规章所设立的自律性监管组织，如 NFA 和我国的中国期货协会。除此以外，金融期货市场的组织者在某种程度上也扮演了市场风险监管主体的角色，其监管权力的来源是法律法规授予其对市场组织管理的自律性监管权力。

从历史角度分析，期货交易市场的发展规律属于诱致性的演进模式。市场本身对风险规避和管理的需求成了期货交易市场发展的根本原动力，而政府对市场的行政干预往往滞后于市场本身的发展。由此可见，市场组织者在期货发展的历史上是最先承担监管职能的监管者，而其监管权力最早来源于与市场参与者订立的协议，实施监管的内在动机是保障和促进市场参与者的共同利益，自律性监管由此产生。

自律性监管的效率和有利于减少信息不对称的优势使法律在确立期货市场监管制度的同时保留了这一习惯。但同时，政府也认识到了自律监管者可能滥用权力，造成垄断，形成"监管俘获"现象，自律监管者仍然需要接受外部监管体系的监督和管理。

因此，期货市场的风险监管制度演变至今，自律监管者的权力和权力的行使由法律法规明确确认和约束。由政府机构统筹监管，准政府机构配合监管和市场组织者自律监管的三级监管模式也被广泛应用于金融期货市场的风险监管。

3. 金融期货市场风险监管的目标

从宏观上而言，金融市场监管的终极目标是通过监管促进一国（或地区）的金融体系持续地"通过尽可能低的费用为社会和公众提供完善而优质的金融产品和金融服务"，而持续实现这种长效的效益需要以金融系统的安全为前提。因此，金融市场风险监管的目标就是贯彻安全原则，保护社会和公众利益的安全以及金融系统本身的稳定，实现金融系统安全与效率的动态平衡。

在金融期货市场中，前文的案例分析验证了当金融期货的杠杆效应放大了金融期货市场的价格风险和操作管理风险时，期货经纪商可能面临资产危机并无法履行其结算或结算担保的义务，从而使期货市场有效运作所依赖的信用机制受到破坏，投资者的心理承受能力和投资信心也可能因此受损，从而影响整个市场的流动性，使原本影响有限的非系统性风险存在转化为影响整个金融期货交易市场的系统性风险的可能。同时，鉴于金融期货市场风险具有连锁性，市场内系统性风险可能扩散至金融现货市场，影响整个社会资产配置和资产风险管理的效率。因此，防范金融期货市场内非系统性风险在期货经纪商遭遇资产危机时发生转化，确保每笔金融期货交易背后的信用链完整，保护投资者资产及相关财产权益，最终防止金融期货市场内系统性风险的产生成了各国金融期货市场风险监管的共同目标。

（二）监管措施的形成

如何防范金融期货市场系统性风险的产生？

无论是美国、英国、日本等发达的金融期货市场发达的国家，还是新加坡、我国大陆和台湾地区等新兴市场，均通过立法、行政法规、行业自律或市场规则等形式确立了针对防范非系统性风险转化的监管措施。尽管表现形式不同，但其实际发挥的作用大致可分为两类：一类用以保护市场信用机制正常运作，以确保市场参与者基于期货合约所产生的信赖利益得以实现；另一类则直接保护投资者资产，以防市场参与者的过失对进行正常交易的非违约的投资者的资产等财产权益产生实际损害。

1. 保障金融期货交易背后信用链完整的措施

众所周知，市场风险的事前防范和管理对策远比风险产生后的救济和善后措施重要，防范金融期货市场内的局部价格风险和操作管理风险转化为系统性的流动风险的首要任务是保全每个交易背后的信用链完整，即交易一方能够通过对手方根据市场公认价格所支付的交易保证金来相信其在合约到期日的履约能力。尽管监管者根据期货交易机制的特性制定了如限制持仓、大户报告、强制平仓等一系列交易规则来保证交易者有足够的保证金支撑其参与的期货交易，但交易者因遭遇非系统性风险而无力支付足额支付保证金的可能性仍然存在。因此，在规范交易者交易行为的规则之上，监管者还需通过对期货经纪商设立财务管理指标来应对交易者的违约，力求防止结算风险的产生，从而保持交易背后信用链的完整。通常，针对风险防范的期货公司财务管理规定主要有以下两个部分：

（1）资本充足性监管的规定

最低资本金（Minimum Capital）和经调整净资本规定（Adjusted Net-Capital）是期货市场监管者确保期货经纪商资本充足的两项重要措施，是对期货经纪商所设立的市场准入门槛，也是其风险监管指标的重要组成部分之一。其中，最低资本金是期货公司通过注册登记或许可获取企业法人地位所必须投入的符合法定数目的资金；经调整净资本是在净资产的基础上，对期货公司的资产和负债等项目根据既定标准进行风险调整后，所得出的净资产中高流动性的资金数，用于确认期货公司可随时用于变现以满足支付需要的资金规模。

具体而言，经调整净资本＝净资产－资产调整值＋负债调整值－客户未足额追加的保证金＋其他调整项。其中，净资产反映了期货经纪商的盈利状况；资产调整值用以评估期货经纪商流动性资产的增减情况；负债调整值意在监控期货经纪商对每笔交易是否及时、足额提取了风险准备金；客户未足额追加的保证金则通过事先从期货经纪商的净资本中扣除客户不足额的结算准备金，以防范客户穿仓对整条交易信用链产生实际影响。除此以外，在设立净资本标准时，监管者除规定具体的最低金额数值以外，还确定了净资本占客户权益总额的比例，期货公司通常可择其一来作为维持净资本的标准。

目前，资本充足性监管规定已成为各国期货市场对期货经纪商共有的原则性规定，但规定的形式不尽然相同。例如，美国对期货佣金没有最低资本金的要求，但通过《商品交易法》和《商品期货交易委员会规则》对全国注册期货经纪商设立统一的经调整净资本标准，同时又赋予每个合约市场（Contract Market）或场外交易执行机构（Derivatives Transaction Execution Facility）以自律组织（Designed Self-Regulatory Organization）的身份自行设立针对其会员的财务监管标准的权力，使成了自律组织成员的期货经纪可通过遵循自律组织所设定的标准和章程、规则等要求来免除适用法定的统一标准；相反，很多金融期货交易发达的国家在立法中并不对期货经纪商的最低财务标准确立统一的数值，而是把监督期货经纪商财政状况的权力下放到了处于业务第一线的交易所，由交易所根据场内交易的实际情况确立合适的监管标准。例如，《日本金融期货交易法修正案》曾规定金融期货经纪商必须维持 120% 的自有资金规制比率，除此外并无其他最低资本金和净资产要求；而在此基础上，东京国际金融期货交易所通过交易所规则对其会员征收一定数额的资本贡献金和会员保证金来防范个别会员的财务危机对整个市场交易产生影响。《新加坡期货交易法》未对期货经纪商的资本额加以任何规定，只有新加坡国际金融交易所对其清算会员设立了最低实收资本 200 万新元及最低经调整净资产 400 万新元（或不得低于客户分离账户中总资金 10%）的标准。

（2）信息编制及披露规定

信息编制及披露规定是确保期货经纪商保持资本充足性等各项财务监管指标，维持良好运营状态的监管手段，其主要涉及两方面信息的定期披露：与期货交易相关的所有记录以及与期货经纪商自身和其所管理的客户资产的变动情况。以美国为例，期货佣金商必须按季度和年度向 NFA 或经 CFTC 授权的自律组织通过电子申报系统提交经过被 CFTC 认可的会计机构审计的财务报表。同时，期货佣金商还须按月向 NFA 申报交易状况及自身财政状况，其中包括每日交易记录、表明每笔交易对期货佣金商资产、负债、收入、支出和固定资产账户产生影响的分类账目记录、审计过程记录及是否出现与最近一次申报的经审计的财务报表中所记录的财政状况有实质性出入的变化的声明。除此以外，当期货佣金商出现资产净额下滑时，其须立即向 CFTC、NFA 或自律组织发出财政状况风险预警通知，并在通知中阐述该状况是否存在继续恶化以致低于最低标准所设金额的 150% 或客户权益总额的 6% 的可能性。

可见，通过信息编制与披露规定，监管者可以适时地掌握期货经纪商及其客户的资产变动状况，并力求在期货经纪商财政状况出现恶化之时便采取监控和整改手段，以防止期货经纪商的财政危机对市场的正常运作产生实质性危害。对期货经纪商而言，履行信息编制和披露的义务使其必须对自身财政状况进行实时、主动地监控，并尽可能地对财政风险进行预估，以配合监管者掌握其运营和财政状况。

2.保障投资者财产权益的措施

期货交易中所涉及的投资者保护问题主要有两个方面：一是保护投资者资产不受期货经纪商运营和财政状况优劣的影响；另一方面是确保不同投资者之间的资产相互独立，互不影响。换言之，保护投资者资产的主要目标是确保投资者投入期货交易的资产不受除参与交易本身所产生的收益或损失以外的其他因素的影响。因此，要求期货经纪商设立分离账户管理投资者资产并建立投资者保护补偿机制已成为保护期货投资资产的主要措施，其中，分离账户规定已成为各国期货法律法规中对客户资产保护的基本规定，而投资者保护补偿机制则因各国金融市场监管的实际国情不同而有所差异。

（1）分离账户及其管理规定

分离账户规定（Segregation Requirement）是指期货经纪商在接受客户投资者的资金、有价证券或其他资产作为交易保证金时，必须将该资产独立存放于该客户名下，与期货经纪商用于企业运营的资产相分离，且保证专款专用，不得将某一客户的资产用于弥补期货经纪商的经营亏损或填补其他客户投资者保证金账户的不足。若期货经纪商将投资者资产交予第三方托管，该第三方同样需要为投资者资产设立分离账户，并以书面形式声明其已明确获知该资产属于期货经纪商分离账户中的投资者资产。

除此以外，结合上述信息编制和披露的要求，期货经纪商有义务按日核查分离账户中的资产是否始终处于与期货经纪商和其他客户资产相隔离的状态，是否存在被挪作他用的记录；同时，期货经纪商须遵照逐日盯市（Marked to the Market）的原则对分离账户中的客户资产进行管理，即按日对分离账户中的客户资产按客户所投资的期货合约市场价格进行计算，以保证分离账户中的结余资产足以支付未平仓期货合约的保证金。一旦分离账户中出现结余不足，期货经纪商须立即将差额显示在分离账户的资产负债表中，并向相关客户追加保证金；若客户未能足额支付保证金，则期货经纪商必须动用自己的资产填补分离账户中为平仓合约的保证金空缺，冻结该客户的交易账户，并向相关监管机构进行通报。

（2）投资者保护补偿机制

投资者利益，尤其是财产权益的保护在成熟的金融市场上受到了充分地重视，投资者保护补偿机制因此被公认为金融安全网的重要组成部分，其具体内涵是指"提供投资服务的金融企业在违规、违法、过失或疏忽行为，或无力偿还债务而使投资者的经济利益受到损害后，投资者可要求金融企业或相关责任机构对受损利益进行补偿的一种制度。"目前，国际通行的投资者保护补偿机制是设立投资者保障基金，并通过基金的运作为投资者主张财产权益救济和完善期货经纪商退出机制提供了制度保证。然而，相比于分离账户规定在全球期货市场的相对统一性，各国期货投资者保障基金的组织形式和运行模式存在着比较显著的差异。在具体实践中，各国期货投资保障基金可归为以下三种模式：

1）独立型

独立型的期货投资者保障基金是指专门针对保障期货投资者债权所设立的保护基金，

其一般由期货交易所或相对应的期货市场监管机构筹资建立，采用吸纳期货经纪商作为会员，对会员的客户投资者资产进行赔付的运行模式。澳大利亚和日本两国是典型的采用独立型期货投资者保障基金的国家。在澳大利亚，国家担保基金（National Guarantee Fund）和澳大利亚证券交易所补充赔偿基金（ASX Supplemental Compensation Fund）两大基金联合构成了投资者保护体系，两大基金由澳大利亚证券交易所的子公司（SEGC）全权托管。其中，国家担保基金主要针对证券市场等金融现货投资者财产权益进行保护，而商品期货市场的投资者和从事澳大利亚证券交易所金融期货交易的投资者，其资产和相关债权均由补充赔偿基金进行保护。在日本，独立的期货投资者保障基金称为"商品委托者保护基金"，专门用于保护从事《日本商品期货交易法》中所规定的期货交易的投资者的债权。由于日本按照基础资产而非期货交易方式对期货市场进行监管，商品期货和金融期货的监管分属于不同的监管机构，金融期货投资者的债权保护也由此纳入了证券投资者保障体系。依照《日本金融工具交易法》的规定，金融工具企业协会（Financial Instruments Firms Association）作为经日本政府授权的金融工具投资者保护组织，全权负责投资者财产权益的保护。

2）综合全能型

综合全能型的期货投资者保障基金是金融混业监管国家普遍采用的投资者保护机制，其主要特点是将期货市场视为金融市场的一部分，从而将期货投资者保护纳入了部分或整个金融市场投资者保护体系之中。依据实施金融混业监管的程度，采用综合全能型投资者保障机制的国家可分为两类：

一类是实施证券投资和金融衍生品交易混合监管，设立一个基金用以综合保障证券和金融衍生品投资者财产权益的国家，以加拿大、新加坡以及我国香港和台湾地区为代表。以加拿大为例，组建于1969年的加拿大投资者保障基金（CIPF）由国内四大交易所和证券业自律组织发起并监管。CIPF的保障范围不仅包括在证券交易所进行交易的注册会员，还涵盖了已被英国洲际交易所（ICE）收购的加拿大温尼伯商品交易所（WCE）等期货交易所进行交易并在自律组织中进行注册的交易会员。

在我国台湾地区，2002年颁布的《证券投资人及期货交易人保护法》把综合保障证券和期货交易者合法权益的机制纳入了法律体系，并依法成立财团法人及证券投资人和期货交易人保护中心，从而形成了一个较为完备的综合性的证券期货投资人保护机构。

另一类则是实行金融全面混业监管的国家，这类国家的投资者保障基金的范围涵盖了银行、保险、证券、信托、金融衍生品等整个金融市场投资者权益的保护。英国及以德国为主的欧盟国家均采用了此类模式的投资者保障基金。英国作为典型的金融全面混业经营国家，该国的证券、期货、银行、保险等金融产业均遵循2000年颁布实施的《英国金融服务和市场法》（FSMA），由英国服务监管局（Financial Services Authority，FSA）实施统一监管。其中，FSMA建立了综合性的金融服务赔偿计划，合并了以往的投资者赔偿计划和存款保护计划，将包括股票、期货期权、单位信托以及个人养老计划在内的金融工具的投资者保护一并纳入了一个统一运作和监管的投资者保护体系。

除英国以外，欧盟 1997 年制定了《投资者赔偿计划指引》，大多数欧盟成员国依据该指引相继建立了国内统一的投资者赔偿基金，其共同特点是赔偿范围较广，囊括了证券期货领域和银行等金融机构。同样，在欧盟中金融市场最为发达的德国也建立了典型的投资者赔偿计划和相应的赔偿基金。与英国不同的是，德国颁布的《存款保护和投资者赔偿法案》以法律条文的形式确立了存款保护和投资者赔偿计划独立的法律地位。该法案中确定的投资者赔偿范围扩大到由存款信用机构和金融服务机构提供的投资服务领域，包括基金、证券、衍生工具和货币市场工具。为此，德国政府设立了专项联邦基金 Edw，将包括证券交易银行、金融服务机构和投资公司等在内的非存款信用机构强制纳入了统一的投资者赔偿计划。

3）附属型

采用附属型模式的国家在形式上并未以保障金融或期货投资者权益的名义设立专项保障基金，而是将保护投资者的义务分散到每个交易市场，通过期货交易所内部自行设计严格的投资者保护制度并提留风险基金的方式实现期货经纪公司风险事件的防范，其中包括受风险事件影响的投资者权益。美国是最典型的采用该模式的国家，其期货市场的监管形成了以 CFTC、NFA 和各个期货交易所的三级监管体系，与银行、保险以及证券市场的监管完全分开，相对独立。因此，美国在联邦层面统一设立的联邦存款保险公司（FDIC）和证券投资人保护公司（SIPC）所运作的保障基金范围皆不涵盖期货投资者。同时，出于成本效益的考量，CFTC 至今未授权任何实体机构设立全国统一的期货投资者保障基金，每个期货交易所专设的风险准备金则在实质上部分承担了投资者保障基金的作用。

例如，芝加哥商业交易所（CME）在 21 世纪初就拥有了 4880 万美元的赔偿基金，旗下的交易清算所（BOTCC）也建立了 1600 万美元的赔偿基金。这些赔偿基金的建立与运作模式与统一的证券投资者保障基金存在着许多相似之处，从而能在实质上发挥补偿救济的保障功能。

然而，无论采用何种模式，为有效发挥投资者保护补偿机制的救济功能，实现对投资者，尤其是对普通中小投资者权益的保护和关注，国际上期货投资者保障基金的建立和运作一般具备以下四点共性：

首先，保障基金的资金来源安全且持续，一般大多来源于会员会费、交易手续费、银行借款、政府拨款或罚金，且遵循高流动性低风险的投资策略。以加拿大 CIPF 基金为例，其资金的来源主要包括四大交易所的会员年收入总额的 1% 以及风险保险费，补充来源主要包括证券自律监管组织每年利息收入的捐赠，拆借、银行授信及高等级债券的投资。

其次，保障基金具备公益性，一般由监管机构、自律组织或交易所发起设立，且大多需要特定的投资者保护法律法规或破产清算法的支持；再者，保障基金侧重于保护中小投资者利益，且与投资者风险教育制度相配合；最后，保障基金大多设置理赔上限，且伴有赔付工作时限，一般控制在六至八个月以内。

第二节　金融期权

金融期权（financial option），是一份合约，是以期权为基础的金融衍生产品，指以金融商品或金融期货合约为标的物的期权交易的合约。具体地说，其购买者在向出售者支付一定费用后，就获得了能在规定期限内以某一特定价格向出售者买进或卖出一定数量的某种金融商品或金融期货合约的权利。金融期权是赋予其购买者在规定期限内按双方约定的价格（协议价格 Striking Price）或执行价格（Exercise Price）购买或出售一定数量某种金融资产（潜含金融资产 Underlying Financial Assets，或标的资产）的权利的合约。

一、金融期权的形成发展

18世纪，英国南海公司的股票股价飞涨，股票期权市场也有了发展。南海"气泡"破灭后，股票期权曾一度因被视为投机、腐败、欺诈的象征而被禁止交易长达100多年。早期的期权合约于18世纪90年代引入美国，当时美国纽约证券交易所刚刚成立。19世纪后期，被喻为"现代期权交易之父"的拉舍尔·赛奇（Russell Sage）在柜台交易市场组织了一个买权和卖权的交易系统，并引入了买权、卖权平价概念。然而，由于场外交易市场上期权合约的非标准化、无法转让、采用实物交割方式以及无担保，使得这一市场的发展非常缓慢。

1973年4月26日，芝加哥期权交易所（CBOE）成立，开始了买权交易，标志着期权合约标准化、期权交易规范化。70年代中期，美洲交易所（AMEX）、费城股票交易所（PHLX）和太平洋股票交易所等相继引入期权交易，使期权获得了空前的发展。1977年，卖权交易开始了。与此同时，芝加哥期权交易所开始了非股票期权交易的探索。

1982年，芝加哥货币交易所（CME）开始进行S&P500期权交易，它标志着股票指数期权的诞生。同年，由芝加哥期权交易所首次引入美国国库券期权交易，成为利率期权交易的开端。同在1982年，外汇期权也产生了，它首次出现在加拿大蒙特利尔交易所（ME）。该年12月，费城股票交易所也开始了外汇期权交易。1984年，外汇期货期权在芝加哥商品交易所的国际货币市场（IMM）登台上演。随后，期货期权迅速扩展到欧洲美元存款、90天短期及长期国库券、国内存款证等债务凭证期货，以及黄金期货和股票指数期货上面，几乎所有的期货都有相应的期权交易。

此外，在20世纪80年代金融创新浪潮中还涌现出一支新军"新型期权"（exotic options），它的出现格外引人注目。"新型"之意是指这一类期权不同于以往，它的结构很"奇特"，有的期权上加期权，有的则在到期日、协定价格、买入卖出等方面含特殊规定。由于结构过于复杂，定价困难，市场需求开始减少。90年代以来，这一势头已大为减弱。90年代，金融期权的发展出现了另一种趋势，即期权与其他金融工具的复合物越来越多，如与公司债券、抵押担保债券等进行"杂交"，与各类权益凭证复合，以及与保险产品相结合等，形成了一大类新的金融期权产品。

二、金融期权种类

场内交易的金融期权主要包括股票期权、利率期权和外汇期权。股票期权与股票期货分类相似，主要包括股票期权和股指期权。股票期权是在单个股票基础上衍生出来的选择权，股指期权主要分为两种：一种是股指期货衍生出来的股指期货期权，例如新加坡交易所交易的日经 225 指数期权，是从新加坡交易所交易的日经 225 指数期货衍生出来的；另一种是从股票指数衍生出来的现货期权，例如大阪证券交易所日经 225 指数期权，是日经 225 指数衍生出来的。两种股指期权的执行结果是不一样的，前者执行得到的是一张期货合约，而后者则进行现金差价结算。

三、金融期权特征

与金融期货相比，金融期权的主要特征在于它仅仅是买卖双方权利的交换。期权的买方在支付了期权费后，就获得了期权合约所赋予的权利，即在期权合约规定的时间内，以事先确定的价格向期权的卖方买进或卖出某种金融工具的权利，但并没有必须履行该期权合约的义务。期权的买方可以选择行使他所拥有的权利；期权的卖方在收取期权费后就承担着在规定时间内履行该期权合约的义务。即当期权的买方选择行使权利时，卖方必须无条件地履行合约规定的义务，而没有选择的权利。

四、与金融期货的区别

（一）标的物不同

金融期权与金融期货的标的物不尽相同。一般地说，凡可作期货交易的金融商品都可作期权交易。然而，可作期权交易的金融商品却未必可作期货交易。在实践中，只有金融期货期权，而没有金融期权期货，即只有以金融期货合约为标的物的金融期权交易，而没有以金融期权合约为标的物的金融期货交易。一般而言，金融期权的标的物多于金融期货的标的物。

随着金融期权的日益发展，其标的物还有日益增多的趋势，不少金融期货无法交易的东西均可作为金融期权的标的物，甚至连金融期权合约本身也成了金融期权的标的物，即所谓复合期权。

（二）对称性不同

金融期货交易的双方权利与义务对称，即对任何一方而言，都既有要求对方履约的权利，又有自己对对方履约的义务。而金融期权交易双方的权利与义务存在着明显的不对称性，期权的买方只有权利而没有义务，而期权的卖方只有义务而没有权利。

（三）履约保证不同

金融期货交易双方均需开立保证金账户，并按规定缴纳履约保证金。而在金融期权交易中，只有期权出售者，尤其是无担保期权的出售者才需开立保证金账户，并按规定缴纳保证金，以保证其履约的义务。至于期权购买者，因期权合约未规定其义务，其无须开立保证金账户，也就无须缴纳任何保证金。

（四）现金流转不同

金融期货交易双方在成交时不发生现金收付关系，但在成交后，由于实行逐日结算制度，交易双方将因价格的变动而发生现金流转，即盈利一方的保证金账户余额将增加，而亏损一方的保证金账户余额将减少。当亏损方保证金账户余额低于规定的维持保证金时，他必须按规定及时缴纳追加保证金。因此，金融期货交易双方都必须保有一定的流动性较高的资产，以备不时之需。

而在金融期权交易中，在成交时，期权购买者为取得期权合约所赋予的权利，必须向期权出售者支付一定的期权费；但在成交后，除了到期履约外，交易双方格不发生任何现金流转。

（五）盈亏特点不同

金融期货交易双方都无权违约也无权要求提前交割或推迟交割，而只能在到期前的任一时间通过反向交易实现对冲或到期进行实物交割。而在对冲或到期交割前，价格的变动必然使其中一方盈利而另一方亏损，其盈利或亏损的程度决定于价格变动的幅度。因此，从理论上说，金融期货交易中双方潜在的盈利和亏损都是无限的。

相反，在金融期权交易中，由于期权购买者与出售者在权利和义务上的不对称性，他们在交易中的盈利和亏损也具有不对称性。从理论上说，期权购买者在交易中的潜在亏损是有限的，仅限于所支付的期权费，而可能取得的盈利却是无限的；相反，期权出售者在交易中所取得的盈利是有限的，仅限于所收取的期权费，而可能遭受的损失却是无限的。当然，在现实的期权交易中，由于成交的期权合约事实上很少被执行，因此，期权出售者未必总是处于不利地位。

（六）作用与效果不同

金融期权与金融期货都是人们常用的套期保值的工具，但它们的作用与效果是不同的。人们利用金融期货进行套期保值，在避免价格不利变动造成的损失的同时也必须放弃若价格有利变动可能获得的利益。人们利用金融期权进行套期保值，若价格发生不利变动，套期保值者可通过执行期权来避免损失；若价格发生有利变动，套期保值者又可通过放弃期权来保护利益。这样，通过金融期权交易，既可避免价格不利变动造成的损失，又可在相当程度上保住价格有利变动而带来的利益。

但是，这并不是说金融期权比金融期货更为有利。这是由于如从保值角度来说，金融期货通常比金融期权更为有效，也更为便宜，而且要在金融期权交易中真正做到既保值又获利，事实上也并非易事。

所以，金融期权与金融期货可谓各有所长，各有所短，在现实的交易活动中，人们往往将两者结合起来，通过一定的组合或搭配来实现某一特定目标。

五、金融期权功能

金融期权与金融期货有着相似的功能。从一定的意义上说，金融期权是金融期货功能的延续和发展，具有与金融期货相同的套期保值和发现价格的功能，是一种行之有效的控制风险的工具。

（一）套期保值

套期保值是指企业为规避外汇风险、利率风险、商品价格风险、股票价格风险、信用风险等，指定一项或一项以上套期工具，使套期工具的公允价值或现金流量变动，与其抵消被套期项目全部或部分公允价值或现金流量变动。

（二）价格发现

价格发现功能是指在一个公开、公平、高效、竞争的市场中，通过集中竞价形成期权价格的功能。

（三）盈利

期权的盈利主要是期权的协定价和市价的不一致而带来的收益。这种独特的盈利功能是吸引众多投资者的一大原因。

（四）投机

骑墙套利策略是外汇投机者使用的一种方法。所谓骑墙套利是指同时买入协定价、金额和到期日都相同的看涨期权和看跌期权。但这种策本是有限的（即两倍的权利金），无论汇率朝哪个方向变动，期权买方的净收益一定是某种倾向汇率的差价减去两倍的权利金。即是说，只要汇率波动较大，即汇率差价大于投资成本，无论汇率波动的方向如何，期权买方即投资者均可受益。

第三节　金融互换

金融互换是约定两个或两个以上的当事人按照商定条件，在约定的时间内，交换一系列现金流的合约。

一、金融互换基础知识

（一）功能

金融互换的主要功能有：

1. 通过金融互换可在全球各市场之间进行套利，从而一方面降低筹资者的融资成本或提高投资者的资产收益，另一方面促进全球金融市场的一体化。

2. 利用金融互换，可以管理资产负债组合中的利率风险和汇率风险。

3. 金融互换为表外业务，可以逃避外汇管制、利率管制及税收限制。

（二）种类

金融互换虽然历史较短，但品种创新却日新月异。除了传统的利率互换和货币互换外，一大批新的金融互换品种不断涌现。

1. 利率互换

利率互换是指双方同意在未来的一定期限内根据同种货币的同样的名义本金交换现金流，其中一方的现金流根据浮动利率计算出来，而另一方的现金流根据固定利率计算。互换的期限通常在 2 年以上，有时甚至在 15 年以上。

2. 货币互换

货币互换是将一种货币的本金和固定利息与另一货币的等价本金和固定利息进行交换。其主要原因是双方在各自国家中的金融市场上具有比较优势。

3. 其他互换

交叉货币利率互换。它是利率互换和货币互换的结合，它是一种货币的固定利率交换另一种货币的浮动利率。

（1）增长型互换、减少型互换和滑道型互换

基点互换：交换的利息支付额以两种不同的浮动利率指数进行核算，如 3 个月期的美元伦敦银行同业拆放利率对美国商业票据利率的互换交易。

（2）可延长互换和可赎回互换

零息互换：指固定利息的多次支付流量被一次性的支付所代替，该一次性支付可在期初或在期末。

（3）后期确定互换；

（4）差额互换；

（5）远期互换：互换生效日是在未来某一确定时间开始的互换；

（6）互换期权：本质上是期权而不是互换，该期权的标的物为互换；

（7）股票互换：以股票指数产生的红利和资本利得与固定利率或浮动利率交换。

（三）特点

金融互换从产生之日起，其发展一刻未停，因此其特点也在动态的发展。概括而言，金融互换的特点主要表现在：

1. 品种多样化

最基本的金融互换品种是指货币互换（Currency Swap）和利率互换（Interest Rate Swap），前者是指在对未来汇率预期的基础上双方同意交换不同货币本金与利息的支付的协议。其要点包括：双方以约定的协议汇价进行有关本金的交换；每半年或每年以约定的利率和本金为基础进行利息支付的互换；协议到期时，以预定的协议汇价将原本金换回等。后者是指在对未来利率的预期的基础上，双方以商定的日期和利率互换同一种货币的利息支付。最基础的利率互换形式是指固定利率对浮动利率的互换，即一方用固定利率债务换取浮动利率债务，支付浮动利率；另一方用浮动利率债务换取固定利率债务，支付固定利率。在此基础上，金融互换新品种不断出现，较典型的是交叉货币利率互换，从而使互换形成完整的种类，呈现出多样化的特点。

2. 结构标准化

在金融互换发展的初期，一些因素阻碍了其进一步发展。例如互换中的信用风险难以把握、缺乏普遍接受的交易规则与合约文本等。为此，1985 年 2 月，以活跃在互换市场上的银行、证券公司为中心，众多的互换参与者组建了旨在促进互换业务标准化和业务推广活动的国际互换交易协会（International Swap Dealer's Association，简称 ISDA），并在《国际金融法规评论》上发表了该协会会员克里斯托弗·斯托克关于互换业务标准化的著名论文，拟定了标准文本"利率和货币互换协议"。该协议的宗旨，就是统一交易用语，制定标准的合同格式，统一利息的计算方式。该协议要求交易双方在达成第一笔互换交易前（或之后）签订这样一个"主协议"，同时可对各项条款进行讨论、修改和补充。由此在以后每一笔互换交易时，就省去了拟定、讨论文本的大量时间。在"主协议"项下，交易双方的每一笔互换交易仅需要一个信件或电传来确定每笔互换的交易日、生效日、到期日、利率、名义本金额、结算账户等即可成交。到目前为止，世界上大多数银行、投资银行等均已成为该协会的成员，极大地推动了互换交易标准化的进程。该协议的实施，标志着金融互换结构进入标准化阶段，为金融互换交易的深入发展创造了良好的条件，大大提高了交易效率。

3. 参与机构多元化

互换市场参与机构包括最终用户和中介机构。最终用户是指各国政府尤其是发展中国家的政府及其代理机构、世界范围内的银行和跨国公司、储蓄机构和保险公司、国际性代理机构与证券公司，等等。它们参与互换的基本目的是：获得高收益的资产或低成本融资、实施资产与负债的有效管理、回避正常经济交易中的利率或汇率风险以及进行套利、套汇等。中介机构主要包括美国、英国、日本、德国、加拿大等国的投资银行和商业银行、证券交易中心、等等。它们参与互换的重要目的是为了从承办的业务中获取手续费收入和从交易机会中得到盈利。互换交易的发展，使得上述两类机构在实践中的交叉越来越多。许多机构积极参与了双方的活动，即同一机构既可能是最终用户也可能是中介机构。特别是为数众多的大商业银行与投资银行以及信誉卓著的跨国公司，它们常常利用自身信誉高、信息广、机构多的优势直接进行互换，从而大大减少了对中介机构的需要。这里需要特别指出的是：第一，商业银行或投资银行常常将互换视为可交易证券，它们在将互换合约与市场时间标准化的过程中始终走在前列，并增强了互换市场的流动性；第二，在互换的发展过程中，一些互换中介机构尤其是金融机构开始充当造市商。其主要原因：一是互换市场已从一个强调新证券套利的市场逐步演变为企业资产负债组合管理服务的市场，从而要求互换市场具有流动性。而造市商对互换交易提供双向报价的做法，为用户按照目前市场利率从事反向互换或取消互换创造了条件，进而促进了互换在企业资产与负债组合管理中的运用；二是金融产品日益出现的多产品组合趋势，促进了造市商的发展。金融工程可以将远期、期权、互换以及商品与股权工具不断地组合和分解，创造出更适合资产与负债管理需要的工具。因为金融产品具有不同的特性，很难使每一个对手从事一个完全冲抵型交易，所以造市商在此类产品的结构设计、定价与规避风险方面的作用日益增强；三是为了赚取更多的利润。造市商是互换市场的价格制定者，可通过将大额交易分割为小额交易，并抓住交易机会进行交易而获取利润；四是对金融机构来讲，由于无风险的传统金融业务的利润在逐步下降，出于提高营业利润的目的，它们充当造市商来开拓自身的业务。

4. 产品衍生化

金融互换同其他金融工具相结合，可以衍生出许多复杂的互换衍生产品，如与期权结合产生互换期权，互换与期货结合产生互换期货，与股票指数结合产生股票指数互换等。以互换期权为例，它是指对互换交易中所支付的固定利率的期权。互换期权合约赋予期权买方在指定的日期或某一指定的日期之前，选择是否按照事先约定的条件进行互换的权利。这种权利可在规定的期限内行使，也可以放弃。由此可见，互换期权为金融机构与企业进行资产负债管理提供了很大的灵活性。因为在互换期权没有产生以前，人们只能通过利用支付债券的场内交易期权交易或场外期权交易进行利率避险。互换期权本身的种类较多，如可赎回互换、可延期互换、可卖出互换、可取消互换等，它们的交易性质相同，都是在买权和卖权的基础上发展而来。又如股票指数互换，它是指互换双方达成协议，将与某一股票指数变动挂钩的支付与某一以短期利率指数为基础的支付进行互换。它主要是被用来替代在股票市场上的直接投资，但使用者同时承担了股票指数变动的风险。

5. 业务表外化

金融衍生产品的交易不构成有关交易方的资产与负债，属于表外业务。而金融互换是本身就属于金融衍生产品的一个重要部分，其业务当然具有表外化的特点。也就是说，金融互换在时间和融资方面独立于各种借款或投资之外，即具体的借款或投资行为与互换中的利率基础和汇率基础无关。这一特点，决定了可利用金融互换逃避外汇管制、利率管制以及税收限制，不增加负债而获得巨额利润扩充资本，达到提高资本充足率等目的。这一特点也表明，在金融互换本身存在风险的前提下，若在资产负债表中不对金融互换作适当揭露，将不能充分准确地反映经济主体的经营行为及风险状况。

6. 风险管理全程化

金融互换作为一种重要的金融衍生产品，其产生的主要原因是为了规避金融风险。但在发展过程中，金融互换本身也存在许多风险，因此加强风险管理，尽可能地减少风险的数额，防止风险变成实际的损失，贯穿于互换业务的整个过程。从风险产生的原因来看，互换风险主要来自于：第一，经济因素，主要是利率与汇率的变动；第二，政治因素，如一国政治体制的变化造成金融市场价格的大幅波动；第三，运作因素，如过度投机、内部控制机制不健全等；第四，其他因素，如自然因素、社会因素等。从风险表现形式来看，由于互换的主要参与者包括中介机构与最终用户，它们所面临的风险有所区别。对中介机构讲，它们首先面临的风险是信用风险。一旦中介机构是一个造市商，当其持有不对应的头寸时，还要面临市场风险。因此，信用风险与市场风险是互换中介机构的主要风险。其他风险，如国家风险、法律风险、结算风险等，也对中介机构有影响。对最终用户讲，在有中介机构参与的互换交易中，如果另一最终用户违约，这个最终用户与中介机构的合约仍有效。因此作为最终用户，可以忽略信用风险，将市场风险作为需要监测和管理的主要风险。从风险管理策略看：一是全程进行互换合同的估值。互换合同的估值发生在互换签订合约之后，是对已经持有的头寸的价值及其变化进行计算，目的是监测可能的盈亏和进行风险管理。只有对互换合约进行准确的估值，并在执行过程中根据市场情况的变化不断调整自己的预期，才能有针对性的防止风险的扩大，最大限度地减少风险。二是对不同风险采取不同的策略：一般讲，防范信用风险的措施是要选择那些不论市场汇率或利率发生怎样的变化，均能如期履约的公司作为交易对手；防范市场风险则要求能准确地预测未来市场汇率或利率的走势，或通过再签订一份与原协议方向相反的互换协议来防止市场风险损失的进一步扩大，或用转让或出售原有的互换协议的方式来减缓市场风险损失等。

7. 发展非均衡化

作为互换的两个基本形式，货币互换先于利率互换而产生，二者各有自己的优势和特色，但在其发展过程中表现出明显的非均衡性。利率互换的发展速度远远快于货币互换，成为互换市场的主流。其主要原因是国际借贷市场，尤其是欧洲美元市场十分广阔。同时从内在结构上来看，与利率互换相比，由于货币互换牵涉到一系列的不同货币本金与利息的互换，货币互换协议的达成往往需要更长的时间来实现，文件制作方面也比较复杂。从新产品上看，两者的发展也表现出非均衡：货币互换由于涉及不同货币本金和一系列不同货币利息的互换，因此在国际金融市场上，其新产品较少，主要有固定利率货币互换、浮动利率货币互换及分期支付货币互换；利率互换的新产品则层出不穷，如零息对浮动利率互换、浮动利率对浮动利率互换、可赎回利率互换、可出售利率互换、可延期利率互换、远期利率互换、等等。

8. 监管国际化

由于金融互换是表外业务，而且是场外交易，标准合约又可以协商修改，因而其透明度较低，各国监管机构至今尚未专门针对金融互换的监管提出非常有效的方式。同时一项互换交易往往涉及两个或两个以上国家的不同机构，必然要求互换监管的国际化。如前所述，互换交易的主要风险包括信用风险和市场风险，因此对互换交易监管，其实就是对上述两种风险的监管。起初，监管者将重点放在对信用风险的监管上，而随着交易的逐步发展，监管者发现互换交易对银行的经营活动往往产生很大的影响。于是，它们越来越重视将市场风险作为监管的重点。在互换交易的国际化监管中，国际清算银行和巴塞尔委员会起了重大的作用。如国际清算银行和巴塞尔委员会所颁布的国际资本衡量与资本充足率的核心准则《巴塞尔协议》，目的是在国际范围内建立一个确定银行资本充足率的统一框架，以帮助银行在向客户提供表外业务（包括互换及其衍生产品交易）时抵补其所承担的信用风险。

我国的企业与金融机构仅是近几年才开始涉足金融互换交易业务，而且目前主要局限于一些简单的利率互换与货币互换等形式。其主要原因在于：我国有关机构的风险管理制度不健全、相关人员的专业水平不高以及宏观上国家的外汇管制相对较严等。随着我国加入 WTO，我国经济逐步融入世界经济之中，国际上普遍运用的金融衍生产品将很快进入我国，金融互换将不再是纸上谈兵。但我国在运用金融互换时，必须充分借鉴国际金融互换的发展经验，根据我国的现实，循序渐进；要充分认识到金融互换是一把"双刃剑"，必须严格规范，加强内部控制和外部监管。

9. 功能扩大化

互换交易的基本经济功能有两个：一是在全球金融市场之间进行套利，从而一方面降低筹资者的融资成本或提高投资者的资产收益，另一方面促进全球金融市场的一体化；二是互换交易提高了利率和货币风险的管理效率，即筹资者或投资者在得到借款或进行投资之后，可以通过互换交易改变其现有的负债或资产的利率基础或货币种类，以期从货币或汇率的变动中获利。随着互换交易的发展，其功能也逐步扩大，表现在：第一，完善了价格发现机制。金融互换所形成的价格反映了所有可获得的信息和不同交易者的预期，使未来的资产价格得以发现;第二,拓宽了融资渠道。利用金融互换,筹资者可以在各自熟悉的市场上筹措资金,通过互换来达到各自的目的,而不需要到自己不熟悉的市场去寻求筹资机会;第三,投资银行家可利用互换创造证券。由于大多数互换是在场外交易,可以逃避外汇、利率及税收等方面的管制,同时互换又具有较强的灵活性,使得投资银行家能创造一系列的证券;第四,获取投机收益。随着互换的不断发展,一些专业交易商开始利用其专业优势,对利率与汇率进行正确预测而运用互换进行投机。一旦遇到市场波幅大,且其判断正确时,收益丰厚。

10.定价复杂化

互换的价格主要表现为互换时所愿意支付的利率、汇率水平。国际金融市场上,影响互换价格的因素主要有:①互换进行时市场总体利率水平、汇率水平及其波动幅度与变化趋势;②互换本金数量、期限等;③互换双方自身的资金状况与资产负债结构;④互换伙伴的信用状况;⑤互换合约对冲的可能性。由于互换价格的影响因素多,加之在其定价过程中不同的市场对收益的计算方法往往不同,因此其定价过程较为复杂,特别是互换交易的衍生品的定价更为复杂。总体而言,互换定价主要包括:其一,依据远期和期权合约的理论价格,远期和期权合约的具体定价技术就是互换定价过程的组成部分。利用此方法对互换产品进行定价,主要涉及远期合约的定价、期权合约的定价、反映远期和期权合约的具体数学关系的涨跌平价等定价技巧,其每一方面都十分复杂;其二,通过互换交易进行资本市场套利的机会以优于远期或期权的理论价格组织这些交易创造了机会。任何一种金融产品在资本市场套利所产生的优于远期或期权理论价格的价格,将在极为短暂的时间内使所有其他工具的价格也做出相应的调整。因此各种金融产品的内在联系及它们之间价格不一致所产生的套利行为决定了互换定价的调整。尽管就理论概念而言,可用远期价格和金融套利来说明金融互换的定价。但从目前看,金融套利已成为互换定价的主要方法,其主要原因是金融套利能为互换的参与者节省成本。

二、金融互换的会计研究

金融互换来自于背对背贷款的发展,产生于20世纪80年代。金融互换指的是双方约定合同的内容,签订并交换现金流的合约。金融互换一般包括货币互换和利率互换。货币互换指的是双方利用自己在各自国家金融市场的优势交换等价的、期限相同的、利率计算方法相同的不同币种的货币。例如,一家中国公司向一家美国公司贷出一笔人民币贷款,金额为700万人民币,为期10年,利率定为3%,同时,这家美国公司反向中国公司贷出同样期限的一笔美元,利率定为2%,金额为100万美元,在这个过程中,双方通过协议就实现了本金的互换,在互换过程中,中国公司每年向美国公司支付2万美元利息,美国公司每年向中国公司支付21万人民币的利息,在10年合约到期时,中国公司向美国公司归还100万美元,美国公司向中国公司归还700万人民币。这样,两个公司就按照一定的固定汇率以一定的本币换取了一定量的外币，完成了货币互换的过程。

利率互换指的是双方同意在未来的一定期限内根据同种货币的相同名义本金交换现金流，其中一方的现金流根据事先选定的某一浮动利率计算，而另一方的现金流则根据固定利率计算。从期限来看，利率互换的常见期限包括1年、2年、3年、4年、5年、7年与10年，30年与50年的互换也时有发生。

（一）金融互换的会计确认处理

在会计处理中，会计确认一般都包括两个过程：初始确认和后续确认。金融互换作为一种特殊的金融产品，其会计确认过程除了一般会计确认涉及的，还包括了终止确认。

互换合约一旦签订，就意味着要发生现金流的交换和变动，这种变动会引起企业资产或负债的变动，应该计入企业资产负债表中。因为商品的本身价值会随市场因素的变化而变化，这会导致双方对合约的价格要进行重新估计，相应的公允价值变动就导致就必须对其进行重新确认，互换的会计处理也要进行再次确认。金融互换的合约都是有约定期限的，合同到期，现金流交换过程完成，必须将其从资产负债表中转移出去。

金融互换的会计确认包括以上三个过程有其自身的合理性。首先，金融互换是金融衍生工具之一，它在合同中约定在将来某一时刻进行结算，并约定了双方应拥有的权利和应承担的义务。只要交易双方达成协议，签订合同之后，双方必须按照合同约定在将来某一时刻与对方进行现金流的交换。在交换过程中，这些都表现出了企业的资产或负债的变动，必须在企业的资产负债表中表现出来，其次，金融互换的本身价值也会因公允价值随着时间的推移有所波动，为真实反映互换的信息就需要对互换进行后续确认。最后，金融合约到期时，双方都完成了现金的收取和交付，本金互换过程完成，必须在资产负债表中转销，进行终止确认。

（二）金融互换的会计计量

金融互换的会计计量是与它的会计确认结合使用的。在进行初始确认的时候，是以交易双方共同约定的、公允价值计量的交易成本为基础进行计量的。对于除以公允价值计量且其变动计入当期损益的金融资产或金融负债外，相关交易费用应当计入初始确认金额。在进行后续计量时，还应该以双方约定确认时点的公允价值为基础计量，在报告期间公允价值的变动计入当期损益。依据对我国市场行情分析，针对其特点，我国金融工具会计准则国际会计准则规定相一致，即衍生金融工具应按公允价值计量计入企业的表内核算，并将公允价值变动计入当期损益。这样改变了企业在使用衍生工具时仅考虑其对现金流等经济因素的影响。在使企业并重考虑其对财务报表的影响的优势上，可以充分揭示金额衍生工具所蕴含的金融风险，降低其对企业财务状况和经营成果的影响。

货币互换要求交易双方协议确定交换条件和金额，在双方都愿意的情况下，建立在平等、自愿的基础上，在合同签订时就要进行本金的交换。在开头的例子中，中国公司收到了来自于美国公司贷出的 100 万的美元，这笔金额应计入美国公司的负债，付出的 700 万人民币计入资产负债表中的资产。

利率互换合约签订并不要求及时兑换本金，在约定期限到期时交付利息。若用公允价值确认则计入资产负债表中的资产和负债金额均为零，利率互换这一过程并未得到反映。不妨选取一个相对公允的入账价值，利用这一入账价值确认利率，使现金流量的变动过程得到体现。现在一般采用现金流量折现法进行计算。例子如下：甲公司与 A 银行签订一个利率互换合同，为期 3 年，双方约定：A 银行按 100 万 RMB 支付 7.5% 的固息，同时按市场利率收取浮动利息，浮动利率按 6 个月期 SHIBOR+0.5% 为准，每半年修改一次。当期的 SHIBOR 为 7%。在此案例中，A 银行未来应收的固息折现后为 19.72 万，为资产，A 银行应付利息为浮动利息，其折现为 17.33 万，确认为负债。

（三）金融互换的信息披露

会计信息披露指的是企业采取直接或间接的方式公布一些会影响使用者决策的信息。披露的会计信息是否真实、内容是否充分、对象是否明确直接决定了信息的质量。一份高质量的财务报告显得至关重要。金融互换作为金融衍生品的一种创新，不同于传统的非衍生金融产品。较其他而言，对市场的变化更加敏感，其所承载的风险也就更大，投资风险越大，这就要求投资者更加谨慎，应该更加注重对其信息的披露。本文认为，在财务报表中至少应包含以下信息：第一，交易性质、约定期限、持有日期、持有目的等关于互换合约的一些基本信息；第二，关于交易所面临的风险类别及程度，主要包括利率风险、汇率风险、信用风险等；第三，会计核算时适用的政策和方法；第四，公允价值的相关信息。公允价值是会计确认和会计计量的基础，主要包括当日的公允价值及其取得、算法和在确认过程中采用相关的会计假设等。

第四节　金融远期合约市场

一、金融远期合约

（一）定义

由于采用了一对一的交易方式，交易事项可以协商确定，较为灵活，金融机构或大型工商企业通常利用远期交易作为风险管理手段，但是非集中交易同时也带来了搜索困难，交易成本较高，存在对手违约风险等缺点。

金融远期合约又称为金融远期、金融远期合约、金融远期交易，是指交易双方分别承诺在将来某一特定时间购买和提供某种金融工具，并事先签订合约，确定价格，以便将来进行交割。

金融远期合约是最基础的金融衍生产品。它是交易双方在场外市场上通过协商，按约定价格（称为"远期价格"）在约定的未来日期（交易日）买卖某种标的金融资产（或金融变量）的合约。由于采用了一对一交易的方式，交易事项可以协商确定，较为灵活，金融机构或大型工商企业通常利用远期交易作为风险管理手段。

在作为衍生金融工具的远期合约中，目前最常见的是远期外汇合约。金融远期合约与金融期货较为相似，二者的区别在于：标准化和灵活性不一样；场内场外交易、二级市场发展不一样。

（二）特点

金融远期合约的特点为：

1. 未规范化、标准化，一般在场外交易，不易流动。

2. 买卖双方易发生违约问题，从合约签订到交割期间不能直接看出履约情况，风险较大。

3. 在合约到期之前并无现金流。

4. 合约到期必须交割，不可实行反向对冲操作来平仓。

（三）类别

根据基础资产划分，常见的金融远期合约包括四个大类。

1. 股权类资产的远期合约

股权类资产的远期合约包括单个股票的远期合约、一篮子股票的远期合约和股票价格指数的远期合约三个子类。

2. 债权类资产的远期合约

债权类资产的远期合约主要包括定期存款单、短期债券、长期债券、商业票据等固定收益证券的远期合约。

3. 远期利率协议

远期利率协议是指按照约定的名义本金，交易双方在约定的未来日期交换支付浮动利率和固定利率的远期合约。

远期利率协议是指交易双方约定在未来某一日、交换协议期间内一定名义本金基础上分别以合同利率和参考利率计算的利息的金融合约。其中，远期利率协议的买方支付以合同利率计算的利息，卖方支付以参考利率计算的利息。

4. 远期汇率协议

远期汇率协议是指按照约定的名义本金，交易双方在约定的未来日期交换支付浮动利率和固定利率的远期协议。

二、金融远期市场

金融远期市场进行远期合约交易的市场，交易按约定条件在未来某一日期交割结算。常单指远期外汇市场，因远汇是成交最活跃的远期市场之一。

（一）简介

远期外汇市场指成交日交易双方以约定的外汇币种、金额、汇率，在约定的未来某一日期交割结算的外汇对人民币的交易市场。

远期是合约双方承诺在将来某一天以特定价格买进或卖出一定数量的标的物（标的物可以是大豆、铜等实物商品，也可以是股票指数、债券指数、外汇等金融产品）。

远期交易将在未来约定日期开始的交易。外汇市场中的远期交易通常被表达为高于（升水）或低于（贴水）即期汇率的差价。如要获得实际远期外汇价格，只需将差价与即期汇率相加即可。

远期合约是相对简单的一种金融衍生工具。合约双方约定在未来某一时刻按约定的价格买卖约定数量的金融资产。

（二）远期价格的决定

原则上，计算远期价格是用交易时的即期价格加上持有成本（carrycost）。根据商品的情况，持有成本要考虑的因素包括仓储、保险和运输、等等。

远期价格 = 即期或现金价格 + 持有成本

尽管在金融市场中的交易与在商品市场中的交易有相似之处，但它们之间也存在着很大的差别。例如，如果远期的石油价格很高，在即期市场上买进一油轮的石油并打算在将来卖掉的行动似乎是一项很有吸引力的投资。

一般来说，商品市场对供求波动更为敏感。例如，收成会受到气候和自然灾害的影响，商品消费会受到技术进步、生产加工过程以及政治事件的影响。事实上，许多商品市场使用的交易工具在生产者与消费者之间直接进行交易，而不是提供套期保值与投机交易的机会。

然而，在商品市场中也存在着基础金属、石油和电力的远期合约，在船运市场中用到了远期货运协议（FFAs）。

第五章　金融制度与金融监管创新

第一节　金融制度与金融监管概述

一、金融制度

金融制度是一个国家用法律形式所确立的金融体系结构，以及组成这一体系的各类银行和非银行金融机构的职责分工和相互联系。金融制度是在长期发展中逐渐形成的。已演化成复杂而又脉络清晰的系统。

（一）体系

1.金融制度的最上层是法律、规章制度和货币政策，即一般意义上的金融活动和金融交易规则；

2.金融制度的中间层是金融体系的构成，包括金融机构和监管机构；

3.金融制度的基础层是金融活动和金融交易参与者的行为。在任何一个金融制度中，它的参与者基本上可以归纳为五类：资金有余的人或部门、资金短缺的人或部门、金融中介机构、金融市场、金融监管当局。

（二）香港金融制度

香港是主要的国际金融中心，金融机构和市场紧密联系，为本地和海外的客户及投资者提供各类投资产品及服务。香港金融市场的特色是流通量高，市场在有效和具透明度的监管下运作，各项监管规例都符合国际标准。

香港特别行政区（香港特区）政府恪守尽量不干预金融市场运作的原则，并尽力提供一个有利营商的环境。政府实施低税政策和推行简单的税制，使各类商业有更多主动权及创新空间。香港十分重视法治及维持市场的公平竞争，不会阻止外国公司参与本地的金融市场，更不会限制资金进出本港。此外，本港亦无实施外汇管制。

金融市场：银行业方面，截至2006年5月底，香港有134间持牌银行、32间有限制牌照银行和33间接受存款公司。此外，有88间外资银行在本港设有代表办事处，分行总数约1 300间（不包括在本港的主要营业地点）。这些外资银行来自37个国家，其中69

间是属于全球最大的 100 间银行。香港的银行从事多方面的零售及批发银行业务,例如接受存款、贸易融资、公司财务、财资活动、贵重金属买卖及证券经纪业务。

香港已连续 11 年(1995 ~ 2005 年)获美国传统基金会评为经济最自由的地方。香港的银行业务约有 57% 以外币为单位,并以对外为主,显示香港在全球银行业中的重要地位。截至 2005 年年底,各间银行及接受存款机构所持的海外净资产总值 16,040 亿港元,使香港成为全世界最大的银行中心之一。

香港的外汇市场发展成熟,买卖活跃;本港没有外汇管制,且位于有利的时区,这对促进外汇市场的发展,十分有利。由于本港与海外的外汇市场紧密联系,香港的投资者可以全日 24 小时在世界各地的市场进行外汇买卖。根据国际结算银行在 2004 年进行的每三年一度全球调查,香港外汇市场以成交额计算在世界排行第六位。香港货币市场主要包括银行同业拆息市场。货币市场主要是给机构进行批发层面的银行业务。香港的银行同业拆息率,是按市场参与者之间的资金供求而决定。所以,这个利率是香港短期贷款最重要的价格指针之一。在 2006 年 3 月,香港银行同业拆息市场平均每日的成交额为 2660 亿港元。

以截至 2006 年 5 月底的资本市值计算,香港的股票市场位列世界第八,在亚洲则排名第二。以 2005 年的股本集资额计算,香港股票市场位列全球第五,亚洲第一。本地股票市场上有多元化的投资产品,包括普通股份、期权、认股权证、牛熊证、房地产投资信托基金、单位信托及债务证券,供投资者进行买卖。截至 2006 年 5 月底,在香港联合交易所(联交所)主板市场挂牌的上市公司有 1144 间,资本市值总额达 94110 亿港元,当中有 347 间为内地企业,这些内地企业至今已透过香港集资超过 11000 亿港元。在联交所内进行的交易透过「自动对盘及成交系统」进行。第三代电子交易系统,即「第三代自动对盘及成交系统」,已全面投入运作。新系统提供一个链接投资者、经纪及交易所的交易平台,以提高市场效率及促进股票市场的网上交易。

至于衍生产品市场方面,截至 2006 年 5 月底,有四种期货产品及两种期权产品于香港期货交易所(期交所)及联交所进行买卖,包括指数期货、股票期货、利率期货、债券期货、指数期权及股票期权。随着越来越多内地企业在香港股票市场上市,H 股指数期货及期权已分别在 2003 年 12 月及 2004 年 6 月推出。此外,新华富时中国 25 指数期货及期权亦已在 2005 年 5 月推出。随着恒生指数期货及期权合约的交易于 2000 年 6 月转以「自动交易系统」进行,衍生产品市场的交易运作已全面电子化。在两个交易所内进行的交易透过三间互连的结算公司进行交收及结算,该三间公司分别是香港中央结算有限公司、香港联合交易所期权结算公司及香港期货结算公司。香港中央结算有限公司透过「中央结算及交收系统」在股票市场上进行交收及结算。香港交易及结算所有限公司(香港交易所)是该两个交易所及三间结算公司的控股公司。香港交易所在 2003 年年中完成引入新一代的「中央结算及交收系统」(「第三代中央结算及交收系统」)。该系统的开放式结构使香港交易所可以与市场参与者接连。在衍生产品市场方面,香港交易所于 2004 年年初推出了新的「衍生产品结算及交收系统」,以取代香港联合交易所期权结算公司及香港期货结算公司所沿用的两套传统结算系统。「衍生产品结算及交收系统」容许期货交易所及股票期权交易所参与者透过单一的前端装置，结算及交收他们在期货和期权市场内的交易。

除股票及期货市场外，本港亦有一个活跃的场外交易市场，该市场主要由专业机构参与运作及使用，而涉及的产品包括与股票、利率及货币有关的掉期、远期及其权合约。

香港的债务市场已发展为区内其中一个流通量最高的市场。「债务工具中央结算系统」于 1990 年设立，由香港金融管理局负责管理，为外汇基金票据及债券，以及私营机构发行的债务证券提供结算和托管服务。在 2006 年 9 月，外汇基金票据及债券的平均每日成交额为 363 亿港元。截至 2006 年 9 月底，未偿还的外汇基金票据及债券数额约为 1304 亿港元。在 2006 年上半年，私营机构发行的债务证券数额共达 1120 亿港元。

香港金银业贸易场自 20 世纪初开始已为投资者提供买卖黄金的交易平台。2005 年内，在该贸易场交易的九九金总数量达 392 万元。

香港是全球最开放的保险业中心之一。在 2006 年 6 月，本港共有 174 间认可的保险公司，其中 87 间在香港注册成立，其余 87 间则分别在 21 个国家注册成立，当中以美国及百慕达公司最多。近年，香港的保险业市场每年都有良好的增长，临时数据显示，2005年的保费总额约为 1410 亿港元。

香港是投资组合管理活动的区域中心，这类活动包括香港认可的单位信托和互惠基金，以及较大规模的机构基金管理。截至 2006 年 3 月底，本港共有 1 998 个认可的单位信托及互惠基金。在 2005 年年底，该等获认可的单位信托及互惠基金的资产净值约为 52072亿港元。

在 2000 年 12 月推行的强制性公积金（强积金）制度会滚存庞大的退休资产，促进金融市场进一步发展。强积金属长线的投资活动，除了对新投资产品带来需求外，亦会增加对现有产品的需求，更有助促进金融市场的稳定发展。截至 2006 年 5 月，强积金计划下的累算资产总额已达到 1706 亿港元（220 亿美元）。

对金融市场的监管：为配合国际趋势，香港历年来已制定和发展本地的金融服务监管制度。主要监管机构包括香港金融管理局（金管局）、证券及期货事务监察委员会（证监会）、保险业监理处（保监处）及强制性公积金计划管理局（积金局），分别负责监管银行业、证券和期货业、保险业和退休计划的业务。

在 1993 年，政府把外汇基金办事处及银行业监理处合并为金管局，主要目的是确保维持金融体制及银行业稳定等中央银行的功能，能够由一个具专业知识的机构执行，并保持政策的延续性，从而维系港人及国际财经界对香港的信心。除了监管银行业外，金管局的其他功能和目标包括维持港元稳定、提高金融制度的效率及促进其发展，以及维护廉洁公正的金融制度；这与世界各地中央银行的功能和目标大致相同。

政府并不参与证券期货业的日常监管工作。证监会于 1989 年成立，是一个独立的法定组织，负责执行规管香港证券期货市场的法例，以及促进和推动证券期货市场的发展。证监会致力维持和促进证券期货业的公平、效率、竞争力、透明度及秩序，并为投资者提供保障。证监会根据现行的规管架构，有责任规管和监察香港交易所及其附属机构，包括联交所、期交所及三间认可的结算公司。政府会在有需要时协助推动及协调证监会和香港交易所推行的市场改革。

《2006年证券及期货（修订）条例》已于 2006 年 6 月 23 日生效，该修订条例就分开证监会主席与该会执行管理层的角色，以及增设行政总裁职位而订定条文。在新的架构下，主席领导证监会董事局制定证监会的整体方向、政策及策略，以及监察执行管理层在落实董事局所议定的目标、政策及策略方面的工作。至于行政总裁，他须对证监会的日常运作负起行政职责。这个模式与本地及国际的最佳管治方法一致。

保监处为政府架构内的一个办事处，负责执行规管保险公司和中介人的法例。保险业监理专员获委为保险业监督，对本港保险业实行审慎的监管，以保障保单持有人的利益。此外，保险业界会征询保险业监督的意见，制订自我监管的措施，以加强保险市场的专业纪律。在保险业监督的推动下，保险业已实施「保险中介人素质保证计划」，规定所有保险中介人须通过考试方能执业。自 2002 年开始，保险中介人更须参加持续的专业培训计划，才获准延续有关登记或授权。

积金局于 1998 年 9 月成立。该局是独立的法定组织，负责规管和监察强积金制度的运作。

银行：本港的接受存款机构划分为三级，分别是持牌银行、有限制牌照银行及接受存款公司。根据《银行业条例》，上述的银行及公司统称为「认可机构」。这些认可机构可以本港注册公司或外国银行分行形式在本港经营业务。

目前，只有持牌银行才可经营往来户口业务，以及接纳任何数额和期限的存款。有限制牌照银行主要经营商业银行及资本市场业务。这些银行可接受 50 万港元或以上的存款，存款期不限。接受存款公司以属于持牌银行所有，或与持牌银行有联系的机构居多，并经营一系列的业务，主要是消费贷款业务。接受存款公司只可接受 10 万港元或以上、原定期限最少为三个月的存款。

认可机构三级制使那些基础稳固但规模不及一般银行的公司，有资格申请成为有限制牌照银行或接受存款公司，以便能接受本地人士存款，或经营批发及投资性质的银行业务。为持牌银行、有限制牌照银行及接受存款公司拟定认可准则的目的，是确保只有组织健全及管理完善的机构，才可获委托接受公众的存款。当局会定期检讨发牌准则，以确保这些准则能够反映监管环境不时转变的需要，并符合不断改变的国际标准。

认可机构必须遵守《银行业条例》的规定，维持足够的流动资金和资本充足比率；定期向金管局提交统计报表；遵守贷款予客户或董事及雇员的限额规定；以及在委任董事和行政总裁（包括其候补人）及控制权改变时，寻求金管局的批准。外国银行以分行形式在港经营业务，是无须在香港持有资本的。根据《银行业条例》，这些银行亦不受资本比率规定或以资本为基础的大额风险额度所限制。

香港在银行监管方面的法律架构符合国际标准，包括由巴塞尔委员会于 1997 年 9 月颁布的《有效监管银行业的主要原则》。监管程序采用风险为本的模式，着重评估认可机构就所面对的现有及潜在风险而采用的内部风险管理制度的质素。监管的目的在于设计一套审慎的监察制度，以协助维持银行体系的整体稳定及有效运作，同时并提供足够的灵活空间，让认可机构做出商业决定。

所有本地注册认可机构现时均须按巴塞尔委员会在 1988 年发出的《资本协议》所订明的资本充足标准，保持不少于 8% 的法定资本充足比率。金管局打算从 2007 年 1 月 1 日起，实施巴塞尔委员会于 2004 年 6 月颁布的经修订资本充足架构（一般称为《资本协议二》）。在监管外国银行的风险方面，银行资本是否充裕是由银行注册地的监管机构负责监管。虽然监管信用集中风险是银行的总办事处及注册地的监管机构的责任，但金管局仍会就银行提供大额贷款的个案，收集有助审慎监管的数据。至于外汇风险，金管局会检讨及监管银行的内部限额，这些限额通常是由银行的总办事处订定。如有任何超越该限额的个案，外国银行必须向金管局报告。本港所有的认可机构，不论其注册地点，均须保持不少于 25% 的法定流动资金比率。

鉴于电子银行服务在香港日渐普及，而认可机构亦越来越依赖信息科技，金管局继续加强其在电子银行及认可机构科技风险管理方面的监管架构。为此，金管局发出了一系列的指引，包括《电子银行的监管》及《科技风险管理的一般原则》，并由 2002 年起就电子银行监管及科技风险管理进行了约 80 次的专家小组现场审查。此外，金管局又推行为认可机构而设的自动管控自我评估程序，以评定这些机构在电子银行监管及科技风险管理方面的管控成效。鉴于本港的电子银行诈骗个案日渐增加，有关电子银行保安的多渠道消费者教育计划已经展开。银行亦由 2005 年 6 月开始推行双重身份核实方法，以加强对高风险零售网上银行交易的保安管制。

金管局正采取两项主要措施，以促进银行体系的安全和稳健。第一，金管局正协助香港存款保障委员会在香港设立存款保障计划。根据该计划，一旦发生银行倒闭事件，每名存户最多可获 10 万港元的赔偿。预期该计划将于 2006 年下半年开始投入运作，以提供存款保障。第二，业内公会已按金管局的建议，于香港设立商业信贷数据库。该数据库已于 2004 年 11 月开始运作，第一阶段涵盖每年营业额不超过 5,000 万港元的非上市公司的信贷资料。金管局会与业内公会合作，研究如何扩大商业信贷数据库的信贷资料范围。

证券及期货：香港特区政府对证券业的政策，是为该行业提供有利环境，及为市场参与者提供一个公平运作的市场，并施以足够的监管，尽可能确保证券及期货机构依循完善的商业标准，以保持投资者的信心，但又不会因制度烦琐或财政干预而受到不必要的窒碍。

科技发展及全球金融市场一体化的趋势正加剧各地市场间的竞争。为提高香港作为国际金融中心的竞争力，财政司长于 1999 年 3 月发表财政预算案演词时，公布就证券及期货市场推行三大范畴的改革。改革措施包括改善市场的基础设施；透过把两间交易所及三间结算公司股份化和合并，对市场架构进行改革；以及把规管制度的法律架构更新和精简合理化。

在市场架构改革方面，有关两个交易所及三间结算公司合并的授权法例，即《交易及结算所（合并）条例》，已于 2000 年 2 月 24 日制定，合并计划其后在 2000 年 3 月 6 日完成。作为合并后的机构，香港交易所于 2000 年 6 月 27 日在其本身的交易所上市。合并的目的在于设立一个新的市场架构以提高效率、减低成本、加强风险管理及鼓励市场推出新产品和服务，从而提高市场的竞争力。香港交易所是一间商业机构，但获授予维持一个公平而有秩序的市场，以及审慎管理风险等重要公共职能。根据上述法例订立的制衡措施，旨在确保该公司在发展业务时能在履行公共职能和达到商业目标之间取得平衡。

至于规管方面的改革，《证券及期货条例》已于 2003 年 4 月 1 日生效。该条例把 10 条规管证券及期货市场的法例更新，并综合为一条新法例，使证券及期货市场的规管制度符合国际标准和惯例。该条例亦同时引入新的规管措施，包括为市场中介人建立单一的发牌制度，以简化规管安排和减轻受规管人士的负担；引入新发牌条件，以提升中介人服务的质素；设立市场失当行为审裁处，以民事程序处理有关个案，并扩大现有的刑事检控范围，以打击市场失当行为；更新有关披露证券权益的规定，以提高市场的透明度；以及以灵活方式规管自动化交易服务，促进市场创新。条例提供了一个更具透明度和更完整的规管架构，并在保障投资者和促进市场发展这两方面，取得合理平衡。此外，条例亦进一步巩固了香港作为主要国际金融中心和中国内地首要集资中心的地位。

保险：《保险公司条例》规定，所有在香港或从香港经营保险业务的保险公司，均由保险业监督授权及进行审慎的监管。政府的政策是准许信誉良好、财政稳健和管理完善的新保险公司，加入保险行列。所有寻求保险业监督授权的保险公司，均须受相同的授权准则所规限，而所有获授权的保险公司，不论其注册地点，亦受保险业监督审慎监管。

强积金制度：1995 年 8 月，香港制定了《强制性公积金计划条例》，为设立一个强制性私营公积金制度奠下基础；这意味着香港在提供雇员退休保障方面，迈出重要的一步。该条例在 1998 年 3 月获修订，附属规例亦分别于 1998 年 4 月及 1999 年 5 月获得通过，就强积金制度的运作和某些职业退休计划成员获豁免的事宜，订立具体的规则。

由于强积金供款属强制性供款，政府已在强积金制度下订立多项措施，确保强积金资产获得妥善保管。该等措施包括在批核强积金受托人方面订立严格准则；审慎做出监管，确保有关人士符合标准和遵守规例；确保计划能顺利运作和具透明度；以及设立一个补偿基金机制，补偿因违法行为而招致的损失。强积金制度在 2000 年 12 月开始实施。截至 2006 年 5 月底，约有 98.7% 的雇主、96.9% 的有关雇员及 77% 的自雇人士参与了强积金计划。当局不断检讨强积金法例，以加强积金制度的效益和效率。若干与运作及技术事宜有关的法例修订，已于 2002 年制定。另一批有关投资规管的法例修订，亦已于 2006 年制定。积金局现正拟备其他涵盖计划行政及执法事宜的修订建议，以提交立法会审议。

2004 年 6 月，积金局颁布《强积金投资基金披露守则》，以改善强积金基金收费及投资表现资料的披露，目的是提高透明度，确保计划成员获得更多资料，做出明智的投资决定。积金局并于 2005 年 7 月公布一套《合规标准》，借以协助核准强积金受托人建立严谨的合规框架，以便监察机构有否履行法定义务及责任。

货币市场：就货币市场而言，本港的银行同业拆息市场规模庞大，交投活跃，而银行之间的批发港元活动亦是透过银行同业拆息市场进行。香港银行同业拆放利率及借入利率是金融市场资金流动性的重要指针，而对港元信贷的定价而言，亦起着重要的作用。

一直以来，银行同业资金都是银行体系中港元的主要来源，尤其对那些没有经营大型零售网络的银行（多数是外地注册的银行）而言。同时，银行同业拆息市场亦是那些拥有大量客户存款的银行做出短期贷款投资的渠道。目前，银行同业资金占所有银行的港元债务总额约15%，反映银行同业拆息市场对香港金融中介服务非常重要。

货币政策：香港的货币政策目标是维持货币稳定，亦即保持港元汇价稳定，使外汇市场上港元兑美元的汇率保持在7.80港元兑1美元左右的水平。采取这目标的原因是香港是一个高度外向的经济体系。无论就本地进行的商业活动的性质或公众信心而言，维持港元汇价稳定对香港都有特别重要的意义。

本港于1983年10月实施联系汇率制度，该制度是一个货币发行局制度。货币发行局模式规定，港元货币基础由外汇基金持有的美元储备按7.80港元兑1美元的固定汇率提供最少百分百的支持，而港元货币基础的任何变动亦要百分百与该等美元储备的相应变动配合。货币基础包括已发行的纸币和硬币、持牌银行在金管局开设的结算户口的结余总和（即总结余）及未偿还的外汇基金票据和债券。

截至2006年5月底，本港的外汇储备达1265亿美元，约为流通货币的六倍，在全球排行第八位。本港三间发钞银行发行纸币时，须于金管局的外汇基金户口存放美元（以7.80港元兑1美元计），以换取法律规定作为银行发钞支持的负债证明书。至于由政府发行的10元纸币及硬币，金管局与代理银行（负责保管和在市面推出10元纸币及硬币）之间的交易也是按7.80港元兑1美元的汇率以美元结算。因此，港元纸币及硬币均获得存于外汇基金的美元全面支持，其变动亦由该等美元储备的相应增减配合。自1998年9月起，金管局向持牌银行明确保证，会将这些银行的结算户口内的港元兑换为美元。金管局在2005年5月18日推出强方兑换保证，在7.75的水平向持牌银行买入美元，并宣布将现行金管局在7.80水平出售美元予持牌银行的弱方兑换保证移至7.85的水平，让强弱双向的兑换保证能对称地以联系汇率7.80为中心点而运作。在强方及弱方兑换保证水平所设定的兑换范围内，金管局可选择进行符合货币发行局制度运作原则的市场操作，以促进货币及外汇市场畅顺运作。

债务市场的发展：过去10年，为发展本地债务市场，金管局推行了若干措施，包括发行外汇基金票据和债券，并设立「债务工具中央结算系统」。外汇基金票据和债券发行计划提供高质素的港元债券，并为港元债券提供基准收益率曲线，从而促进债务市场的增长。「债务工具中央结算系统」的建立为港元及非港元债券提供高效率的结算及交收系统，而与海外结算系统的联网则有助促进跨境债务工具的投资。其他措施包括由1999年3月起允许以外汇基金票据和债券作为买卖期货、指数期权和股票期权的孖展抵押品，这有助鼓励市场广泛利用外汇基金票据和债券，从而提高外汇基金票据和债券的流通量。另外，外汇基金债券于 1999 年 8 月开始在联交所上市，把投资者基础扩大至个人投资者的层面。此举有助各机构发行的债券上市，如香港按揭证券有限公司（按揭公司）自 1999 年 10 月起把发行的部分债券在联交所上市。

为进一步提高外汇基金票据和债券二手市场的流通量和透明度，金管局自 2000 年起采取了多项改革措施，包括根据基准准则定期检讨市场庄家的表现；以长期外汇基金债券取代短期外汇基金票据及债券；以及预先公布外汇基金票据及债券的季度发行时间表。金管局自 2002 年 11 月起在其网页公布外汇基金票据及债券，以及由「债务工具中央结算系统」托管和结算的其他债务证券每月成交量及未偿还额的统计数字，这些数字按剩余期限及定息/浮息债券分类。另外，金管局于 2002 年 12 月推行「外汇基金票据及债券定价计划」，以加强港元基准收益率曲线的可信性。外汇基金票据及债券定价由主要新闻通讯社发布，并刊载于金管局的网站。

金管局一直致力加强债务市场的基础建设，分别在 2000 年及 2003 年推出了「美元结算系统」及「欧元结算系统」，让美元及欧元债券交易能够在亚洲时区内高效率地进行实时结算交收。2005 年 12 月，马来西亚中央银行与金管局签订谅解备忘录，在马来西亚的马来西亚币实时支付结算系统及香港的美元实时支付结算系统之间建立联网。联网定于 2006 年内完成，是区内首次在两个实时支付结算系统之间建立跨境联网，为两种货币提供外汇交易同步交收服务。

香港交易所于 2001 年 11 月推出三年期外汇基金债券期货作为债务市场对冲风险的工具。为鼓励更多公司把发行的债券上市，香港交易所于 2002 年 7 月 1 日调低债券的上市费用。此外，政府亦采取了多项措施，简化有关债券发行与上市的规例及程序。

为促进零售债券市场的发展，各机构不断推行改革措施，包括在 1999 年把符合宽减利得税资格的债券的最低面值由 50 万港元调低至五万港元；向公众灌输有关债券投资的知识；检讨公开发售债券的规则；按揭公司自 2001 年起通过银行的销售网络发行以个人投资者为对象的债券；以及推出零售外汇基金债券。于 2000 年 12 月推行的强积金制度，进一步推动了债务市场及基金管理业务的发展。政府在 2004 年 5 月及 7 月两度成功发债，提升了市民大众对债券的认识和兴趣，并增加了市民的投资选择。个人及机构投资者对这两次发债的反应非常踊跃，这不但证明香港具备发行大规模债券的基建和人才，而且亦显示本港对高质素债券的庞大潜在需求。

政府正就改善零售债券和股份的公开发售制度进行分阶段检讨。在改善计划首阶段提出的建议，已于 2003 年 5 月落实。2004 年 12 月，《2004 年公司（修订）条例》中与招股章程有关的修订条文开始生效，标志着该改善计划的第二阶段已经完成，并且明确地为首阶段的措施赋予法定地位。改善计划的第三阶段随着证监会发表有关对《公司条例》的招股章程制度的可行性改革咨询文件而于 2005 年 8 月展开。改革建议的范畴涉及令类近但在法律上分为不同类别的金融产品的监管趋向一致、交易前的研究、保荐人的法律责任，以及可以借提述方式将在某网上存管处备存的信息纳入招股章程内的制度等。咨询期于2005年12月31日结束，并接获26份意见书。政府期望响应文件可于2006年第三季发表。

对结算及交收系统的监察：《结算及交收系统条例》于2004年11月生效。该条例的目的，是促进对香港在货币或金融方面的稳定性，或对香港发挥作为国际金融中心的功能有重要性的结算及交收系统的整体安全和效率。该条例赋权金融管理专员指定及监察该等结算及交收系统。该条例亦对经该等指定系统进行的交易的交收终局性提供法定支持，保障交收终局性免受破产法例或任何其他法例影响。为此，金融管理专员会向符合该条例所列明的若干准则的指定系统发出终局性证明书。截至2005年年底，共有五个结算及交收系统（包括「债务工具中央结算系统」「港元结算所自动转账系统」「持续联系结算及交收系统」「美元结算所自动转账系统」及「欧元结算所自动转账系统」）获指定并各自获发给终局性证明书。该条例实施后，一个独立的结算及交收系统上诉审裁处已根据该条例设立，就任何人士因金融管理专员在指定及相关事宜方面所作决定感到受屈而提出的上诉进行聆讯。此外，由独立人士组成的程序覆检委员会已于2004年12月成立，负责检讨金融管理专员对金管局具有法定或实益权益的指定系统施加该条例规定的标准时所采用的程序与步骤。

二、金融监管

金融监管是政府通过特定的机构，如中央银行、证券交易委员会等对金融交易行为主体作的某种限制或规定。本质上是一种具有特定内涵和特征的政府规制行为。金融监管可以分成金融监督与金融管理。金融监督指金融主管当局对金融机构实施的全面性、经常性的检查和督促，并以此促进金融机构依法稳健地经营和发展。金融管理指金融主管当局依法对金融机构及其经营活动实施的领导、组织、协调和控制等一系列的活动。

（一）监管目的

1. 维持金融业健康运行的秩序，最大限度地减少银行业的风险，保障存款人和投资者的利益，促进银行业和经济的健康发展。

2. 确保公平而有效地发放贷款的需要，由此避免资金的乱拨乱划，防止欺诈活动或者不恰当的风险转嫁。

3. 金融监管还可以在一定程度上避免贷款发放过度集中于某一行业。

4. 银行倒闭不仅需要付出巨大代价，而且会波及国民经济的其他领域。金融监管可以确保金融服务达到一定水平从而提高社会福利。

5. 中央银行通过货币储备和资产分配来向国民经济的其他领域传递货币政策。金融监管可以保证实现银行在执行货币政策时的传导机制。

6. 金融监管可以提供交易账户，向金融市场传递违约风险信息。

（二）监管原则

所谓金融监管原则，即在政府金融监管机构以及金融机构内部监管机构的金融监管活动中，始终应当遵循的价值追求和最低行为准则。金融监管应坚持以下基本原则：

1. 依法原则

依法监管原则又称合法性原则，是指金融监管必须依据法律、法规进行。监管的主体、监管的职责权限、监管措施等均由金融监管法规法和相关行政法律、法规规定，监管活动均应依法进行。

2. 公开、公正原则

监管活动应最大限度地提高透明度。同时，监管当局应公正执法、平等对待所有金融市场参与者，做到实体公正和程序公正。

3. 效率原则

效率原则是指金融监管应当提高金融体系的整体效率，不得压制金融创新与金融竞争。同时，金融监管当局合理配置和利用监管资源以降低成本，减少社会支出，从而节约社会公共资源。

4. 独立性原则

银行业监督管理机构及其从事管理监督管理工作的人员依法履行监督管理职责，受法律保护，地方政府、各级政府部门、社会团体和个人不得干涉。

5. 协调性原则

监管主体之间职责分明、分工合理、相互配合。这样可以节约监管成本，提高监管的效率。

（三）监管方式

1. 公告监管

公告监管是指政府对金融业的经营不作直接监督，只规定各金融企业必须依照政府规定的格式及内容定期将营业结果呈报政府的主管机关并予以公告，至于金融业的组织形式、金融企业的规范、金融资金的运用，都由金融企业自我管理，政府不对其多加干预。

公告监管的内容包括：公告财务报表、最低资本金与保证金规定、偿付能力标准规定。在公告监管下金融企业经营的好坏由其自身及一般大众自行判断，这种将政府和大众结合起来的监管方式，有利于金融机构在较为宽松的市场环境中自由发展。

但是由于信息不对称，作为金融企业和公众很难评判金融企业经营的优劣，对金融企业的不正当经营也无能为力。因此公告监管是金融监管中最宽松的监管方式。

2. 规范监管

规范监管又称准则监管，是指国家对金融业的经营制定一定的准则，要求其遵守的一种监管方式。在规范监管下，政府对金融企业经营的若干重大事项，如金融企业最低资本金、资产负债表的审核、资本金的运用，违反法律的处罚等，都有明确的规范，但对金融企业的业务经营、财务管理、人事等方面不加干预。

这种监管方式强调金融企业经营形式上的合法性，比公告监管方式具有较大的可操作性，但由于未触及金融企业经营的实体，仅一些基本准则，故难以起到严格有效的监管作用。

3. 实体监管

实体监管是指国家订立有完善的金融监督管理规则，金融监管机构根据法律赋予的权力，对金融市场，尤其是金融企业进行全方位、全过程有效的监督和管理。

实体监管过程分为三个阶段：

第一阶段是金融业设立时的监管，即金融许可证监管；

第二阶段是金融业经营期间的监管，这是实体监管的核心；

第三阶段是金融企业破产和清算的监管。

实体监管是国家在立法的基础上通过行政手段对金融企业进行强有力的管理，比公告监管和规范监管更为严格、具体和有效。

（四）主要对象

金融监管的主要对象。金融监管的传统对象是国内银行业和非银行金融机构，但随着金融工具的不断创新，金融监管的对象逐步扩大到那些业务性质与银行类似的准金融机构，如集体投资机构、贷款协会、银行附属公司或银行持股公司所开展的准银行业务等，甚至包括对金边债券市场业务有关的出票人、经纪人的监管等等。

如今，一国的整个金融体系都可视为金融监管的对象。

（五）主要内容

金融监管的主要内容包括：对金融机构设立的监管；对金融机构资产负债业务的监管；对金融市场的监管，如市场准入、市场融资、市场利率、市场规则、等等；对会计结算的监管；对外汇外债的监管；对黄金生产、进口、加工、销售活动的监管；对证券业的监管；对保险业的监管；对信托业的监管；对投资黄金、典当、融资租赁等活动的监管。

其中，对商业银行的监管是监管的重点。主要内容包括市场准入与机构合并、银行业务范围、风险控制、流动性管理、资本充足率、存款保护以及危机处理等方面。

（六）必要性

综合世界各国金融领域广泛存在的金融监管，我们认为，金融监管具有以下深层次的原因和意义：

金融市场失灵和缺陷。金融市场失灵主要是指金融市场对资源配置的无效率。主要针对金融市场配置资源所导致的垄断或者寡头垄断，规模不经济及外部性等问题。金融监管试图以一种有效方式来纠正金融市场失灵，但实际上关于金融监管的讨论，更多地集中在监管的效果而不是必要性方面。

（七）道德风险

道德风险是指由于制度性或其他的变化所引发的金融部门行为变化，及由此产生的有害作用。在市场经济体制下，存款人（个人或集体）必然会评价商业性金融机构的安全性。

但在受监管的金融体系中，个人和企业通常认为政府会确保金融机构安全，或至少在发生违约时偿还存款，因而在存款时并不考虑银行的道德风险。一般而言，金融监管是为了降低金融市场的成本，维持正常合理的金融秩序，提升公众对金融的信心。因此，监管是一种公共物品，由政府公共部门提供的旨在提高公众金融信心的监管，是对金融市场缺陷的有效和必要补充。

1. 货币制度演变

现代货币制度从实物商品、贵金属形态到信用形态，一方面使得金融市场交易与资源配置效率提高，一方面导致了现代纸币制度和部分储备金制度，两种重要的金融制度创新。

2. 信用创造

金融机构产品或服务创新其实质是一种信用创造，这一方面可以节省货币，降低机会成本，而另一方面也使商业性结构面临更大的支付风险。金融系统是"多米诺"骨牌效应最为典型的经济系统之一。任何对金融机构无力兑现的怀疑都会引起连锁反应，骤然出现的挤兑狂潮会在很短时间内使金融机构陷入支付危机，这又会导致公众金融信心的丧失，最终导致整个金融体系的崩溃。金融的全球化发展将使一国国内金融危机对整个世界金融市场的作用表现得更为直接迅速。

第二节　商业银行制度创新

一、新经济、新金融与制度创新

20 世纪 90 年代以来，发达国家依靠以信息技术为核心的高科技的发展，将世界经济带入了新经济时代。所谓新经济，是指以新技术革命为手段引起的经济增长方式、经济结构及经济运行规则等的变迁和创新。在现实经济社会发展过程中，这种新经济不仅为经济学领域导入了信息经济、网络经济、数字经济、知识经济等新概念，而将对经济增长起决定作用的要素由旧经济时代有形的物质资本与劳动力转变为无形的知识资本与人力资源，并由于以网络为运行工具的信息传输机制使得经济信息交流方面的障碍越来越小，进而将区域间的经济活动与国际经济活动有机地联系在一起，从而实现经济全球化。经济决定金融，金融是现代经济运行的核心与基础。新经济的不断成长则必然产生新金融，经济全球一体化发展势必引致资本市场的全球一体化。美国新制度学派的代表人物诺斯认为：制度是一系列"规定经济和政治活动的基本政治、社会和法律的根本法则"。之所以发生经济制度创新，是因为在社会中的集体和个人看来承担这些变迁的成本是有利可图的。其目的在于创新者能获取一些在旧制度下不可能得到的利益。一项制度创新的初始条件是预期的收益超过预期的成本，只有这一条被满足时，我们才希望试图改变一个社会中既存的制度结构和产权结构。自然，新经济与新金融相互关联、相互促进、共同发展，不仅提高了技术水平，加快技术进步和知识积累，而且打破了原有的经济与金融的运行周期，降低了经济与金融活动的组织成本，经济与金融的运行效率以及资金配置效率大大提高，从而为制度创新提供了供给因素，制度创新也就成为必然。

二、制度创新是国有商业银行生存与发展的必然选择

经过 20 多年的改革，我国的银行制度虽已发生了深刻的变化，建立起了商业银行与政策性银行并存、国有独资商业银行与股份制商业银行共同发展的银行体系，作为中央银行的中国人民银行强化了监管职能，增强了宏观调控能力，为实行稳健的货币政策奠定了运行基础。但是从我国银行业当前所面临的形势及存在的问题看，现行的国有商业银行制度极不适应国内外经济与金融形势发展的需要。制度创新是当前国有商业银行生存与发展的必然选择。首先，这是由经济金融全球一体化的大趋势所决定的。新经济与新金融的不断发展，经济金融全球一体化进程的日趋加快，一方面要求我国的商业银行制度尤其是属于主导地位的国有商业银行制度必须尽快与国际上发达国家的先进银行制度接轨，以适时跟上国际银行业制度变革的步伐；另一方面则要求我国的银行业加快市场化发展进程，并不断提高运行效率与运行质量，以增强其在国际金融市场上的竞争力。其次，是加入WTO 竞争态势的客观要求。一方面，从加入 WTO 的谈判主题看，包括银行、保险和证券在内的整个金融业已成为加入 WTO 讨价还价的焦点，争取控股权、开办人民币业务、放松机构设置管制、放弃保护国内银行的金融政策、享受国民待遇等已成为外国政府要求我国银行制度进行创新的主要内容；另一方面，外资金融机构企求以其成熟的管理、科学的机制、高效的服务、先进的手段和创新的产品与中资金融机构在争夺中国金融市场时一决雌雄，显然，随着外资金融机构的进入，国内金融业将在争夺优质客户、创新业务、提高服务效率、利用先进技术、改善管理水平、吸引优秀人才等方面受到巨大冲击，承受前所未有的压力，如果没有制度创新，一味强调适合中国国情，不主动与国际银行制度接轨，终究必将被时代的发展与市场所淘汰。再次，是避免危机、保障生存与发展的必然选择。从 1994 年的墨西哥金融危机到 1997 年席卷东南亚、俄罗斯以及巴西的金融危机，世界上

许多国家和地区深受银行危机的困扰。从表面上看，由于国家适时实行了积极的财政政策和稳健的货币政策，我国的国有商业银行以及股份制商业银行全面摆脱了危机的厄运，但如果对我国现行的银行制度以及银行业运行现状进行深刻剖析，就不难看出我国银行业潜伏着诸多产生危机的不安定因素：其一是银行资产的质量不高，并因此而成为国际货币基金组织黄牌警告的 5 个国家之一；其二是资本充足率不足，1998 年国家虽采取了果断措施发行了 2700 亿元特种国债专门用于补充我国四大国有商业银行的资本金，但四大国有商业银行的资本充足率仍未达到《巴塞尔协议》规定的 8% 的标准；其三是资产流动性偏低，资金周转速度趋缓，短期贷款中长期占用呈上升趋势，贷款回收率日趋下降；其四是盈利水平低，虚盈实亏现象严重，与国际大银行相比差距明显，1998 年在我国四大国有商业银行中经营较好的工商银行的权益资本利润率也仅为 2%，而美国银行的权益资本利润率则高达 30% 左右，在 1993 ～ 1996 年期间，建设银行累计实现利润 116 亿元人民币，若扣除按自然增值率计算的收入，建设银行实际亏损 224.1 亿元人民币；其五是备付率偏低，存款相对较为集中，稳定性差，应付突发事件的能力较弱；其六是信用工具不够发达，诈骗、盗窃及抢劫等金融犯罪与日俱增，银行资金的安全性降低，如此等等。虽然四大国有商业银行的信用因受国家保护可免遭危机，但日趋严重的经营风险则使四大国有商业银行的生存与发展面临严峻考验。

三、健全和完善法人治理结构是国有商业银行制度创新的突破口

对于现行的国有商业银行制度而言，健全和完善法人治理结构，有利于理顺其所有者国家与其经营层以及监事会之间的经济利益关系，切实解决国有商业银行因经营权与所有权分离而出现的产权主体虚化、法人地位残缺、经营风险集中、经营者与所有者权责利不清等问题，为建立、健全和完善现代商业银行制度及有效增强国有商业银行的国际竞争力奠定基础。

（一）健全和完善法人治理结构的根本在于解决产权主体虚化。现行的国有商业银行制度是一种"大一统"的以国家所有为前提的委托代理制度，即银行资产全部归国家所有，经营者由国家任命，并接受国家委托，代理国家组织经营活动，经营风险由国家承担；经营利润除按税后利润留成一定比例的公积金用于补足资本金外，其余分别以交纳企业所得税及上缴利润形式上缴国家财政，经营呆账由国家财政统一核销。这种国有商业银行制度明显地打上了国家专业银行的烙印，其弊端十分明显：一是产权主体虚化，最终出现"公用地的悲剧"现象，发生因客户（主要是国有企业）大量占用资金且缺乏信用造成国有商业银行资产质量下降，严重影响国有商业银行的安全性、流动性与效益性；二是国有商业银行法人地位残缺，缺乏有效的监督机制与激励机制以及经营自主权，经营者为躲避责任而一切行动受制于国家政策及上级指令，整个国有商业银行缺乏活力，经营效益低，赢利能力差；三是缺乏与市场经济发展相适应的竞争能力，与现代商业银行制度格格不入，其

日常经营与国家保护形影不离，机制不活、创新意识不强，难与国际银行体系接轨。凡此种种，其中最关键的则是产权主体虚化，因为它既不能使国家真正行使所有者权能，也不能使国有商业银行遵循《商业银行法》实现自主经营，且难以形成择优选择国有商业银行经营管理者的市场机制，降低了资源配置的效率与竞争力。显然，我国现行的国有商业银行制度迎接新经济、新金融、经济金融全球一体化以及 WTO 挑战的能力十分脆弱，必须进行制度创新。制度创新的突破口在于健全和完善法人治理结构，而健全和完善法人治理结构的根本则在于解决产权主体虚化。

（二）实行股份制改革，扩股上市是健全和完善法人治理结构的基础。新制度经济学派的代表人物诺斯认为：股份制是一种与各种组织形式创新联系在一起的产权制度，通过建立股份公司制度使产权的分割、转让、交易等更为容易，从而使产权制度的效率不断提高。为此，我们必须不失时机地认真借鉴国外商业银行发展经验，按照现代商业银行制度的要求，积极而又稳妥地实行国有商业银行股份化。这样，方能实现国有商业银行产权多元化、社会化，并通过产权多元化、社会化达到明晰国有商业银行的产权、充实产权人格主体、强化所有权约束、合理配置经营决策管理权、分散经营风险、提高资金配置效率与市场竞争力及经营效益、实现资本保值和增值的目的。一是要将工、农、中、建四大国有商业银行的不良资产全部分别剥离给华融、长城、东方、信达四家国有资产管理公司，以便于四大国有商业银行放下包袱，轻装上阵，为国有商业银行股份制改造奠定基础；二是要按照现代商业银行制度及合理配置资源、提高资源配置效率的原则，加大国有商业银行内设分支机构以及营业网点的重组力度，调整国有商业银行的组织体系，为国有商业银行股份化创造条件；三是要从改变国有资本过于集中的状况、打破国有商业银行垄断局面入手，在确保国家控股地位的基础上，合理确定民间及社会资本参股的规模，采取必要的优惠政策，鼓励民间及社会资本所有者积极投资入股，通过增资扩股有效扩大国有商业银行的资本金规模，有步骤地实现国有商业银行股份化，提高国有商业银行的资本充足率；四是要加大推进国有商业银行上市交易的力度，在 5 年有限的时间内，尽快促使国有商业银行从运行机制、组织体系、业务创新到法人治理结构等方面与国际银行制度接轨，真正建立起"产权清晰，调控有力，运行有序，效益良好"的现代化商业银行制度。

（三）健全和完善法人治理结构的协调运行机制。为确保法人治理结构的科学有序、合理协调，在实行股份制改造、明晰产权的同时，尚需健全和完善法人治理结构的协调运行机制。一是由于股东、董事会及经营者都以效益最大化、资本的保值和增值为目标，因此要在不违反国家财务制度的前提下，健全和完善利益分配机制，理顺资本所有者与资本经营者之间的权责利关系，建立起以利益关联为纽带的资本所有者授权经营的商业银行委托—代理制度，增强商业银行经营者追逐利润的内在动力，为资本的保值、增值奠定基础；二是有效地建立起与国际现代银行业发展相适应的择优选用银行经营者的开放式的用人机制，营造利于人才成长的整个组织具有很强成就取向、组织内部充满活力、具有极强的创新精神与竞争精神、注重发挥个人潜能并相互理解、相互尊重、相互支持的组织氛围，以增强商业银行的整体竞争力；三是要健全和完善制约监督机制，即要按照现代商业银行制度的发展要求，在理顺资本所有者与资本经营者的权责利关系的基础上，健全和完善监事会议事制度，在股东大会、董事会、经营层与监事会之间实行决策权、经营权、监督权"三权分立"，以建立起"三权鼎立，分立制衡"的约束监督机制，防范"内部人控制"，促使国有商业银行在"产权清晰，权责明确，各司其职，相互制约"的法人治理结构基础上健康有序协调发展。

四、创造良好的国有商业银行制度创新环境

国有商业银行的制度创新成功与否取决于两个因素：其一是内因，即商业银行内在的创新动力；其二是外因，即制约或促进国有商业银行创新的环境。就我国现行的国有商业银行制度创新而言，创造良好的制度创新环境主要包括三个方面的内容：其一，必须消除制度歧视，实行公平公正竞争。由于我国现有的四大国有商业银行是从 1995 年开始实行的"由国家专业银行向国有独资商业银行转轨"过程中逐步演变而来的，因此在尚未真正建立起现代商业银行的组织体系与运行机制的前提下，不同程度地带有国家专业银行的烙印。虽然国家设立了国家开发银行、农业发展银行以及进出口银行等政策性银行，实行了商业银行与政策性银行分设，将政策性银行业务从四大国有商业银行分离出来，但由于历史与体制的原因，政策性银行业务与国有商业银行的分离还不够彻底，工、农、中、建四大国有商业银行尚需承担部分政策性银行业务，如工行尚需为亏损的国有企业发放封闭贷款、农行尚需发放扶贫贷款和农业综合开发贷款等，而且在工、农、中、建四行之间也存在着农行要以支持农村经济发生为己任的问题，最终产生国有商业银行经营过程中的制度歧视，制度歧视产生的主要结果是导致竞争的不公平及国有商业银行的经营错位，并借此掩盖了国有商业银行的经营管理问题，进而直接影响到国有商业银行运行的效率与经营效益。因此，为了加快国有商业银行制度创新进程，作为中央银行的中国人民银行应尽快合理界定政策性银行与国有商业银行的业务经营范围，有效消除制度歧视，实行国有商业银行公平公正竞争。其二，切实健全和完善国有商业银行分支机构的市场退出机制。受历史因素的影响，我国现有的四大国有商业银行普遍存在着按行政区划设置分支机构的现象，近几年为适应现代商业银行经营管理的需要、提高市场竞争力，各国有商业银行虽然自主撤并了一些网点和分支机构，但仍有相当一部分低效网点与经营亏损的分支机构尚未真正退出市场，这不仅制约着国有商业银行经营效益的提高，而且有时导致区域性恶性竞争，扰乱金融秩序。为此，中国人民银行应尽快制定切实可行的与市场准入相对称的市场退出机制，督促国有商业银行尽快调整网点与分支机构布局，实行有效的内部资源重组，提高经济效益。中国人民银行武汉市分行营业部最近在辖内率先推出了商业银行分支机构市场优化办法，以安全性、盈利性监管为核心，以"指标记分、总分定位、综合排序、末位淘汰"为原则，建立并启动了对商业银行机构业绩考核体系，并采取了限制业务范围、降格、

合并、撤销以及责令或建议商业银行对其有关负责人实施处罚措施。这显然有利于抑制商业银行不计成本争地盘、争规模、盲目设置分支机构等现象的发生，促使各商业银行依靠制度创新增强竞争力，通过约束与激励机制促进商业银行整体经营水平与效益的提高。其三，要健全和完善金融监管的法律法规体系。金融监管法律法规是实现商业银行稳健经营、维护金融秩序、确保商业银行之间公平竞争的前提条件，是商业银行在其业务经营管理过程中所必须遵循的基本法则。一方面作为代表国家行使金融监管职能的中国人民银行必须从促进国有商业银行增强国际竞争力、与国际银行制度和惯例接轨的角度，本着"调控为主，管制为辅"的原则合理确定监管重点，尽快健全和完善金融监管的法律法规体系，实现金融监管工作的制度化、规范化；另一方面要借鉴国际上发达国家的成功经验，充分发挥利率、公开市场业务等的调控作用，本着"间接调控为主，直接调控为辅"的原则，健全和完善宏观金融调控机制，有效地规范中央银行的调控行为。

第三节　证券市场制度创新

证券市场制度是指参与证券市场活动的所有主体必须遵循的一套行为准则，是支配和约束各参与主体经济行为的规范总和。

一、证券市场制度演进

股份公司的存在与发展，必须有证券市场的支撑，并与之相配套。如果没有证券市场作为股票发行和交易的场所，公众就无法进行便利的投资和摆脱股票投资风险，股份公司制度也就不可能持续下去。从这个意义上说，证券市场制度也是现代企业制度的重要组成部分。证券市场制度的演进同股份公司制度的演进是密不可分的，前者的问题往往就根源于后者，两者的改进与规范化必然同步进行。

证券市场制度主要包括证券交易所机构、证券发行制度和证券交易制度。这些制度的设计与运行涉及公司经营者、股东、投资银行和其他经纪人的利益关系。证券市场制度的演进就是不断地对这些利益关系的调节和平衡。

证券市场的建立从一开始，就将矛盾的焦点集中在"公司信息披露"与"交易规则"两个方面。

二、证券市场制度交易规则

资本市场交易规则同样涉及众多股东的利益，也给公司发展造成重要影响。最初引起极大争议的规则是，公司经营者（董事和经理）能否买卖本公司的股票？1868年所制定的美国证券交易规则并不禁止经营者这种行为。但是经营者由于自身的职务掌握许多广大股东所不知道的信息，并且利用这种信息来抛售或购进本公司股票。从中取得个人盈利但却损害了其他股东的利益。于是，发生股东诉讼的大量法律纠纷。有人主张，经营者应当向股东公布他所掌握的特殊信息，并且公开他进行买卖本公司股票的信息。其理由是经营者是股东的代理人，他应当对股东负责，更无权损害股东利益。但在一个很长时期里法院都维护1868年的规则，认为公司是与股东完全分离的实体，股东委托经营者的仅是公司业务的管理，不能要求经营者对股东个人的股票买卖负责。经营者也像任何股东一样，具有自由买卖股票的权利，没有义务向大众公开个人信息，这就忽视了股东利益中的公司与资本市场的密切联系。资本市场实际上是股东个人资本退出的场所，是公司给予股东最后补偿的替代物。因此，公司董事会不能不重视股东在资本市场上的利益，有些地区开始冲破1868年规则。在美国南部和西南部，如乔治亚州（Georgia）和堪萨斯州（Kansas）的法院采用新的原则，即"举凡参与市场交易的董事，必须将其自身知悉的重要事实公开，否则股东出售股票与董事，或从董事手中买进股票所遭受的损失，董事应该负责"。其理论依据是，董事们所持有的一切信息都是因为其作为全体股东受托人的身份而获取的，股东们有权分享这些信息，董事们没有权利独享信息而获利。但是上述两州的新规则并没有很快成为通则。

三、证券市场制度缺陷及整治

（一）我国证券市场低效运行的表现

证券市场的运行效率是指证券市场价格是否有效、完全、准确地反映市场信息，通过价格机制将金融资源从储蓄者手中向生产者手中转移。如果存在政府对市场的过度干预、证券价格的人为操纵、市场信息的不对称、对潜在投资者市场的准入限制等因素，那么，这样的市场运行肯定是低效率甚至是无效率的。与此相对应，这样的市场必然导致证券市场错误的定价和稀缺资金的逆配置，我国证券市场的低效运行具体表现为证券市场缺乏配置效率和政府隐性支出的增加。

1. 证券市场缺乏资源配置效率

所谓市场的资源配置效率，是指资本市场通过对证券价格的定价，使证券市场的收益率等于厂商和储蓄者的边际收益率，从而使稀缺的储蓄金融资源被配置到有效率的生产性投资上去，实现投资者资本的增值。

如果证券市场资源配置效率高，证券市场的博弈结果应该是"正和"，而不应该是"零和"甚至于"负和"。从投资者的投资收益上看，我们的证券市场资本配置效率是很低的。现行证券市场制度乃至整个经济体制的半市场化、灰色化，也促使这些上市公司没有激励和约束机制来充分利用这些得之不易的资金。16年来，上市公司平均融资量快速增长，但是与之相伴的却是其经营业绩的快速滑坡。市场流传的"一年绩优、两年绩平、三年绩差"的说法虽然不无偏颇，但也从一个侧面反映出，由于上市公司经营效率低下，导致投资者的资金并没有发挥出应有效益。这样的企业大量充斥着中国证券市场，严重损害了投资者的利益，不利于中国资本市场长期健康的发展。

另外，上市公司频频发生上市不久就违规的事件。例如，改变募集资金投向，甚至把资金投入股票或债券市场。我国上市公司的资本利润率与一般国企相比，并没有很大的优势，相对于未上市的民营企业或外资企业，收益水平反而偏低。纵观近几年的资本市场，"庄家"一直大行其道，推动股价上扬的不是公司的经营成果，而是"庄家"炮制的各种概念、题材和虚无缥缈的"想象空间"。"庄家"经常与上市公司联手，利用掌握的内部信息或散布虚假信息肆意地炒作某一只股票，进行市场操纵。在这种情况下，股价被"庄家"玩弄于股掌之上，与上市公司的治理质量、经营业绩和内在价值完全脱节。股价严重背离上市公司基本面，可以说是市场运行效率低下的直接、基本的表现形式。尽管近年来我国加大了对市场操纵行为的打击力度，但一个公正、合理的公司价值评价体系还远未建立起来。

2. 证券市场运行成本不断增长

第一，政府为市场发展提供制度性安排。其突出表现为国家信用在证券市场上的过度倾斜，实质上是为新兴证券市场的发展提供了一种"隐性担保契约"，形成了市场的"政策依赖症"。无论股指的下跌原因是什么，市场参与者的行为无一例外，都是向政府要政策。可以说，是国家信用，是政府承担着证券市场的最终风险。资本市场存在的这种"政策市"的非正常现象，最终所导致的就是股票市场无法形成优胜劣汰的市场机制。

第二，由于我国证券市场缺乏适当的退市机制，市场中大量难以为继的公司选择了重组的途径。中国企业重组的过程不同于西方市场经济国家，重组制度同样服务于国企改革，制度的发起与实施都是在政府的主导下进行的。首先，重组制度的形成体现了政府对国企改革的意图。由于我国上市公司普遍存在投资规模过大，重复建设过多的问题，政府希望通过重组实现资源的重新结合，提高企业的经营实力；同时，我国上市公司以前大都为国有企业，一些企业上市以后，其经营状况并没有明显改善，为了保住上市资格，作为上市公司第一大股东代表的政府自然希望通过资产重组改变现状。实质上就是国家把国有优质资产无偿地与破产上市公司的账面资产相置换的过程，而其账面资产也许已经是一钱不值。

第三，随着市场状况的恶化，证券市场各个参与方的黑洞相继暴露，而国家则要承担为其买单的责任。例如，"系"崩盘之后难以归还的银行坏账，或者是急需弥补的被证券公司挪用的客户保证金，等等，不一而足，这些都属于政府的隐性支出，必须由政府来买单。因为我国现行市场体制，看重的不是上市公司的资源配置的功能，而是无成本的融资功能，因此，上市公司资格就成为一种无形的资源被地方政府保护起来。作为大股东的政府往往采取行政手段或政策扶持，包括补贴、减免税收负债等手段以"拉配郎"的方式来完成重组。随着政府隐性支出日益膨胀，证券市场运行成本不断增长、运行效率也就日益低下。

（二）我国证券市场低效运作的根源：制度缺陷

发达国家市场化的证券制度更依赖于市场和制度的完善，法律制度越健全，市场制度越完善，从市场搜集信息的成本就越低。而政府主导型证券制度，通过政府的强制性制度变迁，可以在短时期内迅速地将证券市场制度基本框架建立起来，以行政性的长期契约关系，降低信息搜寻成本，在很大程度上降低了信息非对称性和谈判问题，弥补了有缺陷的市场结构。但是，政府干预市场的行为弱化了市场机制在证券市场运行中的作用，直接导致市场对政府行为的依赖，更重要的是政府的制度安排和证券市场内在的运作规律存在一定差异，这一差异正是证券市场效率损耗的制度根源。

1. 中国证券市场制度缺陷的表现

中国证券市场作为国家为中国经济快速发展寻求持续资本供给的制度安排，我们发现同成熟市场经济国家的证券市场相比较，中国这种外生性证券市场自产生之日起便存在制度缺陷。我们的社会环境与其他经济体有显著的区别，所以制度演化的效率还难以达到市场机制下社会资源有效配置的目标。中国证券市场是在计划经济向市场经济转轨、国企改革的背景下形成的，缺乏自然演变过程以及由此决定的保证市场有效运行的非强制性的制度。在跨越式证券制度安排下，中国证券市场虽然实现了传统信用条件下银行主导型融资制度向现代市场经济条件下证券融资制度的有力切换，但是，这是以付出巨额"政策租金"为代价的。

本文所谓的制度缺陷是指作为国家制度安排的证券市场，为实现国家意图，而在其功能、结构、交易规则以及市场运行的信用基础等方面所具有的特性。而这些特性同市场内在的规则有本质的冲突，由此而来的缺陷是制度层面的。同时，中国证券市场是渐进改革发展到一定阶段的产物，其存在的问题是改革过程中不断积累的深层次矛盾的反映。加之，证券市场"泡沫"机制所产生的风险，使得中国的证券市场极为复杂，实施监管的难度很大。比较制度安排的收益与成本，中国证券市场的制度缺陷具体表现在两个方面。

（1）制度体系的系统性缺陷

制度之间缺乏内在的逻辑联系。中国证券市场是在争议中以"摸着石头过河"的方式启动的，缺乏系统完整的规划，行政监管似乎总赶不上市场的发展，围绕层出不穷的问题制定亡羊补牢的制度。因此，制度之间缺乏内在逻辑联系，不能反映市场发展的客观规律，使得为解决问题而制定的制度本身又成为产生问题的源头。不能从本质上把握市场规律、不能对市场发展有正确的预测，势必造成制度供给与市场发展需求之间的矛盾，问题越补越多，最终导致市场的稳定性差和非理性波动。

与美国相比，我国股票市场系统风险较大，个股的价格走势趋同。自 20 世纪 90 年代之后，美国股票市场波动更是经常保持在 10% 以下，而中国股票市场的波动性成倍地高于世界主要股票市场，甚至大大高于新兴市场。一般情况下，稳定的外部市场环境有助于形成合理预期。但在我国，一方面外部市场环境还很不成熟，市场规则未全面建立，企业经营活动不仅受易变的市场环境影响，还要受到非预期的行政干预的影响。

（2）制度供给主体的缺陷

制度供给主体的缺陷首先体现在制度供给主体不统一。西方国家设立独立的政府监管机构，进行统一监管。但中国证券市场迄今依然处于根据证券品种的不同而由不同监管部门分割监管的格局中。证监会、税务局、国资局、财政部等部门都想通过对证券市场的影响来满足自身的权力欲望或经济利益，计划控制色彩如此之强，审批部门众多，审批严格，一般的企业都望而却步，使市场经常处于剧烈波动的无序状态。对一个有机整体采用分而治之的监管方式是缺乏系统性思维的，这种监管安排不利于发挥市场机制的基础性作用，也无法形成有着内在联系且走势互动的证券市场。

制度供给者的另一个缺陷是其在证券市场中具有多重身份，既是证券市场规则的制定者，又是"运动员"可以参加"比赛"，还充当"裁判员"来执行监督。即使不动用复杂的逻辑思维工具也很容易判断出这种"多重身份"存在的矛盾。政府是公共权力的使用者，本应致力于社会整体效用的提升。政府制定制度、进行市场监管的目的应是在"全社会范围内"实现资源的优化配置，并维护市场的运作秩序。但是，政府的"运动员"身份扭曲了其作为规则制定者和"裁判员"应有的基本伦理观念。

我国的上市公司大部分是国家控股，证券商大多数是国家所有，流入市场的资金，除了中小散户的投资外几乎都是国有资金。由于政府既是国有经济的终极所有者，又是证券市场的监管者，其监管的重点必然偏向维护国有经济的利益，对国有机构违法的处理力度不够，很难保证市场的公平。在公司面临危机的时候，由更大的国有公司进行重组或者由政府直接出资支持或清算。其结果是排斥遵守游戏规则的守法者，市场上充斥着大量低质、不合格的市场主体，而非国有经济和中小投资者的合法利益却得不到应有的保护。

另外，政府对待不同的投资者的行为也是不一样的。公募的投资基金是政府支持、保护的对象，基金公司的发起人都为国有证券公司或投资机构，基金公司的成立、发行规模、发行时机甚至发行方式都由政府职能部门严格审批。但是另一类投资者—私募基金以及中小投资者就不会得到这种偏爱，并且常常成为政府部门的监管对象。整体市场的游戏规则扭曲、逻辑体系不循环不闭合、政府行政干预的多变性是我国证券市场最主要的制度缺陷。

2. 证券市场制度缺陷产生的机理

在中国经济转轨过程中，国家为实现自身利益最大化，始终将支持国有经济作为其制度安排的重要因素。这样，就合乎逻辑地出现了一种特殊的制度变迁方式，即国家在不退出的情况下，对国有企业进行股份融资。这种致力于解决国有企业融资问题的证券市场制度安排，由于没有私人资本的参与，只存在单一的国有借方，也就消除了市场的合约基础。非市场合约性质的市场不具备风险拆分、交易与管理功能。功能的残缺是证券市场制度缺陷的反映。

从证券市场制度缺陷内涵分析，这一范畴并不是一般性制度范畴，而是与特定的社会经济体制相联系的。中国证券市场的制度性缺陷，是在传统计划经济金融体制向市场经济金融体制过渡中产生的。我国长期的计划经济体制是以垄断的国家信用为基础，市场信用被压缩至极低限度。国家信用的一个重要特征，在于它是以国家形式为证券市场发展提供担保，虽然这种担保并没有采用明确的契约方式，而是体现在国家对证券市场发展的战略发展意图与市场管制之中，体现在政府对证券市场的理性预期和利益偏好上。这种偏好表现为政府对市场的一种"控制"，市场均衡表现为政府干预下的"控制均衡"。政府主导型的制度安排与证券市场发展内在规律之间的冲突和摩擦，引致了严重的制度缺陷，在这种有缺陷的制度安排下，政府对市场上各参与主体的利益负有一定担保责任，从而使市场风险与制度风险叠加，制度风险镶嵌于市场风险之中，并进一步扩大了证券市场的系统性风险。在此需要指出的是，制度缺陷有别于市场缺陷，但不能同市场缺陷完全相割裂。中国证券市场的制度缺陷，是证券市场发展内在性规律与政府强制性制度变迁之间的内生性缺陷。制度性缺陷作用于市场机制，引致市场运行的扭曲化，信息处理渠道受阻，无法实现信息的有效反映与传递，使市场本来的运行机制并不能有效发挥出来，减弱了证券市场资源的内在配置能力。

鉴于此，中国证券市场制度缺陷产生的机理在于：

（1）制度功能是为国有企业融资服务，从而无法通过证券市场实现资源的有效配置；

（2）国家坚持不退出，造成上市公司股权结构的特殊和市场交易规则的特殊；

（3）证券市场的非市场合约性质说明市场的信用基础是国家信誉。市场无法进行风险拆分，国家对市场风险负有无限责任，证券市场上国有经济部门的正常运行的背后是国家作为最后担保人，因而国家从自身利益最大化出发，频频干预市场，使股市运动服从其效用函数；

（4）证券市场交易主体的非理性行为，由于国家的干预行为，从而造成参与者投机于政策制定的心理预期而非对上市公司绩效的理性分析，同时参与各方利益的博弈造成政策的有效性大为降低，出现"制定政策—暂时有效—政策失效—制定政策"的怪圈。

（三）政策建议

我国证券市场当前存在的制度缺陷，究其原因主要是由于政府过度干预、市场机制作用发挥不充分造成的。中国证券市场上有一个长期存在的"公开的秘密"，即内幕交易、操纵市场等违法违规行为。在政府推进证券市场制度建设，并提供"隐性担保"的前提下，市场边界与政府行为边界的界定不清，其结果只能是：市场风险转嫁给国家，转化为系统性风险；政府的体制性风险镶嵌于市场之中，并由市场自身消化。因此，界定政府与证券市场的边界必须充分发挥市场机制作用，缩小政府对证券市场的干预范围，扩大市场作用边界，只有当市场自发运行的交易成本太高而影响效率或损害公平时，才需要政府对证券市场进行适当干预。鉴于此，本文提出以下政策建议：

1. 加强制度实施机制建设

一个国家制度的有效性，不仅取决于该国正式规则和非正式规则完善与否，还看这个国家制度的实施机制是否健全。离开了实施机制，任何制度尤其是正式规则就形同虚设。

我国并不缺乏制度创新的能力，而是缺乏一种制度实施的环境和条件，我国制度创新的关键是建立有效的实施机制。这些年来，我国建立不少与我国证券市场相关的制度，但制度执行扭曲或形同虚设的现象比较严重，存在着有令不行、有禁不止的现象。这种现象也就是诺贝尔经济学奖获得者缪尔达尔所说的"软政权"现象。

为此，我们在注重制度创新的同时更要注意实施机制的建立，建立有效实施机制应该考虑以下几点：制度应该注意可行性、可操作性及运行的成本；制度应该尽量减少实施人的可改变余地；保障制度的权威性和严肃性；提高违约成本；个人或领导不能凌驾于制度之上。

2. 完善法律和制度体系，科学定位监管权限

市场经济是法制经济，作为更高层次的市场形态的证券市场是各种法律法规支撑起来的。在西方国家，不仅各种法律法规健全，而且执法效率高，这也是西方国家证券市场得以良性运作的基础之一。

在我国市场机制发育还不健全的情况下，政府监管必不可少，但监管必须依法进行。首先要进一步加强和完善证券法律的建设。除了目前的《证券法》《公司法》以外，还应加快制定涉及市场监管的相关法律法规，明确证监会的法律地位，增加证券监管行为的透明度，从立法上进一步规范监管机构的权力与责任，使证券监管有法可依，有法必依。其次是要加强人大、政协、司法以及公众对监管者的监督，建立稳定的监督机制和制衡的监督机构，通过法律和社会的监督制约，规范和控制监管权力。最后，由于中国市场化程度还不是很发达，发育还不是很健全，市场转型期太短导致股价中枢过快下移，对股市泡沫挤得过干，超出了市场承受程度，这些现象的出现不是简单地依靠强化监管就可以解决的，相反，在这些问题解决之前，越是过度监管反而越会加剧中国股市的危机。因此随着中国股市的市场化、国际化水平不断提高，必须结合中国股市新的发展趋势，及时调整股市发展思路，以保持股市持续、健康、稳定发展为前提，统筹解决市场所面临的股权分置、无休止的圈钱等重大问题，这是改善中国股市自身运行环境、解决当前中国股市现实问题的根本选择。

3. 加强政府的监管职能

当前中国证券监管必须树立科学发展观和符合时代要求的现代化监管理念：证券监管不仅要提高市场效率，而且要维护市场公平；不但要促进国有资产保值增值和效益最大化，而且要提高市场整体的诚信水平，保护投资者的合法权益，特别是广大中小投资者的合法权益；不但要支持证券公司开展组织创新、产品创新和经营模式的创新，而且要用发展的办法解决证券公司存在的问题，帮助证券公司卸下体制性不良资产的包袱，有效化解风险；

不但要立足国内股市的实际情况实施监管，而且要以全球化的视野按照国际通用的惯例进行监管。要创造相对稳定的政策环境，保持监管政策的连续性、稳定性和预见性，坚持持续监管，以确保市场的公平、公正、高效、透明。

进一步理顺证券市场各家监管部门之间的职能，逐步实现证券市场的统一监管，以避免由"政出多门"所造成的种种摩擦。调整监管部门职能，一方面要着眼于证券市场大发展的长远利益，避免因过于强调部门利益而妨碍证券市场发展的格局；另一方面，应分清职能边界，避免因职能边界不清而引致多头监管或监管缺位的现象发生。由于混业经营已成为全球金融发展的主流，如何协调各金融行业的发展，在有效控制风险的同时，应对外来的竞争，对于监管部门来说也是一项全新的挑战。股市的监管必须适应混业经营的发展趋势，逐步从分业监管转向混业监管、从机构监管转向功能监管，有效建立起货币市场、资本市场、保险市场有机结合、协调发展的机制。

4. 切实保护中小投资者的合法权益

证券市场具有优化资源配置、融资、投资、证券定价等功能。其中，优化资源配置是核心功能，它影响着其他功能的实现与否，也决定着证券市场的效率高低。投资者是证券市场得以建立和维持的资金来源，是证券市场的重要参与者，只有培育和调动广大投资者的投资信心和热情，才是证券市场不断繁荣与发展的原动力所在。如果投资者的利益得不到有效的保护和尊重，就会对证券市场失去信心，证券市场也就丧失了存在的基础。

我国投资者的合法权益（特别是中小投资者权益）必须得到重点保护。首先，制定和完善投资者保护法律法规。健全的赏罚机制首先要有法可依。我们要在充实完善现在法律法规的基础上，尽快构建起我国投资者保护法律体系。其中，2006 年 1 月 1 日起生效的新《证券法》明确了保护投资者合法权益内容，在建立投资者保护基金、完善相关的保护赔偿机制和强化信息披露多方面做出了重要规定。2007 年年底，经过两年讨论的《证券投资者保护条例》草案拟定，并进入相关核审阶段，这是对中小投资者保护进行专门立法，对完善证券投资者保护法律体系有着重要意义。为保证此类规定的有效实施，证券监管部门应当尽快抛下为"国企脱困"服务的旧思路而把保护投资者的合法权益作为监管工作主要任务，从而激发证券市场的生机和活力。

5. 有效发挥机构投资者的作用

机构投资者是证券市场的中坚力量和衡量市场程度的重要因素，对稳定市场起着重要作用。但是由于我国证券市场超常规发展模式和市场制度环境的不完善，信息披露的不规范，我国机构投资者非但没有起到稳定市场的作用，反而利用信息不对称，集中自身资金、专业技术等优势，与上市公司合谋操纵股价，使市场上投机泡沫越来越重。据统计，我国上市公司中三年内平均一家公司发生过两次大型的资产重组事件，个别上市公司频繁重组的目的是为了达到在二级市场配合股价炒作的需要、满足增发配股的要求、大股东将上市公司的资产更彻底地据为己有等。需要司法介入立案查处的先后有亿安股价操纵案、银广夏财务造假案、中科创业内幕交易和股价操纵、等等。

为发挥机构投资者的投资理性及其对证券市场的积极作用，第一，要积极创造条件，促进社会保障基金、保险基金等机构参与市场投资，打破市场上"机构寡头"的垄断地位，形成市场良性竞争环境。在机构投资者数量足够多的情况下，各机构在资金、信息、专业水平等方面大致相当，促使投资机构按照统一的游戏规则运作，才能避免损人不利己，降低成本以获取收益的行为，这样，机构投资者才起到了稳定市场的作用。第二，提高投资者机构中的个人比例。这需要投资机构充分显示其在代理理财的安全保障运作机制、资金规模及专业能力等方面优势，赢得个人投资者信任，同时也需要保护个人投资者的利益。第三，营造机构投资者成长的良好环境，推进机构投资者规范运作和法制化管理。对改革投资者结构而言，没有必要的制度保证，即使引入新投资者，受市场投资理念约束，也难以起到机构化的投资作用。在这里，当务之急仍然是健全完善的立法和执法体系。

我国国民经济的持续快速发展，客观上需要一个稳定、健康的证券市场。目前，要改变我国证券市场现状，恢复市场特别是资本市场的本性，提高市场的真实性和运行效率，必须加强我国证券市场的制度建设。只有完善了我国证券市场的制度建设，才能加强市场的透明度、提高证券市场的内在素质。从长远意义上来讲，这也将促进我国证券市场健康、稳定、快速发展。

下 篇 国际贸易篇

第六章 国际贸易发展历程

国际贸易（International Trade）是指不同国家（和／或地区）之间的商品、服务和生产要素交换的活动。国际贸易是商品、服务和生产要素的国际转移。国际贸易也叫世界贸易。国际贸易是各国之间分工的表现形式，反映了世界各国在经济上的相互共存。从国家的角度可称对外贸易；从国际角度可称国际贸易。国际贸易作为一门学科，它的研究对象是具有各自经济利益的不同关税区，即不同国家或地区之间的商品和服务的交换活动。通过研究这些商品和服务交换活动的产生、发展过程，以及贸易利益的产生和分配，揭示这种交换活动的特点和规律。

国际贸易由进口贸易（Import Trade）和出口贸易（Export Trade）两部分组成，故有时也称为进出口贸易。

从一个国家的角度看国际贸易就是对外贸易（Foreign Trade）。

第一节 国际贸易的历史发展

一、资本主义社会以前的国际贸易

（一）国际贸易的产生

国际贸易属于历史范畴，它是在一定历史条件下发展起来的。具有可供交换的剩余产品和存在各自为政的社会实体，是国际贸易得以产生的两个前提条件。

在原始社会早期，生产力水平极为低下，人类处于自然分工的状态。公社内部人们依靠共同的劳动来获取十分有限的生活资料，并且按照平均主义的方式在全社会成员之间实行分配。当时没有剩余产品和私有制，也没有阶级和国家，因而也没有对外贸易。

人类社会的三次社会大分工，一步一步地改变了上述状况。第一次大分工是畜牧业和农业之间的分工。它促进了生产力的发展，使产品有了剩余。在氏族公社的部落之间开始有了剩余产品的相互交换，但这还只是偶尔的物物交换。第二次社会大分工是手工业从农业中分离出来，由此而出现了直接以交换为目的的生产即商品生产。它不仅进一步推动了社会生产力的进步，而且使社会相互交换的范围不断扩大，最终导致了货币的产生，产品之间的相互交换渐渐演变为以货币为媒介的商品流通。这直接引致了第三次社会大分工，即出现了商业和专门从事贸易的商人。在生产力不断发展的基础上形成了财产私有制，原始社会的末期出现了阶级和国家。于是商品经济得到进一步发展，商品交易最终超出国家税的界限，形成了最早的对外贸易。

（二）奴隶社会的对外贸易

从总体上来说，奴隶社会是自然经济占统治地位，生产的直接目的主要是为了消费。商品生产在整个经济生活中还是微不足道的，进入流通的商品很少，加上生产技术落后、交通工具简陋，各个国家对外贸易的范围受到很大限制。

从国际贸易的商品构成来看，奴隶是当时欧洲国家对外交换的一种主要商品。希腊的雅典就是那时贩卖奴隶的一个中心。此外，奴隶主阶级需要的奢侈消费品，如宝石、香料、各种织物和装饰品等，在对外贸易中占有重要的地位。奴隶社会的对外贸易虽然有限，但对手工业的发展促进较大，在一定程度上推动了社会生产的进步。

（三）封建社会的对外贸易

封建社会取代奴隶社会之后，国际贸易有了很大的发展。尤其是从封建社会的中期开始，实物地租转变为货币地租，商品经济的范围逐步扩大，对外贸易也进一步增长。到封建社会的晚期，随着城市手工业的进一步发展，资本主义因素已经开始了孕育和生长，商品经济和对外贸易都比奴隶社会有明显的发展。

从国际贸易的商品来看，在封建时代仍主要是奢侈消费品，例如东方国家的丝绸、珠宝、香料，西方国家的呢绒、酒等。手工业品比重有明显的上升。另一方面，交通运输工具，主要是船只有较大的进步，国际贸易的范围扩大了。不过从总体上说，自然经济仍占统治地位，国际贸易在经济生活中的作用还相当小。

二、资本主义生产方式下国际贸易的发展

国际贸易虽然源远流长，但真正具有世界性质是在资本主义生产方式确立起来之后。资本主义生产方式之下，国际贸易额急剧扩大，国际贸易活动遍及全球，贸易商品种类日渐增多，国际贸易越来越成为影响世界经济发展的一个重要因素。而在资本主义发展

的各个不同时期，国际贸易的发展又各具特征。

（一）资本主义生产方式准备时期的国际贸易

16～18世纪中叶是西欧各国资本主义生产方式的准备时期。这一时期工场手工业的发展使劳动生产率得到提高，商品生产和商品交换进一步发展，这为国际贸易的扩大提供了物质基础。地理大发现更是加速了资本的原始积累，促进世界市场的初步形成，从而扩大了世界贸易的规模。

这一时期的盛行的贸易思想是重商主义。地理大发现的结果使西欧各国纷纷走上了向亚洲、美洲和拉丁美洲扩张的道路，在殖民制度下进行资本的血腥的原始积累。当然这对资本主义生产方式的发展和在全世界范围内的确立起到了巨大作用。

（二）资本主义自由竞争时期的国际贸易

18世纪后期至19世纪中叶是资本主义的自由竞争时期。这一时期，欧洲国家先后发生了产业革命和资产阶级革命，资本主义机器大工业得以建立并广泛发展，社会生产力水平大大提高，可供交换的产品空前增加，真正的国际分工开始形成。另一方面，大工业使交通和通信联络发生了变革，极大地便利和推动了国际贸易的发展。

（三）垄断资本主义时期的国际贸易

19世纪末20世纪初，各主要资本主义国家从自由竞争阶段过渡到垄断资本主义阶段。国际贸易也出现了一些新的变化。

第一，国际贸易仍在扩大，但增长速度下降，贸易格局发生了变化。截止到第一次世界大战前，国际贸易仍呈现出明显的增长趋势，但与自由竞争时期相比，速度已经下降了。

第二，垄断开始对国际贸易产生重要影响。由于生产和资本的高度集中，垄断组织经济生活起着决定性的作用。它们在控制国内贸易的基础上，在世界市场上也占据了垄断地位，通过垄断价格使国际贸易成为垄断组织追求最大利润的手段。在这一时期，国际贸易中明显形成了大型垄断组织瓜分世界市场的局面。

第三，一些主要资本主义国家的垄断组织开始资本输出。为了确保原料的供应和对市场的控制，少数富有的资本主义国家开始向殖民地国家输出资本。

（四）当代国际贸易的新发展

第二次世界大战以后，特别是20世纪80年代以来，世界经济发生了迅猛的变化，科技进步的速度不断加快。国际分工、世界市场和国际贸易也都发生了巨大的变化。概括说来，当代国际贸易发展有以下一些新特征。

第一，国际贸易发展迅速，世界贸易的增长速度大大超过世界产值的增长速度，服务贸易的增长速度又大大超过商品贸易的增长速度。

第二，世界贸易的商品结构发生了重要变化，新商品大量涌现。制成品、半制成品，特别是机器和运输设备及其零部件的贸易增长速度，石油贸易增长是迅猛，而原料和食品贸易发展缓慢，石油以外的初级产品在国际贸易中所占的比重下降。在制成品贸易中，各种制成品的相对重要性有了变化。非耐用品的比重下降，而资本货物、高科技办公用品所占的比重上升。技术贸易等无形贸易及军火贸易迅速增长。

第二节　国际贸易的发展

一、国际贸易发展新趋势

（一）国际贸易趋向高端化

自 20 世纪 80 年代我国开展国际贸易开始，我国信息化技术也正式起步。随着我国国民经济逐步发展，科学技术研究飞速进步，我国顺利进入了信息化时代，经济的发展增添了更多活力。目前，国家间交往越来越频繁，信息技术更新换代，进一步推动了我国国际贸易走向了高端化。首先，在国际贸易中，高新技术占据的比重逐渐提高。据相关统计资料显示，从 90 年代开始，我国研发制造的高新技术产品逐渐受到国际社会民众普遍关注，高新技术产品生产总量、出口量都呈现出了明显的持续上涨趋势，我国高新技术产品在整个国际贸易产品结构中也产生了越来越重要的作用。其次，国际贸易结构逐渐趋向高端化。科学技术、信息技术等关键要素的进步，进一步优化了国际贸易的内部结构，促使国际贸易中原有的劳动密集型产品比重逐渐下降，新型技术产品、制造业产品比重不断提高。

（二）利益格局发生变化

当前，国际贸易主要包含两个交易主体：一个是发达国家；另一个是发展中国家，且两个交易主体间的经济发展实力呈现出悬殊差异，促使整个国际贸易的利益分配格局趋向两极化。据相关资料统计结果显示，当前，在国家贸易的整体利益分配格局中，发达国家约占 80% 以上的利润，特别是位居领头地位的美国，其拥有的国际贸易利润就达到了利润总量的 1/3 以上。这种利益分配失衡局面，导致发展中国家在享受经济全球化带来的机遇的同时又不得不打起十二分精神应对严峻的考验。总体而言，发达国家相比发展中国家更具利润分配优势。

二、国际贸易发展遭遇的困境

（一）粗放型经济无法满足新时代要求

经过 30 多年的发展，我国改革开放力度不断加大，开放范围越来越广，这使得我国国际贸易的发展速度迅速加快，国际贸易规模上升到一个空前高度，国家整体外贸水平持续上升。从形式上看，我国国际贸易已取得非凡成就。但若将已取得的成就进行细化就会发现，当前，我国所达到的国际贸易发展水平还远远无法与发达国家相比，距离新时代要求还差一大截。这主要是因为，一直以来，我国实行的都是粗放型经济发展模式，经济增长速度慢，国际贸易量多质低，导致我国国际贸易结构始终无法优化，外贸产品质量难以有效提升。纵观当前，我国粗放型经济下的进出口产品层次依旧保持低水平，创新力强、自主知识产权到位的高端经济产品少，且产品几乎不具备品牌优势。

（二）外贸经济环境越来越不理想

国际贸易是我国贸易结构的重要组成部分，其发展水平直接影响了我国国民经济的发展水平。纵观当前，我国参与国际贸易的主体主要是中小外贸企业。然而，我国政府部门等职能机构却未给中小外贸企业提供国际贸易便利条件，促使中小企业在积极开展国际贸易过程中频频遭遇困境。如我国出台的一些行政管理条例严格限定了中小企业的国际贸易规模；税收政策明显偏向大型外贸企业，导致中小企业频频受挫。如我国中小企业需比"一般纳税人"缴纳更多的税收额；与国际贸易有关的法律法规未针对中小企业的发展威胁进行适当的法律保护，如我国出台的《企业法》《公司法》等法案制定的条例过于笼统，且在细化条例中，满足中小企业特殊性要求、鼓励中小企业积极参与国际贸易、保障中小企业国际贸易合法权益的法案少之又少。在这种情况下，我国中小企业参与国际贸易的环境变得越来越不理想。与此同时，我国各级政府部门过分聚焦大型企业与国有企业，甚至出台了税收优惠政策、资金筹集政策，土地使用优惠政策等多方面特权优惠政策来鼓励这些企业积极参与国际贸易，导致国际贸易发展资源配置出现不合理局面，整体外贸经济环境越来越不理想。

（三）国际贸易的风险程度不断加大

随着经济全球化趋势愈演愈烈，国际贸易涉及范围逐渐扩大，国际贸易深化程度显著提高。尽管我国国际贸易受此影响获得了更多向前发展的机遇，但同时，我国国际贸易各主体需承担的贸易风险也在不断增加。首先，我国主要向其他国家输出资源密集型初级产品和劳动密集型初级产品，出口产品的附加值小，而高技术含量产品出口量则相对较少。在这种情况下，我国国际贸易产品层次低，产品技术含量小，企业难以取得较大利润，外贸各主体极容易在激烈的国际贸易竞争中被剔除。其次，由于我国出口其他国家的产品比重越来越大，引起其他国家的防范，导致我国国际贸易风险加大。如近年来，俄罗斯等国家多次对我国出口产品开展反倾销调查，使我国出口产品品牌、出口企业信用在无形中受到打击，客户忠诚度显著降低，出口产品在国际市场的占有率逐渐降低，加之各国为保护本国消费增加了越来越多的贸易壁垒，使得我国国际贸易风险被迫逐渐加大。

（四）本币升值势头持续向上攀升

从国家保护本国国际交易的角度来看，若本国币值减小，则国际购买本国国际贸易产品的费用降低，各国对本国产品的需求量将进一步加大，本国国际贸易产品将以量取胜，获得更多经济利益。相反，若本国币值提高，他国购买本国出口的产品就需花费更多的费用，顾客对本国出口产品的需求量将骤减，本国国际经济利润空间被压缩，甚至有可能直接拖延本国国民经济发展速度。近年来，我国向国际社会输出的产品越来越多，国际客户越来越多，在一定程度上挤压了其他国家，尤其是美国等发达国家的国际贸易利益空间，以至于这些国家开始寻求多种借口或手段，如"砍断"我国境外进口商的资金链、恶意拖欠我国贷款、实现大幅度的贸易保护等来逼迫我国人民币升值，促使我国人民币升值势头持续向上攀升。尽管 2015 年我国曾多次对人民币实行贬值，但外部驱动人民币升值风险依旧存在。

三、促进国际贸易发展的对策

（一）转变我国现行的国际贸易增长方式

从经济发展的角度来看，易浪费资源的粗放型经济发展方式已不适应我国新时代经济发展要求。这也意味着我国必须要进一步转变当前的国际贸易发展方式与增长方式，全面推进我国国际贸易实现科学发展、可持续发展。对此，可逐渐在国际贸易中贯彻落实集约型经济。集约型经济是一种追求产品高附加值，增加贸易利润的增长方式。而要在我国国际贸易中实行集约型经济，首先要细化市场，鼓励不同市场积极进行自主创新，提高产品的技术含量，增加出口产品的附加值；其次，进一步落实品牌战略，加强出口产品的品牌宣传，向国际客户宣扬出口产品的优势之处，增强国际客户的购买欲望；最后，不断优化我国国际贸易产品格局，尽可能加大高端产品的出口比例，降低附加值产品的出口，真正以产品质量取胜国际市场。

（二）持续推动我国国际贸易向前发展

对于当下的中国而言，不管国际社会如何变化，国际贸易结构如何调整，都必须要将国际贸易的重点放在推动国际贸易经济向前发展上。尤其是在我国高度强调落实"稳定压倒一切"现实方针下，必须要严格遵守原有的发展方针与原则。否则，若经济发展出现不稳定现象，我国社会将陷入一个严重的经济危机中。而要推动我国国际贸易经济向前发展，首先要不断调整我国现行的国际贸易经济体制，优化并落实税收政策，适度强化政府对国际贸易的政策等支持；其次，要构建与完善为我国国际贸易服务的各个信息服务机构。因为我国的国际贸易对信息资源具有较大的依赖性，若能构建与完善信息服务机构，帮助企业快速获取对称性信息，将有利于我国国际贸易取得更大市场优势，同时，信息服务机构的建立与完善，还可有效扶持我国中小企业等外贸主体不断向前发展，为我国经济的稳定发展贡献力量，进而增强我国国际贸易的整体竞争力。

（三）强化国际贸易的法律体系建设

中国特色社会主义建设速度加快，国民经济蓬勃发展，市场经济体制构建与完善，都让我国逐渐意识到了完全法律法规体系的重要性。然而，就目前而言，我国大部分法律主要聚焦国内经济贸易，而在国际贸易方面却还未出台系统化的法律法规，这也使得我国国际贸易过程缺乏法律保障，贸易风险层出不穷。对此，我国有必要强化国际贸易的法律体系建设。首先，立法机构要积极了解国际贸易标准，并将部分国际贸易标准引入我国国际贸易规范与法律体系中，防止我国国际贸易在出现纠纷时处于劣势；积极研读我国现行的国际贸易法律与国际贸易协定、条约，并对比两者之间的差异，不断完善我国现行的国际贸易法律体系，进而增强法律保护的可行性；最后，组建专家团研究应对其他国家的反倾销控诉，尽可能从法律的角度规避他国对我国实行的不正当反倾销活动。

（四）改变收付货币方式并丰富避险工具

对于专门开展国际贸易业务的外贸企业而言，人民币升值是其业务发展不可避免的潜在风险。不少外贸企业也对此感到非常焦虑。但事实上，人民币升值风险并不是不可避免的。首先，外贸企业可适当地更改现行的货币收付方式。如当前，美国依旧是我国最大的对外贸易伙伴，虽然美国为规避债台高筑风险有使美元持续走弱趋势，但基于美国金融霸权地位，美元贬值不易。因此，我国外贸企业可采取收美元等升值空间大的货币、付人民币等升值风险大的货币来降低企业经营风险，确保企业发展利润与行业利润；其次，我国外贸企业可适当丰富自身的避险工具，防止汇率风险冲击。如目前，我国大部分国际贸易都是无法实现立即支付与收取的，交易存在一定的时间汇率风险。此时，我国外贸企业可与他国企业、消费者签订远期合同，灵活使用买卖外汇期货等方式来套期保值，以防范交易时间内人民币汇率变动风险，并由此保障我国国际贸易利益，推动我国国际贸易持续稳定向前发展。

第七章　国际贸易理论

第一节　国际贸易的基本概念

一、总贸易体系与专门贸易体系

总贸易体系（General Trade System）又称一般贸易体系，是以货物通过国境作为统计对外贸易的标准。

凡是进入本国国境的货物一律记为进口，称为"总进口"（General Import）；凡是离开本国国境的货物一律计为出口，称为"总出口"（General Export），两者之和为总贸易额。

专门贸易体系（Special Trade System）又称为特殊贸易体系，是指以关境作为划分和统计进出口的标准。

二、对外贸易额与对外贸易量

一个国家或地区在一定时期（一年、一季或一月）内出口额和进口额的总和。亦称对外贸易值。反映一个国家或地区对外贸易规模的重要指标之一。计算一国的对外贸易额，一般采用本国货币或国际上通用的货币。目前，联合国和许多国家编制的对外贸易额以美元计算。

一国对外贸易额的统计和发表，一般是依该国海关所发表的统计数字为准。有些国家除由海关统计并发表统计数字外，还有由负责该国对外贸易的政府部门进行。两套统计往往由于统计时间和项目上的差异，数字稍有不同。由海关统计并发表的对外贸易额，出口额是指经海关结关放行的出口货物总金额，按离岸价格（FOB，即启运港船上交货价格，不包括运费和保险费）计算；进口额是指经海关核准放行的进口货物总金额，按到岸价格（CIF，即成本加运费和保险费）计算。一国或地区对外贸易额的增长或减少，主要取决于该国经济和社会发展状况。此外，国际政治、经济、金融、货币以及其他因素的变化对进出口额的变化也有影响。

国际贸易额 = 世界各国的出口总额之和。

对外贸易额是指以金额表示的一国对外货物贸易值与服务贸易值相加之和。

对外贸易量是剔除了价格变动因素后的对外贸易值。以货币所表示的对外贸易值常受价格变动的影响，为准确地反映一国进、出贸易的实际规模，通常以一定年份为基期，用进、出口值除进、出口价格指数，便剔除了价格变动因素，得出按不变价格计算的贸易值，即对外贸易量。

以货币所表示的对外贸易值经常受到价格变动的影响，因而不能准确地反映一国对外贸易的实际规模，更不能使不同时期的对外贸易值直接比较。而以一定时期为基期的贸易量指数同各个时期的贸易量指数相比较，就可以得出比较准确反映贸易实际规模变动的贸易量指数。

三、对外贸易差额

一个国家在一定时期（如1月、1季、1年等）的出口总值与进口总值相比较的差额。出口总值大进口总值，称出超，或贸易顺差。贸易差额表明一国对外贸易收支状况，是影响一国国际收支差额的重要因素之一。原则上讲，长期入超与长期出超对一国的对外贸易和国民经济发展都是不利的。

（一）评析

现有的海关贸易统计是以货物是否跨国境为核算基础的。但是，商品的跨国境流动并不必然等同于商品所有权在不同国家国民之间发生转移。另外，没有跨国境的商品交易，商品的所有权也有可能发生国际转移。以所有权为基础的贸易统计，恰恰可以弥补以货物是否跨国境为基础的海关贸易统计的上述缺陷。

我们将不同国家的国民之间的贸易定义为"国民贸易"，相应的统计也称为"国民贸易统计"。国民贸易统计以商品所有权是否在国民之间进行跨国转移为核算基础，首先需要澄清两个概念。其一，国民的概念。通常认为，一国国民是指取得了一国国籍的人。国民是人的属性，而不是机构或者物的属性。机构（比如企业）的国民属性以其所有者或者其实际控制者的国民属性来确认。其二，商品所有权的确认。如果拥有商品所有权的是个人，则个人的国民属性决定了商品所有权的国民属性；如果拥有商品所有权的是机构，则机构的国民属性决定商品所有权的国民属性。因此，如果商品交易伴随着其所有权在不同国家国民之间转移，则不论商品是否跨国境，均属于国民对外贸易，否则属于国民内部贸易。

（二）产生原因

贸易差额的产生，一般说来主要是受一国政治、经济发展的情况所制约。其次，人为的改变进口或出口政策，也会导致一国对外贸易差额的变化。

解决贸易差额的方法，一是简单地采用增加进口或出口，对一国的国际收支变化起着重要作用。或减少进口或出口；另一方法是运用经济手段（如关税、税收以及补贴等）控制贸易差额的变化。

（三）解决方法

解决入超的措施：

1. 提高进口关税；

2. 加大科技投入，提高产品质量；

3. 提高民族工业的发展；

4. 开展对等贸易。

（四）特点

中国现在并没有开展国民贸易统计工作，我们仅依据可得数据粗略估计中国近年来的国民贸易状况。在估算时，我们假定：（1）中国"走出去"的企业还不是很多，对国民贸易的影响较小，且这些企业在海外的经营数据难以获得，故暂忽略不计；（2）中国国民对外贸易仅指货物贸易；（3）在华外资企业在中国境内的购买对象仅包括中间投入品；（4）在华外资企业的所有权或实际控制权全部属于外国国民。我们分别对中国与世界其他国家之间、中国和美国之间的国民贸易情况进行了估算，结果显示出如下特点。

1. 逆差规模扩大

海关统计的中国跨境贸易虽然从 1998 年到 2004 年均有三四百亿美元的贸易顺差，但是，中国的对外国民贸易却一直逆差，且逆差规模正在迅速扩大。1998 年中国的国民贸易逆差还只有 210 亿美元，但是到了 2004 年逆差规模已经达到 1387 亿美元之巨。海关统计贸易差额与国民贸易差额之间的差异也从 1998 年的 643 亿美元扩大了 2004 年的 1706 亿美元。两者之间如此巨大的差异不得不让人惊叹外资企业对中国经济活动的影响力。

2. 海关统计偏低

海关统计的进口与出口都要低于国民贸易的进口和出口，尤其是国民进口要远远高于海关统计的进口。估算结果显示，中国跨国进口规模与中国在国内从外资企业的进口（购买）规模基本相同。外资企业在中国境内的销售可以理解为外国企业为规避贸易壁垒、降低贸易成本向中国国民的出口。由此可见，海关统计仅仅衡量中国国民真实进口的一半。显然，对于外资企业在中国存在较大活动规模的情况下，国民贸易统计相对于海关统计的优势是比较明显的。

3. 贸易顺差扩大

海关统计的中美贸易顺差从 1998 年的 210 亿美元扩大到 2004 年的 804 亿美元，从而使中国对外不平衡尤其是对美贸易不平衡成为各界广泛关注的焦点。但是，估算结果却显示，中美国民贸易却一直基本平衡，真正属于中国人的中美贸易顺差其实并不存在。此外，中国国民对美国的跨境出口和中国国民在中国境内对美国在华企业的销售额基本相当，而中国国民从美国的跨境进口低于中国国民在中国境内从美国在华企业购买额。这说明中国国民与美国在华企业之间的交易从总体上要高于中国国民与美国之间的跨境交易。

4. 原材料需进口

中国出口到美国的加工贸易产品，使用了大量从世界其他地区进口的原材料和零部件。这种情况将本来是世界其他地区对美国的贸易顺差转移到了中国头上，从而夸大了中美之间的实际贸易顺差。美国的"原产地规则"也没有识别出中国到美国的出口中到底有多大份额是由中国创造的，另有多大份额是由其他国家创造的。

（五）意义

对外贸易差额的变化，对一国的国际收支变化起着重要作用。在一般情况下，一国对外贸易长期处于顺差时，其外汇储备就越多，其对外支付能力就愈强，国内经济发展就愈快，国内政局也就相对稳定。反之，其对外支付能力就愈低，也会影响国内政局的稳定，延缓经济的发展。因此，其差额称为对外贸易顺差，各国政府对本国对外贸易差额的变化非常重视。

对外贸易差额对一国经济发展积极作用的发挥只有在世界总进口值增加的条件下才能成行。否则依靠降低出口价格来维护出口扩张的做法无法长期对国民经济增长奏效。

四、对外贸易或国际贸易结构

（一）对外贸易

对外贸易亦称"国外贸易"或"进出口贸易"，简称"外贸"，是指一个国家（地区）与另一个国家（地区）之间的商品、劳务和技术的交换活动。这种贸易由进口和出口两个部分组成。对运进商品或劳务的国家（地区）来说，就是进口；对运出商品或劳务的国家（地区）来说，就是出口。这在奴隶社会和封建社会就开始产生和发展，到资本主义社会，发展更加迅速。其性质和作用由不同的社会制度所决定。

1. 相关概念

（1）贸易依存度

贸易依存度亦称"外贸依存率""外贸系数"。一国对贸易的依赖程度，一般用对外贸易额进出口总值在国民生产总值或国内生产总值中所占比重来表示。即贸易依存度＝对外贸易总额／国民生产总值。比重的变化意味着对外贸易在国民经济中所处地位的变化。贸易依存度还可以用贸易总额在国民收入中所占比重来表示。贸易依存度＝贸易总额／国民收入总额。外贸依存度分为出口依存度和进口依存度。出口依存度＝出口总额／国民生产总值；进口依存度＝进口总额／国民生产总值。

（2）价格竞争

价格竞争是依靠低廉的价格争取销路、占领市场、战胜竞争对手的一种竞争形式。当一国或企业与另一国或企业生产的产品在性能、效用、样式、装潢、提供的服务、生产者的信誉、广告宣传等各方面都相同或无差异时，国家或企业只有以低于其竞争对手的价格销售产品，方能吸引住顾客，使自己的产品拥有市场。产品在功能或外观的差异一定程度上可以抵消这种竞争的效果。实际上，在中国外贸企业中经常出现的抄袭现象，无疑使企业陷入恶性的价格竞争。

（3）非价格竞争

非价格竞争是指在产品的价格以外或销售价格不变的情况下，借助于产品有形和无形差异、销售服务、广告宣传及其他推销手段等非价格形式销售产品、参与市场竞争的一种竞争形式。由于社会经济的迅速发展，商品生命周期不断缩短，单靠价格竞争很难取得超额利润。同时，生产力的提高，使消费结构发生显著变化。因而，非价格竞争就成为扩大商品销路的重要手段。其主要方法有：①采用新技术，提高管理水平，改进产品的质量、性能、包装和外观式样等；②提供优惠的售后服务；③通过广告宣传、商标、推销手段等造成公众的心理差异等。非价格竞争是垄断竞争的一种重要形式。

2. 地理方向

对外贸易地理方向又称对外贸易地区分布或国别结构，是指一定时期内各个国家或区域集团在一国对外贸易中所占有的地位，通常以它们在该国进出口总额或进口总额、出口总额中的比重来表示。对外贸易地理方向指明一国出口商品的去向和进口商品的来源，从而反映一国与其他国家或区域集团之间经济贸易联系的程度。一国的对外贸易地理方向通常受经济互补性、国际分工的形式与贸易政策的影响。

（1）贸易区别

对外贸易是指一国（或地区）同其他国家（或地区）所进行的商品、技术和服务的交换活动。因此，提到对外贸易时要指明特定的国家。如中国的对外贸易等；某些岛国如英国、日本等也称对外贸易为海外贸易。

国际贸易亦称"世界贸易"，泛指国际的商品和劳务（或货物、知识和服务）的交换。它由各国（地区）的对外贸易构成，是世界各国对外贸易的总和。国际贸易在奴隶社会和封建社会就已发生，并随生产的发展而逐渐扩大。到资本主义社会，其规模空前扩大，具有世界性。

（2）方式

对等贸易：买方承担向卖方购买同等价值商品或劳务。

展卖：在本国举办和参加国外举办的各种国际性博览会或集市，集中一段时间进行进出口贸易。

加工贸易：来料加工、来件装配、来样加工，被称为"三来贸易"

补偿贸易：我方先以赊购的形式，从国外进口机器设备和技术等，待投产后，用所生产的产品和劳务偿还贷款的本金和利息。补偿贸易和加工贸易结合，通常称为"三来一补"。

技术贸易：技术转让、技术引进。

（3）作用

对外贸易不仅把商品生产发展很高的国家互相联系起来，而且通过对外贸易使生产发展水平低的国家和地区也加入到交换领域中来，使作为一般等价物的货币深入到他们的经济生活中，使这些国家和民族的劳动产品日益具有商品和交换价值的性质，价值规律逐渐支配了他们的生产。随着各国的商品流通发展成为普遍的、全世界的商品流通，作为世界货币的黄金和白银的职能增长了。黄金和白银除去具有货币一般购买手段之外，还被用来作为国际支付、国际结算与国际信用的手段。随着黄金、白银变成世界货币，产生了形成商品世界价格的可能性。世界价格的形成，表示价值规律的作用扩大到世界市场，为各国商品的生产和交换条件进行比较建立了基础，促进了世界生产和贸易的发展。通过对外贸易，参与国际分工，节约社会劳动，不但使各国的资源得到最充分的利用，而且还可以保证社会再生产顺利进行，加速社会扩大再生产的实现。

1）发展对外贸易，可以互通有无，调剂余缺，调节资源的优化配置。

2）发展对外贸易，可以节约社会劳动，取得较好的经济效益。

3）发展对外贸易，可以吸收和引进当代世界先进的科学技术成果，增强本国的经济实力。

4）发展的对外贸易，接受国际市场的竞争压力和挑战，可以促进国内企业不断更新技术，提高劳动生产率和产品的国际化水平。

3. 目的

对外贸易管制是为了发展本国经济，保护本国经济利益。

对外贸易管制有时也是为了达到国家政治或军事目的。

各国实现对外贸易管制，也是为了实现国家职能。

4. 特点

贸易管制政策是一国对外政策的体现。

贸易管制会因时因势而变化。

对外贸易管制以实现国家对内对外政策目标为基本出发点。

对外贸易管制是国家管制。

对外贸易管制是政府的一种强制性行政管理行为。

对外贸易管制所涉及的法律制度属于强制性法律范畴。

5. 资格

1）取得进出口权。

2）准备货源。

3）商品检验。

4）申报出口。

5）办理国际运输。

6）通过银行收取国外客户支付的货款。

7）向外汇管理局申报。

8）向税务机关申报。

6. 一般流程

1）外贸洽谈前期，制作形式发票用于报价、交易参考或客户申请进口许可等。

2）交易确认以后，制作外贸合同。

3）准备交货的时候，制作商业发票、装箱单、核销单、报关单，申请商检通关单等报关出口。

4）报关后海关退返核销单、报关单的收汇联与核销联等。

5）交货付运后，得到提单（有时是直接做电放提单）。

6）如果付款方式是信用证等方式付款，需要制作、申办、整理客户所需的全套单据，如发票、装箱单、商检证、产地证、受益人证明等等以收取货款。

7）凭收汇银行水单、核销单、报关单核销联等办理核销与退税。

（二）国际贸易结构

又称国际贸易值，是用货币表示的反映一定时期内世界贸易规模的指标，是一定时期内世界各国（地区）出口贸易额的总和。

五、对外贸易地理方向

对外贸易地理方向亦称"对外贸易地区分布或国别结构"。一定时期内各个国家或区域集团在一国对外贸易中所占有的地位。通常以它们在该国进出口总额或进口总额、出口总额中的比重来表示。对外贸易地理方向指明一国出口商品的去向和进口商品的来源，从而反映一国与其他国家或区域集团之间经济贸易联系的程度，这通常受经济互补性、国际分工的形式与贸易政策的影响。

六、国际贸易地区分布

国际贸易地区分布（international trade by region）。

是指各地区、各国在国际贸易中所占比重，通常用该地区出口额占世界出口或进口总额的比重来表示。

它表明各地区、各国家的经济地位。

七、对外贸易依存度

对外贸易依存度又称为对外贸易系数（传统的对外贸易系数），是指一国的进出口总额占该国国民生产总值或国内生产总值的比重。其中，进口总额占 GNP 或 GDP 的比重称为进口依存度，出口总额占 GNP 或 GDP 的比重称为出口依存度。对外贸易依存度反映一国对国际市场的依赖程度，是衡量一国对外开放程度的重要指标。

（一）发展现状

20 世纪 80 年代以来，随着中国经济融入世界经济一体化的进程，对外贸易快速增长。伴随着外贸的增长，中国的对外贸易依存度也不断提高。中国对外贸易依存度经历了三个阶段的发展：

第一阶段是 1985 ~ 1990 年，随着中国对外开放逐步扩大，出口缓慢增长。1985 年，中国对外贸易依存度为 23.1%，其中出口依存度为 9.02%，进口依存度为 14.08%，1990 年中国对外贸易依存度首次达到 30%，其中出口依存度为 16.05%，进口依存度为 13.84%，中国出口慢慢赶上并超过进口。这一阶段，主要由于国内资源紧缺和大量技术设备的进口，使进口依存度连续多年高于出口依存度。

第二个阶段是 1990 ~ 2000 年，在这一阶段，中国采取了一系列的宏观经济调控措施，使出口额年均增长达到 12.4%，超出了中国年均 GDP 的增长速度 8.8%。劳动密集型产业崛起，加工贸易的开展，使出口快速增长，出口依存度超过进口依存度，推动外贸稳步上升，中国的对外贸易依存度也于 1994 年突破 40%。虽然 1996 ~ 1999 年四年内中国的对外贸易依存度有所滑落，但是在 35% 左右徘徊，2000 年再次达到 43.9%。

第三个阶段是 2001 年至今。随着中国加入 WTO，经济全球化进一步加深，对外贸易对经济增长的作用日益明显，2004 年中国进出口贸易总额历史性的突破万亿美元大关，超过日本，名列世界第三位，对外贸易的增长速度，远远高于中国国内生产总值的增长和世界贸易的增长。中国对外贸易依存度快速增加，2002 年突破 50%，2005 年已经高达 63%，2006 年更是达到 67% 的高点，此后受我国经济转型、内外需结构调整以及国际金融危机的影响，从 2007 年开始对外贸易依存度逐步回落，2008 年为 60.2%，到去年 2011 年更是低至 50.1%，仅比 2002 年高 0.1%。据有关学者分析中国已经跻身中等贸易依存度国家行列，即贸易依存度集中在 30% ~ 100% 之间，如法国、意大利、英国、韩国、德国等。

（二）决定因素

首先是经济规模，也即一国 GDP 的大小。一般而言，在开放经济条件下，小国的贸易依存度大于大国，其主要原因是小国本身的资源和市场都有限，经济发展在很大程度上必须依靠进出口。相比之下，大国由于本身资源丰富、国内市场广阔等因素，对外部经济依赖程度不大，外贸依存度相对较低。

其次是国民收入的构成。三次产业变动对外贸依存度有很大影响，而产业结构又与一国发展阶段有关。处于经济初级发展阶段的国家，由于农业比重较大、制成品比重不高、出口竞争力不强等原因，一般外贸依存度较低。另一方面，发达国家中可贸易程度较小的第三产业（服务业）占有较高比重，因此它们的外贸依存度通常也不高。相比之下，处于经济发展中期阶段的国家由于第二产业比重高，产品在国际上具有一定的竞争力，所以外贸依存度较高。从美国、日本等发达国家的经济发展史可以观察到，它们的外贸依存度经历了由低到高、再由高到低的变化。

第三是经济发展战略以及由此导致的对外开放程度也是影响外贸依存度的重要因素。采取出口导向发展战略的国家，如亚洲四小龙，常常通过低估本币汇率、采取出口奖励等政策手段压低出口部门的生产成本，使国内资源更多地流向对外部门，同时这些国家又受本身市场、资源等限制，为保证出口增长还需要进口原材料等上游产品，因此这些国家外贸依存度会更高一些。与此相反，采取内向型发展战略的国家外贸依存度一般较低。

第四是汇率水平的影响。汇率水平对外贸依存度的影响分为直接和间接影响两种。直接影响是，由于汇率水平影响到国内外价格比，所以它对外贸依存度的分子、分母都产生影响。例如，当一国本币被低估时，以外币衡量的 GDP 会低估，这样计算出来的外贸依存度就较高，反之则反是。间接影响是，汇率往往是一国外贸政策的工具，如实行出口导向的国家选择采取汇率低估政策，那么会促使对外部门在经济中比重的提高，从而导致外贸依存度发生相应的变化。

此外，GDP 和 GNP 的差异也影响到外贸依存度。一般来说，由于大国 GDP 和 GNP 差别不大，所以以 GDP 计算的外贸依存度和以 GNP 计算的外贸依存度相差不大。但是如果考虑到对外投资的增加，两种算法可能会出现比较大的差异，例如随着国际分工体系的发展，发达国家向发展中国家的直接投资规模大大增加，发达国家的境外要素净流入扩大，GNP 大于 GDP，这样发达国家以 GDP 衡量的外贸依存度往往高于以 GNP 衡量的外贸依存度。相比之下，发展中国家的情况正好相反。

（三）原因分析

1. 贸易政策

改革开放以来，中国在对外贸易方面进行了一系列的改革，确立了出口导向型的外贸政策，大力鼓励出口，千方百计地通过出口进行创汇。尤其是 20 世纪 90 年代以来，为了调整进出口结构，运用了价格、汇率、利率、出口退税、出口信贷等手段调控外贸，使出口额年均增长达到 12.4%。这些外贸政策的实施，导致了中国进出口商品在国际市场上的份额不断提升，中国贸易规模列世界排名也不断上升，1997 年位居世界第 10 位，2004 年进一步上升至世界第 3 位，一直到今天，中国的对外贸易规模稳居世界第 3 位。从某种意义上来说，中国外贸依存度不断提升甚至出现偏高的现象是中国经济发展战略和外贸政策的产物。

2. 比重差异

中国对外贸易依存度偏高，包括出口依存度增长过快，与中国的加工贸易增长密不可分。近10年来中国市场经济的发展极大调动了三资企业和民营经济的发展，这给大量利用廉价劳动力的劳动密集型产品的生产创造了条件，造成了中国劳动密集型产品的生产的过度发展和盲目出口。很多外商看准了中国，作为其加工基地，大量开展加工贸易。因此从中国对外贸易结构看，加工贸易的快速发展对中国外贸依存度的提高具有重要影响。从20世纪80年代初，加工贸易从零起步，比重上升迅猛，1995年加工贸易额超过一般贸易，到2004年加工贸易出口额占出口总额的55.28%。2005年，加工贸易进出口总额已达6 905.1亿美元，占进出口贸易总额比重的48.55%，加工贸易出口与进口的年均增长速度高28.8%和24.2%，远高于出口和进口的年均增长速度15.3%和14.9%。加工贸易已占中国出口贸易的半壁江山，成为中国第一大贸易方式。

加工贸易是"两头在外，一头在内"的一种贸易方式，通常从事低层次加工贸易国家对外贸易依存度高于从事高层次加工贸易国家对外贸易依存度。目前中国的加工贸易从事的是低层次的加工贸易，即使属于高新技术产业中的加工贸易也是从事劳动密集型加工组装环节，附加价值不高，国内采购率较低，利用进口原材料、零部件加工生产后出口，它与国内经济的联系不紧密，因此运用包含加工贸易在内的外贸依存度指标，无法真实反映对外贸易对经济对国际市场的依赖程度。如果扣除加工贸易，出口依存度显著降低。

3. 汇率波动

从外贸依存度与汇率变动的相关分析看，外贸依存度与汇率变动之间的关系最为密切。在其他条件都不变的前提下，人民币升值，则外贸依存度下降；人民币贬值，则外贸依存度上升。1978年～1994年期间人民币汇率一直处于贬值中。1978年人民币汇率为1美元兑换1.5771人民币，1993年下降为1美元兑换5.7620元人民币；而1994年中国实施汇率并轨，国内银行挂牌的美元兑人民币的年平均汇率骤升至8.6187元，因此以人民币计算的进出口总额大幅增加，致使1994年相比1993年的对外贸易依存度猛增11个百分点；1994年～2003年，人民币汇率总体上处于稳定趋势。国内外多项研究成果表明，人民币名义汇率比其购买力平价（PPP）低3倍左右。从2003年至今，人民币受到来自多方因素的影响，汇率小幅上升。但从总体上看，人民币的大幅度贬值，对出口产生了巨大影响，外贸依存度从20世纪90年代初的30%上升到目前的60%。可以说中国外贸依存度的较快提高，人民币贬值是一个重要原因。

4. 高估依存度

GDP是对外贸易依存度计算公式中的分母，GDP统计结果对一国对外贸易依存有着直接的影响。由于中国是世界上唯一采用产出法计算国内生产总值的国家，所以统计遗漏很多。2005年和2006年国家统计局两次对GDP历史数据进行了修订，从两次公布的结果看，1993～2004年中国的GDP总量发生了较大的转变。经济普查年度GDP上调了23 002亿元，GDP年均上调7 418亿元。与GDP数据修订前相比，GDP数据修订之后中国历年的对外贸易依存度都降低了。2004年对外贸易依存度修订之前是70.01%，修订之后下降了10.2

个百分点，1993～2004年年平均下降了4.25个百分点。也就是说在对GDP进行修订之前，中国的对外贸易依存度普遍被高估。

此外，GDP包括第一、二、三产业的产值，其中第三产业可贸易程度较低，所以在计算对外贸易依存度时，第三产业在GDP中比重越大，计算得到的对外贸易依存度越小。因为第三产业在对外贸易中获取利益的主要途径是通过资本、技术输出、服务贸易等方式。在计算对外贸易依存度时一般用商品贸易额/GDP，所以作为分子的进出口贸易额就较小。因此，第三产业发达的国家外贸依存度就较低。从全世界范围看，21世纪初，世界第三产业占国内生产总值的比重平均为62%，其中低收入国家平均为38.8%，48个中等收入国家为54%，高收入国家（即发达国家）平均为67%左右，第三产业成为主要发达国家产值最大的部门。如美国，其第三产业占国内生产总值的比重高达75%，2005年其对外贸易依存度仅为25%，因而列入较低外贸依存度国家。而中国第三产业仅占国内生产总值的33%，以贸易占国内生产总值计算的贸易依存度就会偏高。

（四）注意问题

1. 问题综述

对外贸易依存度指标在理论界一直是大家争议的焦点，评价各不一致。根据凯恩斯的对外贸易乘数理论，一国的出口和国内投资一样，对就业和国民收入有倍增作用，出口与国民经济之间形成乘数效应。而出口取决于国外消费者对该国产品的需求情况，如果外国处于经济上升时期，则对该国的产品需求会增大，从而促进该国国民经济增长；但是如果外国进入经济增长衰退期或经济增长不景气，则对该国产品的需求下降，从而会将该国带进甚至加速经济衰退。因此，可以说对外贸易依存度的高低是一把双刃剑，任何国家在获得出口增长导致国内经济增长加快的同时，都应该认识到隐藏着巨大的风险。对于人口众多的发展中大国而言，这一指标不宜过高。否则，会使一国经济对于世界经济的波动十分敏感，并且忽视国内市场的培育和开发。

而有学者研究表明，中国GDP每增长10%，对外贸易的贡献度为2.5%。鉴于对外贸易对中国经济发展做出了巨大的贡献，且在经济全球化的大背景下，中国仍要从自身优势出发参与国际分工和国际贸易，对外贸易在今后将更进一步发展。但人们应调整对外贸易的状况和结构，使对外贸易切实拉动并稳定国内经济增长。

2. 开放市场

在经济全球化的环境中，任何国家和地区经济的发展都不能离开世界其他国家。国际分工进一步深化发展是必然的趋势，中国要实现经济的持续、稳定增长，必须进一步扩大对外开放，更快、更深融入国际经济全球化中去。

3. 扩大内需

从长期看，为了利用好对外贸易依存度这把双刃剑，减缓国际经济波动可能对中国经济造成的影响，应稳定中国的对外贸易依存度。目前的首要任务就是积极扩大内需，将中国的工业制成品的出口建立在满足国内需求的基础之上。在满足国内市场的前提下形成中国工业制成品的比较优势，降低对国外市场的依赖程度，自己掌控企业的生存状况。

中国的国内市场容量潜力巨大，这正是很多外商看好中国的重要原因之一。中国经济的长期发展与繁荣的基础应是国内消费和投资。国内市场的发展和完善是今后的重心，对外贸易活动应服从于中国的长期经济发展战略。特别是在目前中国与其他国家贸易摩擦逐渐增多的情况之下，扩大内需不失为促进经济增长，稳定对外贸易依存度的良方。

4. 技术创新

中国目前大力发展的加工贸易能耗高、污染严重、效率低下，始终处于国际分工的最底端。要想加快中国经济的发展，提高中国在世界经济中的地位，在国际贸易中占据主导，必须以技术进步和技术创新发展自主知识产权，掌握核心技术；从贴牌生产到创立世界品牌，使中国改变给发达国家打工，外贸以数量取胜的面貌，取得自主定价，商品以质量取胜的真正贸易大国地位。

5. 调整产业结构，提高服务贸易出口

服务贸易是现代经济中附加值高，且最具增长潜力的行业。从发达国家经济发展的轨迹分析，服务贸易的整体增长既优化了一国的产业结构，扩展了一国的经济规模，也降低了外贸依存度。同时服务产品的出口又提升了贸易的国际竞争力。中国的服务业占国民经济的比重处于较低水平，发展比较落后。因此大力发展服务贸易是中国经济和外贸发展的重要任务，提高服务贸易出口量，调整产业结构，必须发展第三产业，服务业发展了，才能参与更高层次的国际分工与国际贸易。

第二节　国际贸易理论阶段划分

一、古典贸易理论

15～16世纪初重商主义以"贸易差额论"为中心，一是重视经营金银，二是主张贸易保护政策，认为国家的繁荣来自贸易顺差。18世纪中叶英国进入产业革命，亚当·斯密在《国富论》中阐述了分工和自由经济的主要观点，深刻批判重商主义，在生产分工理论的基础上提出了绝对优势理论；随后大卫·李嘉图在斯密的理论基础上进一步发展提出比较优势理论，古典贸易理论由此诞生。绝对优势和比较优势理论是建立在一系列假设条件基础之上的，在相关的假设条件中，假设仅仅只有劳动力一种生产要素，因此，劳动生产率的差异体现了生产技术的差异。

不同国家在进行同种商品生产的过程之中，有着不同的生产率，绝对优势理论认为，

这种生产率的差异是促使两国进行贸易的主要原因。在国际分工中，各国应该将自己具有绝对优势的产品与其他国家的优势产品进行交换，使资源得到充分利用，使每个国家都获得最大利益。在此基础上，大卫·李嘉图（1817）的比较优势理论放宽贸易条件，重要的不是生产的绝对成本，而是一国生产产品的相对效率。也就是说，如果两个国家生产同种产品，具有更高生产效率的国家具有更大的产品优势，因此，另外一国就需要寻找本国生产劣势较小的产品进行生产。由于世界贸易和分工的发展，两国都可以在国际贸易中获得更多的利益。

假定市场完全竞争、规模收益不变、企业是同质的、劳动力是唯一生产要素等基本条件，成为古典贸易理论的重要条件。以这些假设条件为基础，国际贸易的产生与发展是因为各个国家的生产技术具有差异，各种产品的劳动生产率也不尽相同；就国际贸易分工结构而言，人们更加关注的是行业之间的分工与贸易；通过出口国的高生产率替代进口国低生产率的生产来提高生产力，增进社会福利，劳动力的价值是贸易利益分配的基础。

二、新古典贸易理论

古典贸易理论以各国间劳动生产率的差异来解释国际贸易的原因，但这并不能全面解释对外贸易产生的原因，贸易还反映各国之间的资源差异。例如，美国会进口加拿大的各种林木产品，这并不是因为美国的林木业劳动生产率较低，而是因为加拿大森林资源非常丰富。新古典贸易理论强调均衡的市场和产品成本的递增，在新古典贸易理论看来，如果两个国家的相关产品存在供给以及需求的差异，他们才能够进行更好的贸易。

要素禀赋理论先后由赫克歇尔（1919）和俄林（1933）师徒提出并论证，简称H-O模型，要素禀赋理论和古典贸易理论有着很多相同之处，假设条件的设定也非常严格，例如要求完全竞争市场以及消费者需求偏好相同等等诸多条件，要素禀赋理论要求在生产过程中投入一定的资本以及劳动要素，这与古典贸易理论不同。当今世界，各个国家的国际贸易模式在一定程度上取决于生产效率以及生产要素数量的不同。如果一个国家的某种产品的原材料资源非常丰富，那么它所生产的产品价格就比较低，就具有很大的产品优势。相反的，如果该国家的某种产品需要利用本国的稀缺资源作为原材料进行生产时，它所生产出的产品价格就会比较高，就没有所谓的产品优势，不能够扩大出口。针对于此，1948年保罗·萨缪尔森提出要素价格均等化定理（即H-O-S定理），该理论指出在国际贸易中各种生产要素价格可能会由于生产要素的自然禀赋的不同而存在一定的差别。不过，这种差别会由于生产要素以及商品的国际移动而逐步缩小，最终达到比较均衡的要素价格。

在不同国家同样的商品价格不同，这主要取决于要素相对价格，因此国际贸易的产生与发展根源在于要素禀赋差异。新古典贸易理论依然是行业间贸易，基于商品的国际流动，各国通过出口生产要素丰裕价格低廉的产品进口本国生产要素相对昂贵的产品，由此一来，降低了商品的生产成本，提高了社会福利。但H-O模型仍需进一步提高：首先，该模型在假设中认为在生产过程中仅仅需要两种生产要素，可是在实际生产过程当中是需要多种要素的；其次，该模型的所有假设都是在静态过程中完成的，没有利用技术进步等动态因素；最后，在该理论的分析过程中，运用了价格因素，这在一定程度上复杂了该问题。

H-O 模型存在的问题引起了人们的重视，在 20 世纪 50 年代美国经济学家里昂惕夫指出实证主义的发现可以说是与要素禀赋理论恰恰相反。在里昂惕夫看来，美国资本数量巨大，按道理说应该出口资本密集型产品，可是他们的出口产品却以劳动密集型产品为主。"里昂惕夫之谜"推进了贸易理论的发展进程，揭示了国际贸易的繁杂性。

三、新贸易理论

新兴古典经济学家的主要创立者是华裔经济学家杨小凯。新兴古典贸易理论的关键假设是经济中的每个个体都即使生产者又是消费者。由于每个个人、厂商或者国家都不能囊括所有商品的生产，因此生产者之间存在分工，为贸易的产生提供了必要条件，当分工产生的专业化经济大于进行贸易所需花费的交易成本时，贸易产生。新兴古典贸易理论的主要贡献在于系统地解释了贸易产生的原因，该论证在国内贸易和国际贸易中同样适用。由于该理论对分工的论证主要基于内生优势，因此新兴古典贸易理论也被称为内生优势理论。

新兴古典贸易理论认为，分工是贸易产生的必要条件，当分工经济大于交易费用时为贸易的产生提供了充分条件。即使所有的人都完全相同，不存在任何差异，也会在后天的分工选择中形成各异的内生比较优势，分工促使贸易的产生，贸易的成本形成交易费用，当交易成本大于分工经济的时候贸易产生的条件消失，各国又会发展封闭式经济，取消国际贸易。所以分工与专业化经济大于交易成本是贸易产生的必需条件，二者缺一不可。随着社会经济的发展，交易效率在不断提高，交易所需的成本不断下降，分工经济的优势更加突出，又会反而促进商品生产的专业化程度的提高。市场经济越活跃，商品种类越多，消费者对多样化商品的需求就会在更大程度上得到满足，从而使福利水平提高新兴古典贸易理论是杨小凯教授对古典贸易理论的深层次完善和补充。他从国际贸易的基本问题即贸易的产生出发，对贸易的起源进行了追本溯源的分析，并对在此基础发生的国内贸易和国际贸易及各个层次经济体的运行做详尽的阐述，使国际贸易理论体系更加完整。同时在围观和宏观层面上对贸易的运行机制进行了理论总结。

新兴古典国际贸易理论的进步性主要体现在三个方面。首先，新兴古典贸易理论以内生比较优势为依托，与古典贸易理论的外生比较优势形成对比，但又以之为基础。相比静态的古典贸易理论分析，新兴古典贸易理以专业化经济为基础对贸易产生的原因进行了探讨，并在此基础上对产品和市场的相关问题做了动态分析。世界经济总是处于不断的变动之中，而静态分析却只能描述在某一时点上经济的状态。因此，为了使理论更加接近现实，需要对经济的动态运行进行分析，内生优势的变化就是动态分析的主要因素。动态分析使理论更加接近现实，增加了对现实的适用性和解释能力。其次，新兴古典贸易理论是现实化的理论，它以专业化经济和交易成本为衡量标准现实经济的运行提供理论依据，同时也为管理者对贸易选择相关决策的制定提供指导，以在分工经济和交易成本的矛盾之中找到平衡点，使经济的运行更加稳定和高效。而且说明了国际贸易中经济分工的均衡状态，为经济学的进一步发展做出重要贡献。再次，新兴古典贸易理论对国内贸易和国际贸易的产生原因做了统一分析。认为国内贸易和国际贸易的起源在本质上是相同的，即当分工产生的专业化经济大于交易成本时，贸易就符合人类最大限度追求自身利益的本性，因此自然产生。它突破了新贸易理论的局限，即虽然说明国际贸易的益处，却无法论证为什么国际贸易要由国内贸易发展而来，而不是在贸易产生的时候就被所有的国家所承认并采取。新兴古典贸易理论对国内贸易和国际贸易起源的统一是该理论对国际贸易理论体系的最大贡献，不仅使国际贸易理论体系更加完整，也把经济运行的本质在更深层次上揭示出来，提高了理论对现实经济的认知和解释深度，因此也具有极其重要的现实性指导意义。新兴古典贸易理论的不足之处主要有两点：首先，它无法指明参与国际贸易的国家应依据什么原则选择出口和进口商品。根据李嘉图的比较优势理论，出口一国在国际市场上具有比较优势的产品或者进口存在比较劣势的产品均能获得比自己生产更多的利益。因此可以根据生产商品的比较成本的高低来确定要出口或进口哪些商品。新古典贸易理论中，对贸易模式问题也给出了明确说明，一国应出口较多使用其丰裕要素的产品，而进口较多使用其稀缺要素的产品，通过商品在国际市场上的价格优势获得更多利益。在新兴国际贸易理论中，克鲁格曼指出，商品生产的专业化生产所带来的利益是国内和国际贸易产生的原因。无法对具体应选择哪些产品用于出口或哪些产品需要进口做出具体说明。只能说明一国应出口本国的专业化经济较强，交易成本相对较低从而可以带来更多交易利益的商品，同时需要进口那些本国的专业化经济较弱，通过国际贸易可以以更低的成本获得的商品。至此，国际贸易理论中的三大基本问题都得到了解决。新兴古典贸易理论的第二个缺陷在于其对现实经济解释力的欠缺。该理论追求形式上的全面性，而无法顾及对经济运行细节的说明，因此它在一定程度上使一个宏观的框架，而不致力于对细微现象的解释。为了构建严密的逻辑框架，新兴古典贸易理论提出了严格的假设条件。而且该理论中所涉及的数据无法从现有资料中获取，从而无法对其进行检验或运用这一理论对现实状况进行预测。此外，新兴古典贸易理论更适用于解释长期中的经济现象，而对短期经济现象缺乏解释力，所以新兴古典贸易理论在现实中的适用之处极其有限，它在理论上对以往贸易理论的发展及对以后贸易理论的启示方面所起的作用远大于它对现实世界经济运行的解释和对经济发展的预示。即理论意义大于其现实意义。

四、新兴古典贸易理论

当国际贸易在各国之间如火如荼地开展时，经济学家们又提出了疑问，人们为什么从开始不直接选择国际贸易，而是从国内贸易发展到国际贸易呢？20 世纪 80 年代后以经济学家杨小凯为代表，内生分工与专业化成为经济学家们关注的焦点，并吸收古典时期和新古典时期的经济思想，产生了新兴古典贸易理论（又称内生性贸易理论）。基于个体是消费——生产者的新框架，引入超边际分析法，拟解决消费者偏好多样化和交易费用最优决策问题，通过新兴古典经济学，可以了解到贸易是个体专业化决策和社会分工导致的直接结果，引起贸易的原因则是分工和专业化进一步强化后的内生优势。

通过杨小凯的内生贸易模型可知，人们先天是没有比较优势的，他们会通过后天的发展而形成一定的行业优势，其在该行业的生产率就会比较高。分工的产生在一定程度上降低了个体的自给率，因此人们就需要对产品进行交换，如此一来就形成了贸易。人们生产产品的效率是不同的，这与其专业化以及分工水平息息相关。生产效率高的个体，能够在生产成本上形成优势，也就提高了其产品优势，从而极大地促进其贸易的发展。除此之外，由于发达国家与发展中国家之间的贸易量较小，新兴古典贸易理论特别注重到交易过程中的效率问题。发达国家和发达国家之间的贸易量远远超过了和发展中国家之间的贸易量，这种现象称为林德贸易模式，该模式产生的根源就是因为发展中国家的交易效率比较低。如果一个国家的交易效率比较低下，那么该国家的人民就会更多地选择自给自足，不会进行更多的贸易。相反如果一个国家的交易效率比较高，那么该国家的人民就会尽可能提高其生产分工的水平，进行更多的贸易。随着经济全球化的发展，世界各国的交易效率都得到了一定程度的提高，地方性市场也实现了统一。如此一来提高了交易效率，国际分工就能够进一步的深化，国际贸易就会进一步发展完善。

五、新 – 新贸易理论

随着理论研究的深入发展，新 - 新贸易理论诞生，该理论研究主要是在微观上对诸多的企业贸易以及投资现象进行了研究分析，并提出内生边界理论。20 世纪 90 年代以来，国际贸易的研究对象由国家和产业转向企业，企业的国际贸易现象发生了很大变化，如企业只进行国内贸易而不出口、直接出口国外贸易、对外直接投资（FDI）等，在生产上也出现了内部化、一体化和外包等形式。新 - 新贸易理论立足于两条主线索：第一，异质性企业贸易理论主要致力于研究分析企业的国际化路径选择；第二，企业内生边界理论对各个企业的全球化组织生产抉择进行了深入的研究分析。2003 年 Melitz 在模型中引入企业的生产率差异，并对各种假设条件进行了结合分析，其中包括垄断竞争模型以及企业异质性假设，说明了企业的贸易差异以及出口决策行为。生产率在很大程度上决定了企业的出口贸易选择，生产率高的企业会选择把自己的产品更多的出口，而生产率低的企业则只生产国内市场，并且贸易的发展会迫使低生产率的企业退出市场。贸易的存在进一步使得资源重新配置，流向生产率较高的企业。Helpman（2004）将异质性企业、出口和 FDI 纳入一个分析框架，通过建立多国多部门的一般均衡模型对企业出口和 FDI 进行分析，成为讨论出口还是 FDI 该类文献的首创。通常情况下，生产效率较高的企业会积极参加国际贸易，利用 FDI 的方式来提高企业的市场竞争力，而生产效率较低的国家则会采用出口的方式来进行国际贸易。然而，如果一个企业的异质性比较明显，那其通常会采用 FDI 这种方式。

在新 - 新贸易理论中，对国际分工进行了细化和说明，如果一个企业的生产效率较高，那么他通常会为了获得更多的利益而进行国际贸易，这说明了国际贸易的产生与发展受到了企业异质性的影响。新 - 新贸易理论主要是由异质企业贸易模型和企业内生边界模型构成的，其对各种优势来源进行了界定：个体影响整体，企业个体在生产发展中产生的变化，在一定程度上会影响该产业的发展，产业内部不完全契约在一定程度上和企业异质性相互影响，两者共同发展，对国际化生产进行了预测以及解释。尤其是对如今四种企业组织形式进行了说明，进一步推动了国际贸易的研究发展。

第三节 保护贸易理论

一、保护幼稚工业理论

幼稚产业保护论最初由汉密尔顿提出、经过李斯特全面发展而成为最早、最重要的贸易保护理论。幼稚工业保护论影响了 19 世纪的德国和美国，影响了 20 世纪的日本，使他们都能在保护主义的篱笆后面成长，强大之后又转而推行自由贸易。经过近半个世纪的修补与解释已经适用于现今的社会。

（一）出现原因

随着第一次工业革命，英国等先进工业国打着亚当·斯密自由贸易大旗，杀气腾腾涌入德意志经济领域，强烈冲击着脆弱的民族工业。分崩离析中的德意志显得那么虚弱，无力与英法等国争锋于贸易战场。

但是德意志没有被亚当·斯密唬住。李斯特对此洞若观火：斯密提倡的自由贸易，反映的是英国作为先发国的利益；德国需要贸易保护，因为它处在后发的位置上。如果按部就班跟着走，只能永远为英国伐木或者牧羊，成为被掠夺的对象。

对此，他有一个精彩的比方："当一个人已登上了高峰以后，就会把他登高时所使用的那个梯子一脚踢开，免得别人跟着他爬上来"。

为此，1841 年，李斯特提出了影响深远的"幼稚工业保护论"。

李斯特指出：在现代化的第一阶段，后发国应采取自由贸易政策，吸收先发国的生产力。像西班牙、葡萄牙那样"对先进的国家实行自由贸易，以此为手段，使自己脱离未开化状态"。在现代化的第二阶段，后发国向先发国推进过程中，应像美、法那样采取保护主义政策，保护本国工业。在现代化的第三阶段，已成为先发国的强国，应像英国那样"当财富和力量已经达到了最高度以后，再行逐步恢复到自由贸易原则，在国内外市场进行无所限制的竞争。"

（二）出现背景

当英国工业化的车轮滚滚向前时，德国仍然是个农业国家，停留在中世纪田园生活的时代。在这个国家，政治家和有识之士的最大愿望就是，使德国进入工业国家的行列，能与英国分庭抗礼。他们迫切地感到，德国必须有自己的经济学，没有别的理由，只因德国是个后进的国家，因此德国的经济学必须是后进国家的经济学。于是，一个有名的贸易理论———幼稚工业保护论便应运而生了，弗里德里希·李斯特成为其代表人物。在政治经济学方面，李斯特是亚当·斯密的批判者。李斯特认为，斯密和李嘉图自由贸易的主张，代表着英国有产阶段的利益，他们不仅要求在国内，而且在国际上也开展自由竞争，这有利于英国发财致富，却会牺牲落后国家的经济发展。他指出："在这种情况（自由贸易）下，整个英国就会发展成一个庞大的工业城市。……最上等的美酒就得供应英国，只有最下等的劣酒才能留给自己，法国至多只能干些小型女帽业那样的营生。德国看来对英国世界没有什么别的可以贡献，只有一些儿童玩具、木制钟、哲学书籍等，或者可以有一支补充队伍。他们为了替英国人服务，扩大英国的工商优势，传播英国文化，牺牲自己，长途跋涉到亚洲或非洲的沙漠地带，就在那里沦落一生。"

李斯特为德意志民族发出抗议的呼声："德国人为英国砍伐木材、生产扫帚和牧羊已经够久了。"

1841年，李斯特出版了他一生最重要的著作《政治经济学的国民经济体系》。该书着重分析了德国的历史和现实，比较系统地阐述了贸易保护的思想。作为贸易保护的立论基础，李斯特首先提出了经济发展阶段说，将人类社会的发展阶段共分为五个时期，即未开化时期、畜牧时期、农业时期、农工时期和农工商时期。不同的时期，应当采取不同的贸易政策。头三个时期属于贸易政策的第一阶段，"对比较先进的国家实行自由贸易，以此为手段，使自己脱离未开化状态，在农业上求得发展；第二阶段是，用商业限制政策，促进和保护工业、渔业、海运事业和国外贸易的发展；最后一个阶段是，当财富和力量已经达到了最高度以后，再行逐步恢复自由贸易原则，在国内外市场进行无限制的竞争，使从事农工商业的人们在精神上不致松懈，并且可以鼓励他们不断努力去保护既得的优势地位"。

按照斯密等古典经济学家的贸易理论，国际贸易对参与双方都有好处，如果一种商品，在别国的生产费用较低，就无须在本国生产，因为花钱向别国购买更为合算和有利。李斯特反对这种说法，他认为，经济落后国家参与国际分工和交换的目的是发展本国的生产力，这是最根本的。古典贸易理论只是强调落后国家可以花钱买到更便宜的商品，只是着眼于眼前使用价值的增加，而没有考虑到一个国家，尤其是经济落后国家生产力的进步。向别国购买廉价商品，虽然从表面上看要合算一些，但是这样做的结果，德国等落后国家的生产力就不能获得发展，德国将永远处于落后和从属于外国的地位。而保护性关税，起初虽然会使工业品的价格提高，但经过一定阶段，生产力提高了，商品价格和生产费用就会跌落下来，甚至会跌到外国商品以下。因此，"保护性关税如果会使价值有所牺牲的话，它却使生产力有了增长，足以抵偿损失而有余"。这就是说，为了生产力的发展，即使暂时牺牲一些使用价值，也是值得的。

李斯特指出，一个国家所具有的一切生产力中，没有一种比得上工业。在他看来，工业是资本和劳动岗位的创造者，一个国家，如果只从事农业生产，就好比一个人只用一只手进行工作。但在自由竞争的条件下，一个落后国家如果没有保护，要想成为新兴的工业国家是不可能的。因为这些国家的工业很多都是幼稚工业，还没有走向成熟，羽翼未丰，经不起先进国家廉价商品的冲击。只有对其中一些有前途的工业进行保护，才能使它们尽快地成熟起来，参与国际市场的激烈竞争，带动整个国家经济的发展。这就好比一只雏鹰，必须经过精心的哺育，才能展翅高飞，搏击风雨。

在李斯特贸易理论的指导下，德国最终实现了工业化，跃进世界发达国家的行列。

（三）主要内容

李斯特的幼稚工业保护理论建立在三大理论基础上：国家经济学、社会经济发展五个阶段论及生产力理论。其中生产力理论是核心。建立在这三大理论基础上，他提出了如下基本观点：

1. 提出发展阶段论，批判比较成本理论忽视了各国历史和经济的特点。李斯特认为，斯密和李嘉图的理论尽管有其长处，但却只是适合英国的情况，或者说只是从全世界共同发展出发的，而没有考虑到各国情况不同、利益各异，这不是一种普遍适用于各国的理论。

李斯特特别强调每个国家都有其发展的特殊道路，并且从历史学的观点，把各国的经济发展分为五个阶段：原始未开化时期、畜牧时期、农业时期、农工业时期、农工商业时期。他认为，各国在不同的发展阶段，应采取不同的贸易政策，在经济发展的前三个阶段必须实行自由贸易；当处于农工业时期时，必须将贸易政策转变为保护主义；而经济进入发展的最高阶段，即农工商业时期时，则应再次实行自由贸易政策。只有这样才可能有利于经济的发展，否则将不利于相对落后国家的经济发展。

李斯特指出，由于英国已进入农工商业时期，它实行自由贸易政策是正确的，但绝不能否认保护贸易政策在英国经济发展史上所起的重要作用。至于德国，由于它还处在农工业时期，所以必须采取保护贸易政策。

2. 提倡生产力论，指出比较成本论不利于德国生产力的发展。李斯特指出，生产力是创造财富的能力。一个国家的财富和力量来源于本国社会生产力的发展，提高生产力是国家强盛的基础。他说："财富的生产力，比之财富本身不晓得要重要多少倍；它不但可以使原有的和已经增加的财富获得保障，而且可以使已经消失的财富获得补偿。"李斯特正是从保护和发展生产力的角度出发，主张在农工业时期的国家必须采取保护贸易的政策。

李斯特指出，在当时，如果英国的自由贸易学说不加区别地应用于各国，就会使先进的英国商品充斥落后国家，包括李斯特的祖国——德国。从短期来看，落后国家可以买到一些廉价商品，似乎占了便宜；但从长远看，落后国家的工业却因此发展不起来，社会生产力得不到提高，就会长期居于落后地位和从属地位。反之，如果德国采取保护贸易政策，从短期看，某些商品价格，特别是先进的工业品价格是高一些，但是，为了培育自己的民族工业，就应当忍受暂时的牺牲。经过一段时期，民族工业发展起来了，原来依靠进口的商品——先进工业品的价格就会降下来。这样，看起来似乎开始时减少一些财富，但却通过保护贸易，发展了自己民族的生产力，即创造财富的能力，这才是真正的财富。李斯特说："保护关税如果会使价值有所牺牲的话，它却使生产力有了增长，足以抵偿损失而有余。"

3. 主张国家干预经济，反对古典学派的放任自由原则。李斯特指出，要想发展生产力，必须借助国家力量，而不能听任经济自发地实现其转变和增长。他承认当时英国工商业的发展，但认为英国工商业的发展也是由于当初政府的扶植政策所造成的。德国正处于类似英国发展初期的状况，应实行在国家干预下的保护贸易政策。

李斯特主张通过保护关税政策发展生产力，特别是工业生产力。他指出，工业发展以后，农业自然跟着发展。因此，他提出的保护对象有几个条件：

①幼稚工业才需保护。

②在被保护的工业得到发展，其产品价格低于进口同类产品并能与外国竞争时，就无须再保护，或者被保护工业在适当时期（如 30 年）内还不能扶植起来时，也就不需再保护。

③一国工业虽然幼稚，但如果没有强有力的竞争者，也不需要保护。

④农业不需要保护。

基于李斯特主张保护的是幼稚工业，并且主要是通过关税保护，所以，人们把李斯特的保护贸易理论称作幼稚工业保护论或关税保护贸易理论。

（四）中心内涵

提高进口商品关税，保护本国幼稚工业。内容：

①对外贸易政策的目的是发展生产力。

②对外贸易政策取决于该国该时期的经济发展水平。李斯特把根据国民经济完成程度，把国民经济的发展分为五个阶段：原始未开化时期、高牧时期、农业时期、农工业时期、农工商业时期。

③主张国家通过关税干预对外贸易。

（五）影响

美国宪法禁止出口关税，发展中国家却经常对他们的传统出口产品征收出口关税，以得到更有利的价格和增加收入。发展中国家之所以在很大程度上依赖出口关税增加收入，是因为这种关税征集上很方便。相反，工业化发达国家通过设置关税或其他贸易壁垒来保护某些产业（劳动密集型），而收入的增加主要是通过征收所得税。工业化国家自二战以来关税一般都有所下降，现在制成品的平均关税不超过 5%，但是农业品贸易却一直受直接配额限制和非关税贸易壁垒。主要发达国家和欧盟国家对进口的纺织品和服装、皮革、橡胶以及旅游产品都在征税最高的产品之列，但是平均税率水平仅在 5% 左右。其他发展中国家的平均税率甚至更低。主要发展中国家，税率最低的是韩国，最高的是印度，发展中国家税率普遍比大的发展中国家高得多。

战略性贸易政策，一个国家可以（通过暂时的贸易保护、补贴、税收以及政府和工业部门合作的计划）在半导体、计算机远程通信和其他被认为对该国至关重要的领域内创造出比较优势。这些高科技有很高的风险，要求大规模生产以形成规模经济，当其成功时便可能带来外部经济。战略性的贸易政策认为通过鼓励这样的产业，国家可以从中得到很大的外部经济，也加强了这些部门未来增长的前景。政策适用于发达国家，有助于它们在重要的高科技领域中获得比较优势。

保护幼稚工业论，一个国家的某种商品可能有潜在的比较优势，但是由于缺乏专有的技术和最初较少的投入，该产业难以建立，或者虽已启动，亦难与许多现有的国外公司进行成功竞争。对幼稚工业进行暂时的保护，直到它能对付国外的竞争，具有经济规模和形成长期的竞争优势为止，那时就可以取消保护了。保护幼稚工业论适用于发展中国家，以补贴形式为主，是直接的帮助形式。大多数发展中国家以出口导向和进口替代实现工业化和发展的策略。

（六）现实应用

从 WTO 条文的规定来看，各种保障条款的适用条件均各不相同，不可替代。相对而言，幼稚产业保护条款的条件显得较为宽松。因为，与反倾销、反补贴和保障措施相比，援引幼稚产业保护条款不需要以国内产业受到损害为前提；与第 28 条的关税重新谈判相比，援引第 18 条 B 节修改或撤销关税减让，既不受三年约束期的限制，也不会被 WTO 机构所阻断。而第 20 条的援引很少成功，第 18 条 B 节和第 25 条的援引条件变得难以达到。似乎援引幼稚产业保护条款更有优越之处，是否可得出援引幼稚产业保护条款更具可行性的结论，既然幼稚产业保护条款的援引条件显得较为宽松，那为什么国际范围内反倾销案件急剧上升，各国包括众多发展中国家却纷纷采取反倾销手段来保护本国产业呢，这一问题还得回到实际运用的效果中去考察，从实际操作的角度透视幼稚产业保护条款。

经过近半个世纪对 GATT 规则的修补与解释，尤其乌拉圭回合对例外条款采取收紧法网与严密条件限制以后，这些保障条款的性质和条款的适用，确实有很大变化。在 GATT 实际适用中，对幼稚产业条款的解释和程序规则上，遇到很大困难。首先，从第 18 条的规定可以看出，发展中国家可以援引 18 条以背离 GATT 规则的条件是"只能维持低生活水平""经济处在发展初期阶段"的缔约国，这些国家可以根据该条 A、C 节修改或撤销关税减让以及采取非关税措施。为了帮助对哪些是符合上述条件的缔约国的理解，GATT 对此做了进一步注解："在考虑一缔约方的经济是否只能维持低生活水平时，缔约方全体应考虑这一缔约方经济的正常状态，而不应以这一缔约方的某项或某几项主要出口产品暂时存在特别有利条件的特殊情况作为判断的基础""所用处在发展初期阶段一词不仅适用于经济刚开始发展的各缔约方，也适用于经济正在经历工业化的过程，已改正过分依靠初级产品的各缔约方"。这一解释还是显得过于宽泛、含糊，在实际适用过程中仍然无法确定地判断适用的标准。

在关贸总协定的实践中，为了克服第 18 条过于空泛的缺陷，采取两种解决方法：第一，结合第 18 条规定的标准，提出了人均国民生产总值，工业在国民生产总值中所占比重等几项具体标准，综合加以衡量；第二，不是通过第 18 条的定义或其他标准解决，而是经过缔约方全体的非正式谈判为特定案件达成一份非官方名单。由此可见，解决因援用第 18 条的缔约国的适格问题并非易事。

其次，对"为促使某项工业建立"难作界定，也使得适用范围不清。再次，许多专家认为，第 18 条 B 节"为保证其经济发展项目能有足够的储备水平"在意思上完全可以把 C 节"促使某项工业建立"包括进去，没有必要再去界定 C 节所指的确切范围。最后，C 节对申请审查批准手续的程序规定得非常周折、繁杂，其只要经"缔约方全体一致同意"，很难成功。

赵维田先生更尖锐地指出"至今尚为某些同志所津津乐道的'幼稚工业'条款，实际上是'此路不通'，不可再寄予幻想"，而认为反倾销是"最适合保护本国企业的手段"。

单从规定的表面来看，幼稚产业条款的条件确实相对宽松或说是更具有一些弹性，确实不能忽视其在实际操作层面存在的困难，范围解释的模糊与程序的繁杂确实在一定程度上遏制了其适用。因而中国在援引 WTO 幼稚产业保护条款时也须慎重。

总的来说，中国援引 WTO 幼稚产业保护条款具有一定的可行性：其一，中国是以发展中国家的身份恢复缔约国地位，作为发展中国家的地位仍不容置疑。中国现阶段的经济状况亦确实符合该条规定的"只能维持低生活水平"和"处于发展初期阶段"等要求；其二，中国政府对国民经济和社会发展规划的制定，无一例外地涉及了中国相关产业的发展。中国完全可以以这些规划或计划为依据要求对有关产业进行保护。

但是幼稚产业保护条款并不直接等于保护幼稚产业。如何保护幼稚产业，即保护手段也并非唯有幼稚产业保护条款。经济学家认为，采用产业政策如优惠贷款、免税补贴等要优于采用进口关税和数量限制等限制进口的贸易政策。这种观点很有道理，实践中各国也是尽量这样去行动的，这与 WTO 的精神也是十分切合的。当然，如果从世贸规则来说，既然援引幼稚产业保护条款是发展中国家经过斗争才得以享有的一项权利，并且援引这一条款确实可以起到一定程度的保护本国相关产业的作用，同时采用关税办法还能增加政府的财政收入，当适当的时候援引此条规定是确有它自己的合理性。

二、超保护贸易理论

超保护贸易理论是在 20 世纪 30 年代提出的凯恩斯主义的国际贸易理论，它试图把对外贸易和就业理论联系起来。 超保护贸易理论的主要论点包括鼓吹贸易顺差以扩大有效需求；鼓吹贸易顺差有益，贸易逆差有害。政策主张包括认为古典学派的国际贸易理论已经过时，反对自由贸易；鼓吹贸易顺差有益，逆差有害；扩大有效需求的目的在于救治危机和失业。

（一）时代背景

超保护贸易主义在第一次世界大战与第二次世界大战之间盛行。在这个阶段，资本主义经济具有以下特点：

1. 垄断代替了自由竞争；

2. 国际经济制度发生了巨大变化；

3. 1929 ～ 1933 年经济大危机。之后，各国相继放弃了自由贸易政策，改变为奉行保护政策，强化了国家政权对经济的干预作用。在这种情况下，凯恩斯改变了立场，进而赞同超保护贸易政策，并积极为其提供理论依据。

（二）主要论点

1. 鼓吹贸易顺差以扩大有效需求

对古典自由贸易理论假定国内是充分就业的，国家间贸易以出口抵偿进口，进出口能够平衡。偶尔出现差额，也会由于黄金的移动和由此产生的物价变动而得到调整，进出口复为于平衡。

凯恩斯主义认为，古典学派的贸易理论已经过时了。首先，是他们的理论前提条件，即充分就业事实上并不存在，现实社会存在着大量的失业现象。其次，传统理论只用国际收支自动调节机制"来证明贸易顺差、逆差的最终均衡过程，忽视了在调节过程中对一国国民收入和就业的影响，这是不对的"。

2. 鼓吹贸易顺差有益，贸易逆差有害

凯恩斯主义认为，总投资包括国内投资和国外投资，国内投资额由"资本边际收益"和利息率决定，国外投资量则由贸易顺差大小决定，贸易顺差可为一国带来黄金，也可扩大支付手段，压低利息率，刺激物价上涨，扩大投资，这有利于国内危机的缓和与扩大就业率。贸易逆差会造成黄金外流，使物价下降，招致国内经济趋于萧条和增加失业人数。

结论：贸易顺差能增加国民收入，扩大就业；贸易逆差则会减少国民收入，加大失业。

（三）政策主张

1. 认为古典学派的国际贸易理论已经过时，反对自由贸易

凯恩斯主义认为，首先是古典学派理论的前提条件，即充分就业事实上并不存在，现实社会存在着大量失业。其次，传统理论用"国际收支自动调节机制"来证明贸易顺差、逆差的最终均衡的过程，忽视了在调解过程中对一国国民收入和就业的影响，这是不对的。

2. 鼓吹贸易顺差有益，逆差有害

凯恩斯主义认为，贸易顺差可为一国带来黄金，可以扩大支付手段，压低利息率，刺激物价上涨，扩大投资，这有利于国内危机的缓和与扩大就业量。

3. 扩大有效需求的目的在于救治危机和失业

凯恩斯的拥护者们以提高有效需求为借口，极力提倡国家干预对外贸易活动，运用各种保护措施，以扩大出口，减少进口，争取贸易顺差。

三、战略性贸易政策理论

（一）概况

20 世纪 80 年代以来，以詹姆斯·布朗德、巴巴拉·斯潘塞等人为代表的西方经济学家提出了战略性贸易政策理论。所谓战略性贸易政策，是指在"不完全竞争"市场中，政府积极运用补贴或出口鼓励等措施对那些被认为存在着规模经济、外部经济或大量"租"（某种要素所得到的高于该要素用于其他用途所获得的收益）的产业予以扶持，扩大本国厂商在国际市场上所占的市场份额，把超额利润从外国厂商转移给本国厂商，以增加本国经济福利和加强在有外国竞争对手的国际市场上的战略地位。

战略性贸易政策理论可以分为利润转移理论和外部经济理论两大分支，包含三个层次的具体论点：利用关税抽取外国垄断厂商的垄断利润，以进口竞争产业的保护来促进出口和以出口补贴为本国寡头厂商夺取市场份额。外部经济理论为广义的战略性贸易政策理论，本章针对外部经济理论重点分析了其引导的目标产业确定和针对目标产业所确立的贸易政策和产业政策。

（二）简介

战略性贸易政策理论（strategic trade policy）最早提出于 20 世纪 80 年代中期。自从该理论出现以来，对国际贸易理论体系以及许多国家对外贸易政策的制定都产生了重大影响。尽管对该理论的尖锐批评此起彼伏，同时其基本模型自身也有待进一步完善，但重要的是，它确实动摇了传统国际贸易理论的统治地位，并且在很大范围内，该理论转化为了实际的政策建议并得到了有效实施。以最具有战略性特征的高科技产业为例，政府运用包

括 R&D 补贴在内的各种政策工具扶持本国的高科技产业已经是司空见惯的现象。而事实上，战略性贸易政策理论的实际影响力更为深远，绝非对一些产业进行扶持本身所能反映的。1992 年后美国经历了很长时间的经济高速增长时期，而与此同时，世界上其他国家和地区的经济却表现不佳。当然这其中与当时一些国家正经历计划经济向市场经济的转变，同时欠发达国家以及新兴工业国家分别遭遇债务问题和金融危机有很大关系。但依然不能完全解释两者迥然不同的境遇。许多经济学者认为正是战略性贸易政策的实施导致了世界财富向超级强国的集中。因此对该理论的产生背景，演进路径以及实施进行深入研究有助于从另一个角度理解经济发展过程中这种巨大的不平衡效应。

（三）基本内容

1. 利润转移论

（1）战略性出口政策

政府可以通过出口补贴或研发补贴本国厂商政策工具达到把外国生产者的垄断利润转移到国内生产者手中，从而增加本国福利的目的。其实质是想实现国外厂商垄断利润向国内厂商的转移，危险的是易引起对方国的报复而陷入"囚徒困境"。为避免"囚徒困境"，最优的贸易政策是两国都征收出口税，从而形成一个利润最大化的卡特尔结构。

（2）战略性进口政策

该政策是当外国出口寡头垄断厂商和本国厂商在本国市场竞争的情况下，政府应采用进口关税政策以抽取外国垄断厂商的垄断租金以提高本国福利。其政策目的是抽取外国厂商利润令外国垄断厂商利润下降，提高本国福利、限制外国产品进口，实质是"新幼稚产业保护理论"。

（3）进口保护促进出口政策

保罗·克鲁格曼认为，政府通过贸易保护，全部或局部的封闭本国市场，阻止国外产品进入本国市场，可使国外竞争者由于市场份额的缩小而边际成本上升，达不到规模经济；与此同时，使得本国原本处于追随地位的厂商快速扩大市场份额，达到规模经济而降低边际成本，从而增强进军国际市场的竞争力，达到"以保护进口市场而扩大出口"的目的。

2. 外部经济理论

外部经济理论认为，某些产业或厂商能够产生巨大的外部经济，对其他产业乃至整个经济发展产生有利的影响，并在国际分工格局中长期居于出口优势地位。

国际贸易领域的外部经济主要有三种类型：一是企业的技术创新知识随产品出口流向国外企业而产生的企业间经济外溢效应；二是垄断竞争部门的中间产品出口引起的其经济技术知识外溢到国外下游产业部门的产业内经济外溢效应；三是战略性产业对其他产业形成支撑的产业间经济外溢效应。

为有效避免和降低具有高生产率、高附加值的战略型产业因外部经济存在而产生的市场失败问题，本国政府有必要对这些战略产业予以补贴。政府补贴并促进能过显著产生外部经济的产业发展，能够提高国家的国际竞争力，同时又对国外相关产业和企业具有经济外溢效应，不是"零和博弈"，而是贸易双方的一种双赢。

（四）实行意义

1. 战略性贸易政策理论的出发点是增进本国福利，在这一点上与主张自由贸易的传统国际贸易理论并无差异。两者的区别在于最后得出的政策建议。

2. 战略性贸易政策理论只针对寡头垄断、不完全竞争和存在规模经济的产业结构。而这些产业往往是具有超额垄断租金并对本国国民经济有技术外溢效应的高端产业。

3. 建立在不完全竞争和规模经济基础上的国际分工体系是动态的、随机的。在这种分工体系中，政府的政策制定、企业的策略选择都是相互依赖、互为影响的。这留给了政府充分的空间去运用产业政策形成对本方有利的均衡格局。

4. 一国兴衰的根本在于国际竞争力的大小，在于国家的竞争优势，具有比较优势并不意味着具有竞争优势。在高端产业中，发达国家运用战略性贸易政策已经占据了先行优势。因此按照传统的劳动生产率和资源禀赋差异形成的比较优势原则进行国际分工必然导致发展中国家进口资本和技术密集型产品，出口劳动密集型产品。发展中国家永远处于分工链的低端。发展中国家要实现产业升级和经济质的飞跃，完全的自由放任是不可行的。

5. 重视发挥政府的作用。政府的战略性贸易政策可以创造出新的比较优势。政府可以通过积极引导国内产业不断集中，以培育大型跨国公司，增强中国产业在国际市场上的竞争力。同时可以借鉴日本、印度等国家的经验，加强对战略性产业的积极引导。还可以通过对一些外部效应较大的重点高新技术产业的研发活动直接提供补贴，或者政府与企业共同实现科技攻关，从而提高中国产业结构的科技含量，充分发挥政府在产业升级和经济发展中的积极作用。

（五）适用性

就中国而言，尽管在美国商务部展开的调查中可以提供大量的证据表明事实，但是有两个问题有待突破，一是损害程度的认定和损害与所谓倾销的因果关系，另一个就是测定倾销的幅度。寄希望于在企业的勇敢应诉中，在高水平律师的据理力争中赢得胜利。但是，一方面这种官司颇费时日，另一方面，还是受到了不同程度的出口限制，甚至可能退出美国彩电销售市场。现在所要思考的是，中国能否尽量避免这类限制。

现代国际贸易政策理论，一个国家应该在不完全竞争的市场中，通过政府干预使本国获取最大限度的贸易利益。这种理论强调，现代市场经济条件下，企业所追求的不仅是正常利润，更重要的是通过控制市场销售量或市场价格，获取最大限度的垄断利润或超额利润。因此现代国际贸易不是为了单纯的出口总值的增长，更多的是为了利润的最大化。为此，企业可能选择较少的出口，而不是较多。

　　然而在出口企业数目较多的情况下，每一家企业都会高估自己在国外市场上的需求量或需求规模，从而高估预期的垄断利润，结果是各家企业竞相出口，以致形成较低的出口价格和过度的出口规模。这种局面不仅造成了肥水外流，还可能引发进口国的反倾销，或反倾销威胁。

　　一个比较成熟的市场经济不仅意味着"看不见的手"能够发挥作用，"看得见的手"——政府干预也应该发挥作用。这种作用不仅表现在进口的某种政府干预上，还体现在对出口的政府干预。这种干预与否的基本尺度是，单纯靠市场因素能否使本国在重要产品的出口上获取最大限度的利润，而不是最大的出口值或出口规模。当本国某种产品的出口增长过快时，政府（还有行业协会）所能做的是，提出预警建议，直至征收出口关税，或采取与征收出口关税具有同等效力的其他措施。其目的是使本国获得出口贸易的利润最大化。相应地，当出口数量被限定在某种数量之内时，其在进口国市场上的价格也会相应上升，客观上避免了进口国同类企业的申诉。这就是所谓的战略性出口政策。

　　战略性贸易政策的基本含义就是，在不完全竞争的市场条件下，政府通过干预，改变不完全竞争企业的战略性行为，使国际贸易朝着有利于本国企业获取最大限度利润的方向发展。战略性出口政策不仅意味着对某种产品出口的鼓励或支持，还包含着对出口量的限制或抑制。

　　中国加入世界贸易组织以后，减少了许多与 WTO 有关协议不一致的行政干预或政府干预。但是，选择对外贸易的自由化并非不要政府干预，相反，加入 WTO 要求政府具有更高超的干预手段，促进贸易利益的最大化。学习战略性贸易政策可能更具有实际意义。

第八章　国际货物运输及运输保险

第一节　国际货物运输

一、海洋运输

海洋运输又称"国际海洋货物运输"，是国际物流中最主要的运输方式。它是指使用船舶通过海上航道在不同国家和地区的港口之间运送货物的一种方式，在国际货物运输中使用最广泛。目前，国际贸易总运量中的 2/3 以上，中国进出口货运总量约 90% 都是利用海上运输。海洋运输对世界的改变是巨大的。

（一）种类

海洋运输是国际贸易中最主要的运输方式，国际贸易总运量中的三分之二以上，我国绝大部分进出口货物，都是通过海洋运输方式运输的。海洋运输的运量大，海运费用低，航道四通八达，是其优势所在。但速度慢，航行风险大，航行日期不易准确，是其不足之处。

按照船舶的经营方式，海洋运输可分为班轮运输和租船运输。

1. 班轮运输

班轮运输的特点：

（1）班轮运输有固定的船期、航线、停靠港口和相对固定的运费率；

（2）班轮运费中包括装卸费，故班轮的港口装卸由船方负责；

（3）班轮承运货物的数量比较灵活，货主按需订舱，特别适合于一般件杂货和集装箱货物的运输。

（4）班轮运费。

班轮运费由班轮运价表规定，包括基本运费和各种附加费。基本运费分成两大类：一类是传统的件杂货运费；一类是集装箱包箱费率。

件杂货也有按商品价格或件数计收运费的。大宗低值货物，可由船、货双方议定运价。

班轮运费中的附加费名目繁多，其中包括：超长附加费、超重附加费、选择卸货港附加费、变更卸货港附加费、燃油附加费、港口拥挤附加费、绕航附加费、转船附加费和直航附加费等。

集装箱运输费用中，除上述海运费用外，还需包括有关的服务费和设备使用费。

此外，班轮公司对不同商品混装在同一包装内，按其中收费较高者计收运费。同一票商品，如包装不同，其计费等级和标准也不同，如托运人未按不同包装分别列明毛重和体积，则全票货物按收费较高者计收运费、同一提单内有两种以上不同货名，如托运人未分别列明毛重和体积，亦从高计费。

2. 租船运输

租船指包租整船。租船费用较班轮低廉，且可选择直达航线，故大宗货物一般采用租船运输。租船方式主要有定程租船和定期租船两种。

（1）定程租船。定程租船是以航程为基础的租船方式，又称程租船。船方必须按租船合同规定的航程完成货物运输任务，并负责船舶的运营管理及其在航行中的各项费用开支。程租船的运费一般按货物装运数量计算，也有按航次包租金额计算。

租船双方的权利和义务，由租船合同规定。程租船方式中，合同应明确船方是否负担货物在港口的装卸费用。如果船方不负担装卸，则应在合同中规定装卸期限或装卸率，以及与之相应的滞期费和速遣费。如租方未能在限期内完成装卸作业。为了补偿船方由此而造成延迟开航的损失，应向船方支付一定的罚金，即滞期费。如租方提前完成装卸作业则由船方向租方支付一定的奖金，称为速遣费。通常速遣费为滞期费的一半。

（2）定期租船。定期租船是按一定时间租用船舶进行运输的方式，又称期租船、船方应在合同规定的租赁期内提供适航的船舶，并负担为保持适航的有关费用。租船人在此期尚可在规定航区内自行调度支配船舶，但应负责燃料费、港口费和装卸费等运营过程中的各项开支。

（二）特点

海洋运输是国际商品交换中最重要的运输方式之一，货物运输量占全部国际货物运输量的比例大约在 80% 以上，海洋运输具有以下特点：

1. 天然航道

海洋运输借助天然航道进行，不受道路、轨道的限制，通过能力更强。随着政治、经贸环境以及自然条件的变化，可随时调整和改变航线完成运输任务。

2. 载运量大

随着国际航运业的发展，现代化的造船技术日益精湛，船舶日趋大型化。超巨型油轮已达 60 多万吨，第五代集装箱船的载箱能力已超过 5000TEU。

3. 运费低廉

海上运输航道为天然形成，港口设施一般为政府所建，经营海运业务的公司可以大量节省用于基础设施的投资。船舶运载量大、使用时间长、运输里程远，单位运输成本较低，为低值大宗货物的运输提供了有利条件。

4. 运输的国际性

海洋运输一般都是一种国际贸易，它的生产过程涉及不同的国家地区的个人和组织，海洋运输还受到国际法和国际管理的约束，也受到各国政治、法律的约束和影响。

5. 速度慢、风险大

海洋运输是各种运输工具里速度最慢的运输方式。由于海洋运输是在海上，受自然条件的影响比较大，比如台风，可以把一运输船卷入海底，风险比较大，另外，还有诸如海盗的侵袭，风险也不小。

6. 不完整性

海洋运输只是整个运输过程的一个环节，他的两端的港口必须依赖其他运输方式的衔接和配合。

海洋运输也有明显的不足之处：如海洋运输易受自然条件和气候的影响，航期不易准确，遇险的可能性也大。

（三）收运原则

在受理出口货物的发运时，首先要考虑的是我们的服务对象是否具备发运货物的条件，是否符合我国海关法律规定的要求，以及它所提供的文件和货物是否符合航空运输及海关的规定，换句话说就是是否符合收运的原则，收运的原则归纳起来有以下三个方面：

1. 海关方面

（1）用户是否具有进出口经营权，所有出口的货物是否在其经营范围之内。（2）用户是否在出口口岸海关注册，如果未注册将不能在此口岸报关。（3）如要出口其经营范围以外的商品，需申领出口许可证。（4）能向海关提供全套有效单据。（5）没有海关注册的单位在具有厅、局级批文的情况下，可以办理以下贸易性质的货物发运：无偿援助、暂时进出口、其他（非贸易性质）等。

2. 航空公司方面

Ⅰ、华沙公约

Ⅱ、海牙约定书

Ⅲ、AIR CHINA 与外航签订的运输协议

明确托运人、承运人的责任托运人的责任

Ⅰ、托运人交运的货物必须符合有关始发、中转和到达国家的法令、规定和 AIR CHINA 的一切运输规定。

Ⅱ、托运人应自行办托海关、检疫和政府其他部门规定的有关货物进境、出境、中转等一切手续。

Ⅲ、托运人有责任提供与运输有关的文件和信息，并对所提供的文件和信息的正确性和完备性负责。

办理国际货物运输。承运人所负责的最高责任限额为毛重每公斤 20 美元或等值货币。如果托运人要求承运人承担更高的责任限额，必须为被交的货物申明一个价值，并为其交付申明价值附加费。

包装符合要求航空运输对包装的要求：即在正常操作条件下，保证使货物完好地到达目的地，而不致损坏，具体要求托运人要根据货物的性质形状、重量和空运的要求妥善加以包装，不要用草袋、粗麻包、草绳等做包装材料。

3.不能办理运费到付的货物

以下十二种货物不受理运费到付：

①尸体、骨灰；

②活体动物；

③易腐货物；

④私人用品或没有商业价值的家具；

⑤商业价值低于运费的货物；

⑥无价样品；

⑦报纸、印刷品、新闻胶片；

⑧酒精饮料；

⑨托运人与收货人为同一人的货物；

⑩收货人所在地为机场、宾馆，或其他为临时性地址的货物；

⑪收货人为政府临时代理机构的货物；

⑫收货人没有人身自由的货物。

代理费部分不能到付的限制：首先是目的港应有我公司的代理（可向制单人员查询）；其次北京至目的港可使用接受运费到付的外航运单，不能满足以上两个条件之一的目的港是不能接受国内段运费到付的，但以上问题的讨论是建立在目的港所在国是接受运费到付之基础上的。

4.收运限制

（1）价值限制

Ⅰ每次班机装载的货物总价值不得超过 600 万美元

Ⅱ每次班机上所装载的贵重物品总价值不得超过 300 万美元

Ⅲ每份运单上货物的申明总价值不得超过 10 万美元

（2）重量和体积的限制

Ⅰ窄体飞机承运的散装货物，一般不超过 150KG/ 件

Ⅱ货物的体积一般应不小于 20×15×5CM

Ⅲ可装 PIP（地板）板的飞机的舱门高度限制为 164CM，装 P6P（高板）板的飞机的舱门高度限制为 294CMC

5. 其他方面

（1）文件提供不齐。

（2）航空公司机型限制。

（3）超出我公司经营权范围。

（4）目的港无运输代理，无法操作。

（5）成本太高，无利可图。

（四）作用

1. 海洋货物运输是国际贸易运输的主要方式

国际海洋货物运输虽然存在速度较低、风险较大的不足，但是由于它的通过能力大、运量大、运费低，以及对货物适应性强等长处，加上全球特有的地理条件，使它成为国际贸易中主要的运输方式。我国进出口货物运输总量的 80% ~ 90% 是通过海洋运输进行的，由于集装箱运输的兴起和发展，不仅使货物运输向集合化、合理化方向发展，而且节省了货物包装用料和运杂费，减少了货损货差，保证了运输质量，缩短了运输时间，从而降低了运输成本。

2. 海洋货物运输是国家节省外汇支付，增加外汇收入的重要渠道之一

在我国运费支出一般占外贸进出口总额10%左右，尤其大宗货物的运费占的比重更大，贸易中若充分利用国际贸易术语，争取我方多派船，不但节省了外汇的支付，而且还可以争取更多的外汇收入。特别把我国的运力投入到国际航运市场，积极开展第三国的运输，为国家创造外汇收入。世界各国，特别是沿海的发展中国家都十分重视建立自己的远洋船队，注重发展海洋货物运输。一些航运发达国家，外汇运费的收入成为这些国家国民经济的重要支柱。

3. 发展海洋运输业有利于改善国家的产业结构和国际贸易出口商品的结构

海洋运输是依靠航海活动的实践来实现的，航海活动的基础是造船业、航海技术和掌握技术的海员。造船工业是一项综合性的产业，它的发展又可带动钢铁工业、船舶设备工业、电子仪器仪表工业的发展，促进整个国家的产业结构的改善。我国由原来的船舶进口国，近几年逐渐变成了船舶出口国，而且正在迈向船舶出口大国的行列。由于我国航海技术的不断发展，船员外派劳务已引起了世界各国的重视。海洋运输业的发展，我国的远洋运输船队已进入世界 10 强之列，为今后大规模的拆船业提供了条件，不仅为我国的钢铁厂冶炼提供了廉价的原料、节约能源和进口矿石的消耗，而且可以出口外销废钢。由此可见，由于海洋运输业的发展，不仅能改善国家产业结构，而且会改善国际贸易中的商品结构。

4. 海洋运输船队是国防的重要后备力量

海上远洋运输船队历来在战时都被用作后勤运输工具。美、英等国把商船队称为："除陆、海、空之外的第四军种"，原苏联的商船队也被西方国家称之为"影子舰队"。可见，

它对战争的胜负所起的作用。正因为海洋运输占有如此重要的地位，世界各国都很重视海上航运事业，通过立法加以保护，从资金上加以扶植和补助，在货载方面给予优惠。

二、铁路运输

铁路运输是使用铁路列车运送货物的一种运输方式。它在社会物质生产过程中起着重要作用。其特点是运送量大，速度快，成本较低，一般又不受气候条件限制，适合于大宗、笨重货物的长途运输。旧中国铁路运输能力十分薄弱，全国仅有铁路2.2万公里，不仅数量少，质量差，技术装备落后，布局不合理，而且90%以上均由外国经营或受外资控制。新中国成立30多年来，铁路运输业有了比较大的发展。布局得以逐步改善，除西藏外，各省、市、自治区都通了铁路。技术装备和经营管理水平也有所加强和提高，在目前和今后都是我国货物运输的主力。铁路运输虽然有了较大发展，还是不适应社会主义建设对运输任务增加的需要，仍是国民经济一个薄弱环节。在国民经济调整中，国家已给予高度重视，把铁路运输和公路、水路运输的发展列入优先、重点保证的位置。4月1日起，铁路部门将下浮铁路货物运价，取消和降低部分货运收费，预计每年向广大货主和企业让利约60亿元。

（一）地位

铁路货物运输是现代运输主要方式之一，也是构成陆上货物运输的两个基本运输方式之一。它在整个运输领域中占有重要的地位，并发挥着愈来愈重要的作用。

铁路运输由于受气候和自然条件影响较小，且运输能力及单车装载量大，在运输的经常性和低成本性占据了优势，再加上有多种类型的车辆，使它几乎能承运任何商品，几乎可以不受重量和容积的限制，而这些都是公路和航空运输方式所不能比拟的。

1. 铁路营改

邮电通信业税率初定11%铁路运输业正抓紧准备。

营改增行业扩围渐行渐近。

2013年5月江苏省连云港、无锡等地国税局已经组织邮电通信行业财务人员进行营改增业务知识培训。

2. 研究报告

《2013-2017年中国铁路运输行业市场前瞻与领先企业经营分析报告》显示，2009年开始，我国铁路建设进入大规模发展阶段，2010年，中国交通基建投资约为2万亿元，其中铁路投资额约为7000亿元，占全行业的35%。2010年年底，全国铁路营业里程9.1万公里，居世界第二位；其中高铁运营里程达到8358公里，在建里程1.7万公里，居世界第一；复线率和电气化率分别提高到41%和46%。依据规划，"十二五"期间新建高铁将占新建路线里程的50%；到2015年，高速铁路达1.6万公里以上，铁路的投资将维持在3.5万亿左右。

到 2015 年，全国铁路旅客发送量或将完成 30 亿人左右；到 2020 年，铁路客运量或达到 50 亿人。即"十二五"期间铁路客运量的年均增速为 12.35%，明显高于"九五"和"十五"期间 2.58% 和 7.75% 的年复合增长，铁路客运增速将达到一个相对的顶峰。

高铁开通诱增的货运能力不可小觑，2010 年，全国铁路货物发送量累计完成 36.43 亿吨，同比增加 3.1 亿吨，增长 9.3%，其中部分因为高铁开通为既有线腾出货运空间。数据表明，截至目前已开通运营的高铁 12 条，日均开行动车组近 1200 列；仅京津、胶济、武广、郑西、沪宁 5 条高铁投入运营，就可使既有线增加图定货物列车 83 对，年增加货物运输能力 2.3 亿吨。

2011 年 12 月 23 日全国铁路工作会议上，铁道部长盛光祖表示，根据"十二五"规划和资金情况，2012 年安排固定资产投资 5000 亿元，其中基本建设投资 4000 亿元，新建投产 6366 公里；同时指出，要转变铁道部职能，解决政企分开、权力过于集中，企业市场主体缺位及经营机制不适应市场要求的问题。未来铁路改革的主要方向是，提高运价、发展多元化业务和推动运输主业的体制改革，国内将出现铁路运输企业格局的大转变。

（二）特点

1. 运输能力大；

2. 运行速度快；

3. 运输成本低；

4. 运输经常性好；

5. 能耗低；

6. 通用性好；

7. 机动性差；

8. 投资大，建设周期长；

9. 占地面积少；

10. 受自然环境影响小；

11. 连续性好。

（三）种类

铁路货物运输种类即铁路货物运输方式，按中国铁路技术条件，现行的铁路货物运输种类分为整车、零担、集装箱三种。整车适于运输大宗货物；零担适于运输小批量的零星货物；集装箱适于运输精密、贵重、易损的货物。

（四）货物规定

货物重量按毛重计算。计算单位为公斤。重量不足 1 公斤，按 1 公斤算，超过 1 公斤的尾数四舍五入。非宽体飞机装载的每件货物重量一般不超过 80 公斤，体积一般不超过 40×60×100 厘米。宽体飞机装载每件货物重量一般不超过 250 公斤。体积一般不超过 250×200×160 厘米。超过以上重量和体积的货物，由西北公司依据具体条件确定可否收运。

（五）运输安全

铁路运输安全（safety of railway traffic）在铁路运输生产过程中，能将人或物的损失控制在可接受水平的状态，亦即人或物遭受损失的可能性是可以接受的。若这种可能性超出了可接受的范围，即为不安全。

铁路运输安全是伴随着生产过程而存在的。只要存在运输生产活动，就会出现安全问题。然而，安全又是生产的前提和保证，正常有序的生产同系统的安全运行和管理是不可分割的。因此，在铁路运输生产过程中，必须正确处理好安全与效率、效益的矛盾。

铁路运输安全工作的关键是管理。铁路犹如一台大联动机，其运输生产过程是由车、机、工、电、辆等多工种联合的多环节作业过程，涉及设备的数量庞大、种类繁多，设备布局的延续纵深和操作人员岗位独立分散的特点，使各工种和各环节的协同配合都离不开严格有效的管理。此外，虽然人的不安全行为和物的不安全状态往往是造成事故的直接原因，而管理看似间接原因，但追根溯源确是根本的、本质上的原因。

处在高速运动状态的列车，一旦发生设备异常或人的操作失误，可供纠正和避免事故的时间很短暂，可供选择的应急方式也很有限。加之，铁路线路、机车车辆等硬设备的成本很高，列车对旅客和货物承载量很大，事故不仅造成巨大的财产损失、人员伤亡和环境破坏，而且由于运输中断将波及路网，打乱运输秩序，影响社会生产和运输的全局。更重要的是，铁路对其运输对象——旅客和货物没有所有权和支配权，而只提供必要的运输服务，因此事故损失涉及广泛的社会因素，会极大地损害铁路的形象甚至政府的威信，其社会影响的严重性难以估量。

1. 保障系统

配备在运输系统上，起保障运输安全作用的所有方法和手段的综合。

2. 方针

"安全第一，预防为主"是中国铁路运输安全管理方针。"安全第一"就是要求铁路运输企业在组织生产，指挥生产时，坚持把安全生产作业企业生存与大发展的第一要素和保证条件。"预防为主"就是要求铁路运输企业以主动积极的态度，从组织管理和技术措施上，增强运输安全保障系统的整体功能，把事故遏制在萌芽状态，做到防患于未然。

3. 灾害监测

铁路运输处于全天候的自然环境中，大风、洪水、雪害、塌方滑坡等，无一不对运输安全造成危害。可以通过以下两方面的措施来减轻和防止灾害造成的损失：一是安装监测和报警系统，在环境变化达到临界状态以前给出报警；二是制定异常气候及灾害发生条件下的安全行车规则。

4. 法制建设

加强法制，健全有关铁路法律是增强运输安全的重要保证。日本、英国、美国等都有经过国会、议会等国家最高权力机构通过后颁布执行的有关交通安全的系列法令和法规。例如美国的运输法、铁路旅客运输法；英国的运输法、铁路法；日本的新干线处罚特别法以及中国的铁路法等。政府机构可通过法律对交通运输部门的生产和安全监督管理，广大公众和铁路运输员工也可以法律为准绳，约束自己的行为，共同促进运输安全。

5. 安全因素

（1）铁路运输安全影响因素分析

1）人员影响因素分析

由于人在运输工作中的重要地位，使得人的因素在运输安全中起关键作用。影响铁路运输安全的人员包括运输系统内人员和运输系统外人员。

运输系统内人员主要指车务、机务、工务、电务、车辆、安监、客运、货运等部门的各级领导人员、专职管理人员和基层工作人员，他们是保证运输安全的最关键因素，应具有良好的思想品质、技术水平及心理素质。

运输系统外人员主要指旅客、货主以及铁路沿线居民、机动车驾驶人员等。他们对运输安全的影响主要表现在：旅客携带"三品"上车而酿成事故；货主托运危险品而不如实申报导致事故；在铁路—公路平交道口，车辆行人强行过道导致事故；铁路沿线人员拆卸铁路设备以及在线路上放置障碍物威胁铁路运输安全。

2）设备因素分析

铁路运输设备是影响运输安全的另一个重要因素。影响运输安全的铁路运输设备包括运输基础设备和运输安全技术设备两类。

运输基础设备有线路（路基、桥隧建筑物、轨道）、车站、信号设备、机车、车辆、通信设备等；运输安全技术设备包括安全监控设备、检测设备、自然灾害预报与防治设备、事故救援设备等。

铁路运输事故按性质及所造成的损失，可分为特别重大事故、重大事故、大事故、险性事故和一般事故等5个级别。典型的铁路运输事故有机车车辆冲突脱轨事故、机车车辆伤害事故、电气化铁路触电伤害事故，以及营业线施工事故等。

（2）几类典型事故主要隐患分析

1）机车车辆冲突事故的主要隐患

机车车辆冲突事故的隐患主要是车务机务两方面：车务方面主要是作业人员向占用线接入列车，向占用区间发出列车，停留车辆未采取防溜措施导致车辆溜逸，违章调车作业等；机务方面主要是机车乘务员运行中擅自关闭"三项设备"盲目行车，作业中不认真确认信号盲目行车，区间非正常停车后再开时不按规定行车，停留机车不采取防溜措施。

2）机车车辆脱轨事故的主要隐患

机车车辆脱轨事故的主要隐患有：机车车辆配件脱落，机车车辆走行部构件、轮对等限度超标，线路及道岔限度超标，线路断轨胀轨，车辆装载货物超限或坠落，线路上有异物侵限等。

3）机车车辆伤害事故的主要隐患

机车车辆伤害事故的主要隐患有：作业人员安全思想不牢，违章抢道，走道心、钻车底；自我保护意识不强，违章跳车、爬车、以车代步，盲目图快，避让不及，下道不及时；作业防护不到位，作业中不加保护措施，线路上作业不设防护或防护不到位等。

4）电气化铁路接触网触电伤害事故的主要隐患

电气化铁路接触网触电伤害事故的主要隐患有：电化区段作业安全意识不牢，作业中违章上车顶或超出安全距离接近带电部位；接触网下作业带电违章作业；接触网检修作业中安全防护不到位，不按规定加装地线，或作业防护、绝缘工具失效；电力机车错误进入停电检修作业区等。

5）营业线施工事故的主要隐患

营业线施工事故的主要隐患有：施工组织缺乏安全意识和防范措施，施工安全责任制不落实，施工人员缺乏资质；施工前准备工作滞后，施工中安全防护不到位，施工后线路开通条件不具备，盲目放行列车；施工监理不严格，施工质量把关不严，施工监护不落实等。

（六）运输调度

对铁路日常运输生产的组织与指挥，由铁路运输部门设立调度机构统一实施。

各国铁路运输调度工作虽然各有特点，但其主要内容均包括行车工作和配车工作。行车工作是指列车运行的指挥，配车工作是指货车装卸和列车开行的计划与组织以及车流的调整等。

列车指挥是保证列车按列车运行图正点运行所进行的运输调度工作。列车运行指挥实行列车调度员单一指挥制，即一切有关列车运行的命令和指示，只能由值班列车调度员发布；有关行车人员必须执行列车调度员命令，服从调度员指挥。

每一列车调度员指挥的区段称为调度区段，它的长度是根据区段的行车量、货运量和设备情况确定。通常一个调度区段包括一个机车牵引区段。但在行车量小的方向或设有行车指挥自动化设备的方向，一个调度区段可以包括几个牵引区段；反之，一个牵引区段也可能分为几个调度区段。

列车调度员利用调度电话、列车无线调度电话等从他指挥的调度区段不断地收取列车运行信息，并根据列车运行的实际情况，采取相应的运行调整措施，以保证实现列车运行图。列车调度员可采取的调整措施有：加速列车运行，改变会让地点、会车方式，组织反方向行车，组织列车合并运行，开行续行列车等。调整措施的命令通过列车运行调整计划向车站发布，并通过填画实际运行图监督实施。

（七）注意事项

第一条：个人托运的物品（如搬家货物、行李），分为保价运输和不保价运输两种。按哪种方式运输，由托运人选定，并在货物运单托运人记载事项栏内注明。

第二条：个人托运的物品内，不得夹带下列物品：（1）金、银、钻石、珠宝、首饰、古玩、文物字画、手表、照相机；（2）有价证券、货币、各种票证；（3）危险货物。

第三条：托运个人物品，托运人应对每一货件进行编号，并将其编号分别填记于物品清单上和每件货物的货物标记（货签）总件数之后。例如总件数为15件，则填写15（1）、15（2）……15（15）。个人物品除按规定拴挂货签外，要在货物包装上书写或粘贴与货签同样内容的标记。有包装的货件内还必须由托运人存放记有到站、收货人和地址的字条。

第四条：个人托运的物品，托运人要求按保价运输时，应在货物运单货物价格栏内记明该批货物保价金额，在托运人记载事项栏内注明"保价运输"字样，并按规定提出物品清单，承运人对物品清单应进行审核，并在每页清单上加盖车站日期戳和经办人名章。

第五条：按一批办理的个人物品，不能只办理其中一部分物品的保价运输。

第六条：发站对托运人声明的保价金额有疑义时，有权要求托运人打开货件包装进行检查，核实其保价金额。

第七条：按保价运输的，物品，应按规定核收货物保价费。

（八）发展现状

1. 航空运输的发展及对铁路运输的影响

按照现有发达国家发展历程：人均GDP在1000美元以下，全社会货运需求占主导，量小、零散，质量和效率要求低，对民航运输需求相对较少，民航发展相对独立于其他运输方式；人均GDP在1000～2500美元，全社会货运需求增长较快，货运强度大，客运需求也随之迅速增长，航空运输的作用迅速提升，与其他运输方式竞争与互补关系加剧，并逐步建立起综合运输体系；人均CDP在2500～4000美元，全社会货运强度降低，安全、时效要求提高，客运需求表现为质与量的同步提高，航空运输凭借自身在长途运输方面的优势，在综合运输系统中的地位和作用更加显现；人均GDP超过4000美元以后，全社会货运强度趋于稳定，客运需求更加多样化，航空运输与其他运输方式呈现有序竞争相协调发展状态，并且已经能够充分满足经济发展和人民生活的需要。

因此，随着经济的发展，人民生活水平的提高，今后长途客运和高级商品货运的空运比例将不断增长，必将对铁路长途运输产生一定影响。也就是说，一个国家航空运输的发展规模与其经济发展水平密切相关，进而也影响着这一时期铁路运输的规模。

综上所述，航空运输的发展，一方面，推动铁路不断提高列车速度，使高速铁路在世界范围内得到快速发展；另一方面，航空的服务理念、服务标准、服务方式以及改革的创新方法对铁路提高服务质量产生了积极的促进作用。

随着物联网时代的到来，铁路运输迎来了新的发展前景。

物联网技术在我国铁路运输的应用最早要追溯到 2001 年远望谷公司为铁道部 "ATIS"（铁路车号自动识别系统）工程项目开发的 XC 型车号自动识别系统，该系统可实时、准确无误地采集机车、车辆运行状态数据，如机车车次、车号、状态、位置、去向和到发时间等信息，实时追踪机车车辆。

随着我国高速铁路、客运专线建设步伐的加快，对铁路信息化水平的要求越来越高，铁路通信信息网络也正朝着数据化、宽带化、移动化和多媒体化的方向发展，各方面的条件已经基本满足了物联网在铁路运输领域的推广和应用。其中，在以下几个方面尤为值得关注和期待：客票防伪与识别，站车信息共享，集装箱追踪管理与监控，仓库管理。

2. 中国首次放开铁路货运价格

国家发展和改革委员会 2014 年 4 月 1 日宣布，正在建设的准池铁路开通运营后，货物运价将实行市场调节，由铁路运输企业与用户、投资方协商确定具体运价水平。这是中国首次放开铁路运输价格。

三、航空运输

航空输运（air transportation），是使用飞机直升机及其他航空器运送人员、货物、邮件的一种运输方式。具有快速、机动的特点，是现代旅客运输，尤其是远程旅客运输的重要方式，为国际贸易中的贵重物品、鲜活货物和精密仪器运输所不可缺。

航空运输具有商品性，服务性，国际性，准军事性，资金、技术及风险密集性和自然垄断性六大特点。航空运输按照不同的标准可以分为不同的类型。航空运输起源于 1871 年，由于近两年国际经济低迷使得航空运输产业遭遇瓶颈，但是在未来航空运输事业依然有广阔的发展空间值得我们发掘。

（一）特点

航空运输具有下列特点：

1. 商品性

航空运输所提供的产品是一种特殊形态的产品——"空间位移"，其产品形态是改变航空运输对象在空间上的位移，产品单位是 "人公里" 和 "吨公里"，航空运输产品的商品属性是通过产品使用人在航空运输市场的购买行为最后实现的。

2. 服务性

航空运输业属于第三产业，是服务性行业。它以提供 "空间位移" 的多寡反映服务的数量，又以服务手段和服务态度反映服务的质量。这一属性决定了承运人必须不断扩大运力满足社会上日益增长的产品需求，遵循 "旅客第一，用户至上" 的原则，为产品使用人提供安全、便捷、舒适、正点的优质服务。

3. 国际性

航空运输已成为现代社会最重要的交通运输形式，成为国际政治往来和经济合作的纽带。这里面既包括国际友好合作，也包含着国际激烈竞争，在服务、运价、技术协调、经营管理和法律法规的制订实施等方面，都要受国际统一标准的制约和国际航空运输市场的影响。

4. 准军事性

人类的航空活动首先投入军事领域，而后才转为民用。现代战争中制空权的掌握是取得战争主动地位的重要因素。因此很多国家在法律中规定，航空运输企业所拥有的机群和相关人员在平时服务于国民经济建设，作为军事后备力量，在战时或紧急状态时，民用航空即可依照法定程序被国家征用，服务于军事上的需求。

5. 资金、技术、风险密集性

航空运输业是一个高投入的产业，无论运输工具，还是其他运输设备都价值昂贵、成本巨大。因此其运营成本非常高，航空运输业由于技术要求高，设备操作复杂，各部门间互相依赖程度高，因此其运营过程中风险性大。任何一个国家的政府和组织都没有相应的财力，像贴补城市公共交通一样去补贴本国的航空运输企业。出于这个原因，航空运输业在世界各国都被认为不属于社会公益事业，都必须以盈利为目标才能维持其正常运营和发展。

6. 自然垄断性

由于航空运输业投资巨大，资金、技术、风险高度密集，投资回收周期长，对航空运输主体资格限制较严，市场准入门槛高，加之历史的原因，使得航空运输业在发展过程中形成自然垄断。

（二）基本要素

实现航空运输的要素主要包括航空站、航空器、航线、航班和航空公司等。

1. 航空站。航空站，俗称机场，又称航空港，是供飞机起飞行活动的场所。

2. 航空器。狭义上的航空器指的是飞机。广义上的航空器泛指所有能够借助空气的反作用在大气中获得支持的机器。这里所指的航空器主要是指狭义上的飞机。

3. 航线。航线是经过批准开辟的连接两个或几个地点进行定期或不定期飞行，经营运输业务的航空交通线。航线规定了航线的明确方向、经停地点以及航路的宽度和飞行的高度层。为了飞行安全、维护空中交通秩序，民航从事运输飞行，必须按照规定的航线飞行。

4. 航班。飞机由始发站起飞按照规定的航线经过经停站至终点站作运输飞行称为航班。航班要根据班机时刻表在规定的航线上使用规定的机型，按照规定的日期、规定的时刻飞行。即具有"定航线、定机型、定日期、定时刻"的"四定"特征。

5. 航空公司。航空公司是指拥有航空器并从事航空运输服务的公司。航空公司具有如下特点：

首先，必须拥有一定数量的飞机，这是航空公司成立的前提条件。

其次，必须有与其能力相适应的航空运输业务。

最后，航空公司最主要的业务是把旅客和货物从一个地方运至另一地方。

（三）运输类型和形式

1. 类型

根据不同的分类标准，航空运输可划分为不同的种类。

（1）从航空运输的性质出发，一般把航空运输分为国内航空运输和国际航空运输两大类。

根据《民航法》第107条的定义，所谓国内航空运输，是指根据当事人订立的航空运输合同，运输的出发地点、约定的经停地点和目的地点均在中华人民共和国境内的运输。而所谓国际航空运输，是指根据当事人订立的航空运输合同，无论运输有无间断或者有无转运，运输的出发地点、约定的经停地点和目的地点之一不在中华人民共和国境内的运输。

（2）从航空运输的对象出发，可分为航空旅客运输、航空旅客行李运输和航空货物运输三类。

较为特殊的是航空旅客行李运输既可附属于航空旅客运输中，亦可看作一个独立的运输过程。航空邮件运输是特殊的航空货物运输，一级情况下优先运输，受《邮政法》及相关行政法规、部门规章等调适，不受《民航法》相关条文规范。

（3）包机运输。包机运输是指民用航空运输使用人为一定的目的包用公共航空运输企业的航空器进行载客或载货的一种运输形式，其特点是包机人需要和承运人签订书面的包机运输合同，并在合同有效期内按照包机合同自主使用民用航空器，包机人不一定直接参与航空运输活动。

2. 形式

航空运输企业经营的形式主要有班期运输、包机运输和专机运输。通常以班期运输为主，后两种是按需要临时安排。班期运输是按班期时刻表，以固定的机型沿固定航线、按固定时间执行运输任务。当待运客货量较多时，还可组织沿班期运输航线的加班飞行。航空运输的经营质量主要从安全水平、经济效益和服务质量3方面予以评价。

（四）货运相关手续

1. 托运人托运货物应向承运人填交货物运输单，并根据国家主管部门规定随附必要的有效证明文件。托运人应对运输单填写内容的真实性和正确性负责。托运人填交的货物运输单经承运人接受，并由承运人填发货物运输单后，航空货物运输合同即告成立。

2. 托运人要求包用飞机运输货物，应填交包机申请书，经承运人同意接受并签订包机运输协议书以后，航空包机货物运输合同即告成立，签订协议书的当事人，均应遵守民航主管机关有关包机运输的规定。

3.托运人对运输的货物，应当按照国家主管部门规定的包装标准包装；没有统一规定包装标准的，托运人应当根据保证运输安全的原则，按货物的性质和承载飞机等条件包装。凡不符合上述包装要求的，承运人有权拒绝承运不符合规格的货物。

4.托运人必须在托运的货物上标明发站、到站和托运人、收货人的单位。姓名和地址，按照国家规定标明包装储运指标标志。

5.国家规定必须保险的货物，托运人应在托运时投保货物运输险。

6.托运人托运货物，应按照民航主管机关规定的费率缴付运费和其他费用。除托运人和承运人另有协议外，运费及其他费用一律于承运人开具货物运单时一次付清。

7.承运人应于货物运达到货地点后二十四小时内向收货人发出到货通知、收货人应及时凭提货证明到指定地点提取货物，货物从发出到货通知的次日起，免费保管三天。收货人逾期提取，应按运输规则缴讨保管费。

8.收货人在提取货物时，对货物半途而废或重量无异议，并在货物运输单上签收，承运人即解除运输责任。

9.因承运入的过失或故意造成托运人或收货人损失，托运人或收货人要求赔偿，应在填写货物运输事故记录的次日起一百八十日内，以书面形式向承运人提出，并附有关证明文件。

第二节　运输保险

货物运输险（简称货运险）就是针对流通中的商品而提供的一种货物险保障。开办这种货运险，是为了使运输中的货物在水路、铁路、公路和联合运输过程中，因遭受保险责任范围内的自然灾害或意外事故所造成的损失能够得到经济补偿，并加强货物运输的安全防损工作，以利于商品的生产和商品的流通。

一、货物运输保险的必要性

随着市场经济的不断发展，我国国内很多企业的规模也在日益壮大。同时企业随之面临的各种风险也越来越多、越来越大，这些风险会对企业产生很大的影响，是企业生产过程中需要考虑的一个非常重要的因素。而对于运输企业来说，货物在运输过程中遭受到自然灾害和意外事故而造成经济损失的风险是特别巨大的，运输企业为了尽可能地防止运输过程中的经济损失，通常会采用合同和保险两种方式来对风险进行转移，而这其中保险转移是使用最为广泛的风险转移方式。

保险转移，是指通过签订相应保险合同，将风险全部或部分转移给保险公司。个体在面临风险的时候，可以通过向保险人缴纳相应的保险费，将风险转移，一旦预期的风险发生并且造成了一定的经济损失，则保险人就必须在合同规定责任范围内对被保险人进行相应的经济赔偿。而货物运输保险是以运输过程中各种货物作为保险标的，按照运输方式的不同，可分为：铁路货物运输险，水路货物运输险，航空货物运输险，公路货物运输险。由于投保的险别不同，其保险费率也不同，赔偿的范围也有区别。因此了解货物运输保险的特点，有利于运输企业合理的选择投保险别，有效转移企业的运输风险。

货物运输保险，可以简称为货运险，主要是为流通中的物品提供的一种货物险保障。它以运输过程中各种货物作为保险标的，保证运输过程中所有货物在水路、铁路、公路以及联合运输过程中，因为遭受到保险责任范围内的自然灾害或者是意外事故所造成的经济损失能够得到相应的经济补偿，并同时加强货物的运输安全防损工作，从而利于商品的生产和流通。

二、货物运输保险的特点

货物运输保险虽然是保险的一种，但是也有其自身的特点，经过分析，其主要特点呈现如下：

（一）被保险人呈现多变性

在一般的运输过程中，被承保的运输货物在其运送保险期限内，可能会被多次的转卖，因此最终保险合同保障受益人就有可能变为并非是保险单注明的被保险人，而是保单真正的持有人。此特点是由部分货物运输单证能起到贸易单证作用的特点而形成的，例如，海运提单，在国际班轮运输中，提单就能起到贸易单证的作用，是有价证券，而作为有价证券，提单就既是物权证券又是债券证券，它同时代表物权和债权。在货物流通过程中，提单可进行转让，也可以作为议付的单证交于银行办理相关业务。因此当提单在货物流通过程中被转让，其相应货物的被保险人也会跟随提单的转让而发生变更。

（二）保险利益的转移性

当货物在运输过程中，保险标的发生转移时，其相对应的保险利益也会随之转移。此特点是由运输货物在运输途中可被进行所有权转让而形成。

（三）保险标的流动性

货物运输险所承保的保险标的，不同于其他不动产，通常保险的标的是具有商品性质的动产，这些动产通常会因产地和需求的不一致，而产生被运输从而实现空间位移的要求。而这些被保险的货物，一般都是具有为了实现销售价值的商品，同时具有较强的流动性。

（四）承保风险的广泛性

货物在运输途中，因其运输方式的不同，可分为海上运输、陆上运输、空中运输，而不同运输方式所对应的风险也不尽相同。例如海上运输和空中运输，由于运输工具的行驶处于自然航线环境中，因此抵抗自然灾害的能力较弱；陆上运输因其交通流量大、交通工具安全性差等因素，容易发生交通意外事故。所以，货物运输保险承保的范围从运输的方式来看，既包含陆上的风险，也包括海上的和空中的风险；从风险类别来看，既包括自然灾害也包括意外事故风险。除以上货物运输风险外，在被承保的运输货物中，有些货物具有自身的货物特性，容易发生货损货差和意外事故。例如有些货物具有易挥发、易氧化的特性，因此，如果运输过程中，保护措施不得当，即使货物在运输途中处于静止状态，也比较容易发生货损和货差，从而由被保险人提出理赔。还有一些货物，其自身具有易燃易爆的特性，在运输途中，遇到高温或撞击，就会发生爆炸、燃烧等事故，从而造成运输货物的灭失，而这些也应由保险公司支付相应的经济赔偿。

根据以上情况，不难看出，货物运输保险的承保风险范围是十分广泛的。不仅包含陆上的、海上的和空中的风险，还包括意外的事故风险和自然灾害所带来的风险，同时还包括动态的风险和静态的风险。

（五）承保价值的定值性

货物运输保险的标的物是运输过程中的各种货物，这些货物具有一个统一的特性，即正在发生或即将发生空间位置移动，而运输货物的供需状况，在运输的发货地和收货地市场则体现出不同的供需关系，因此，同一种货物在发货地和收货地的销售价格往往会有所不同。为了防止运输货物发生保险理赔时，保险双方对理赔金额的不统一，保险双方一般都会在签订保险合同时，约定一个统一的保险价值，避免保险纠纷。此约定就体现出货物运输保险承保价值的定值性特点。

（六）保险合同的可转让性

货物运输保险的保险合同通常都会随着保险的标的、保险的利益转移而发生转移，在转移的过程中无须通知保险人，也不需要征得保险人的同意。通常保险单可通过背书的形式或者是其他的方式加以转让，在保险单转让的过程中，往往是伴随货物所有权转让而发生的，因此，运输途中的货物如发生转让，与其在运输过程中发生的所有关系和保障也都会相应发生转移，这些关系和保障脱离了货物是无法单独存在的。货物运输保险合同就属于无法脱离运输货物而单独存在的货物经济利益保障，所以它具有同运输货物一样的可转让性。

（七）保险利益的特殊性

货物运输的特殊性就决定了货运险在一般情况下应该采用"不论灭失与否条款"，即指在投保人事先不知情，同时也并没有任何隐瞒的情况下，即使在保险合同的订立之前或者是合同订立的时候，保险的标的物已经灭失，而事后才发现承保风险造成保险标的物的灭失，保险人也应该同样给予赔偿。

（八）合同解除的严格性

货物运输保险归属于航次保险。我国的《保险法》和《海商法》中有明确规定，货物运输保险从保险责任开始之后，合同当事人就不得再解除合同。这也就意味着，一旦投保并签订相应的货物运输保险合同，投保人和承保人之间的关系就成立，而且以货物运输的过程结束为合同的截至和解除期限，在这途中，保险合同一直具有其相应的效应，合同双方当事人任何一方都不能以任何理由解除合同。

三、国内货物运输保险发展现状

我国货物运输保险发展步伐较慢，与起步时间存在一定关联，物流行业的高速发展，带给货物运输保险发展机遇，使业务量提升，但是发展速度不足以满足企业发展目标。

（一）货物运输保险发展速度

现代物流业发展使物流企业收获一定利益，风险同样随之而来。其中不只是传统意义风险，还存在运输风险、客户流失风险、利益转移风险等。经济发展背景下，我国财险发展良好，保费收益据统计在 2017 年已经达到 9451.89 亿元，相比往年同比增长 3 个百分点，而货运保险仅占其中 1.2%，同比增长不明显。财险保费与货运保费显现出较大差距。

（二）货物运输保险水平高低

货物运输保险市场发展水平为保险需求所体现，相比财险货运保险渗透力较差，本次研究将采取货运保险深度及密度指标对我国货运保险水平进行评价。我国货运保险深度指某地区货运保险费用收益与国内生产总值做对比，能够体现地区性保险行业对经济的促进作用，相关报道记载货运保险深度不断下滑，货运保险自 1997 年统计为 0.046%，2017 年为 0.012%，数据体现货运保险深度每年都在下降。货运保险密度可反映出个别地区保险保费收益与人口之间的比值。货运保险密度能够反映出人们购买保险的能力及程度。我国货运保险密度正逐年递增，货运保险 1997 年人均购买力为 2.79 元，2017 年人均购买力为 8.45 元。保险赔付机制为增加购买力的方式，保险理赔也是投保人所关注的问题，理赔也是保险公司建立的基础。我国货运保险赔付支出逐年递增。1997 年货运保险赔付率为 43.2%，2017 年为 58.4%，赔付率保持在 40% ~ 60% 之间。

三、货运保险发展存在的问题

（一）货运保险发展进度迟缓

我国货运保险保费收入过于缓慢的问题，财险保费收入远高于货运保险收入，并且货运保险在整个财险中所占比例不断减小。货运保险发展与我国经济发展成反比，这种发展不合理现象能够反映出货运保险行业发展速度迟缓，拉低整个保险行业发展速度。也能反映出我国货运保险市场存在较大开发空间，货运保险市场潜力巨大。近几年我国处于经济转型期，我国经济发展高速且健康，但货运保险行业发展却每况愈下，造成这种情况与经济发展可能存在关联，所以该行业发展可能受到其他因素阻碍，货运保险发展迫在眉睫，分析货运保险重要性对推动行业发展意义重大。

（二）货运保险发展水平无法满足社会需求

我国在国际货运市场占比较大，全球货运保险市场保费占比可达十分之一。货物运输保险市场大并未解决我国货运保险行业业务占比低的问题，我国 1997 年货运业务占比为7.65%，2017 年为 1.2%，可以表现出我国货物运输保险市场发展水平低下，货运保险深度不足，也可体现出我国货物运输保险对我国经济的促进作用差。货运保险密度虽不断增长，但是速度过于缓慢。我国货运保险深度及密度在世界范围内名次偏后，货运保险密度能够体现出人们保险意识。若密度较小，能够体现我国人们保险意识较差。保险意识也是保障相关企业发展的不竭动力，只有不断提升保险密度的作用，才能将推动力不足问题解决。

（三）赔付比率过高

我国货物运输保险所赔付的金额较大，一旦产生赔付事件，就应当使保险公司付出较大的支出，但是赔率过高会使保险公司利益受损，赔率与企业发展呈反向关系，赔付过高则会使保险公司利益受损，公司发展与盈利息息相关，赔率过高必然使保险公司发展步伐受到阻碍，开拓市场积极性降低。该因素也是货运保险行业发展缓慢的主要因素，赔付率过高也能体现出我国货物运输市场事故发生率高，所以应当重视物流公司运输安全。

（四）货运保险购买力低

现代物流将制造、运输、销售环节整合。我国 2017 年物流行业利润值高达 320 万亿元，我国物流企业公司将成本最小化，利益最大化作为目标，但是运输风险产生时，企业需要将风险转移才能保障利润，购买货物保险便能将风险转移。但是实际上，我国货运保险购买力并不高。地区经济差异使经济欠发达地区需求低于发达地区。货运保险收益与需求紧密相连。我国 1997～2017 年，东部地区人均保险密度均高于西部及中部。人均保险密度代表我国物流业发展水平，人均购买力强则社会物流总值增长快，若是相反则会使保险下降，使公司发展受到限制。货物保费收入逐渐下降，与高速发展的物流企业相背离，物流高速发展并未推动货物运输保险发展，能够反映出我国人们购买保险的意识不足。

四、推动货运保险发展的途径

（一）保险公司

1. 创新产品

联合运输方式被广泛应用，该方式可使运输风险提升，风险会体现出一体化趋势。我国运输保险只是对保险环节起作用，但是对整个物流一体化并没有太大保障。保险企业应当不断开发新型保险产品。货物保险发展需要其他企业作为支撑，使保险发展水平不断提升。需与物流企业展开合作，并以长期合作为基准，需明确物流运输风险类型，根据风险类型找到解决的方案，实现为货物保险的目的，最终保障两者和谐发展。

2. 提升服务质量

顾客至上为服务业发展核心理念，货运保险本身便是一种服务，应当坚持顾客至上原则，建立全面服务体系。货运保险一般为异地出险，保险公司需提供快捷服务。帮助客户将理赔程序完成，利用网络技术开展营销活动。客户可在网络办理业务，购买保险，提升保险营销时效性。

3. 大力宣传货运保险重要性

人们保险意识不足，购买力自然不足，所以保险公司为更好营销产品，应当采取宣传方式，使人们认识到货运保险的重要意义，推动货运保险行业发展。保险公司需指定有效宣传策略。可设计宣传资料，利用互联网，在各大网站及电视广播、APP中放映，占领版面，使人们能够了解相关知识。有意向客户可直接进入客户端与营销人员交流，观察货物保险类型。

4. 不同区域制定不同发展策略

货运保险既需要具备战略性规划，还需要具备区域特色。不能在全国市场实行一个策略，而是应当根据不同区域经济情况等，制定特色发展战略。我国东部地区经济发展优于西部、中部地区，所以应当根据地区实际情况，针对性开发产品、提供服务，使货运保险发展平衡。

5. 吸收专业人才

货运保险行业发展与人才引进密切相连，人才可对该行业发展统筹规划。货运保险企业可加大投入使人才被吸引企业中，尤其是经济欠发达地区。企业需组织企业内部员工进行培训，不断提升专业能力，使工作人员能为企业带来更大的价值。经济欠发达地区，企业可派遣工作人员进入发达地区深造，采取交流学习方式，扩宽视野，充分挖掘人才潜力。人才经过学习后应当发挥出创造力，使货运保险企业能够开发出与地区接轨的新产品。

（二）政府

1. 提升欠发达地区经济发展水平

经济发展对货运保险产生一定影响，中西部地区发展水平明显落后于东部地区。政府应当加大对中西部地区的扶持力度，使欠发达地区发展速度提升，带动货运保险行业发展，经济是保险需求、购买力提升的基础，所以只有政府大力支持，才能实现经济与保险行业的快速发展，实现共同富裕。

2. 政策保障

政府应当推进"中部崛起""西部大开发"政策执行力度，在中西部地区货运保险公司可实行纳税方面优惠，使更多保险公司及保险人才进入中西部地区。政府在政策支持的同时，也应当兼顾东部地区发展，实现各地共同发展，使我国经济得到全方面提升，使各地货运保险区域差异缩小。

3. 法律支持

现阶段我国不同货物运输领域中并无统一运输标准。政府相关立法部门应当根据该行业发展情况，制定相关法律，为行业发展提供法律支持，并建立统一的运输标准。政府及相关立法机构应当确定保险、被保险人、承运人三者利益关系。明确三者在出现权责问题时，不同个体应当承担的责任及义务，避免纠纷产生。

4. 保险监管部门职能发挥

货运保险理赔标准由保险公司制定，没有统一标准。保险企业产品购买容易，理赔难问题一直存在，这种情况影响行业发展。保险监管部门应当构建统一的理赔标准，并将内容公布于整个保险行业中，具有明确法律界限后，做到严格执法，被保险人有法可依，提升行业信誉度及人们认可程度。

5. 采取强制及自愿购买并行方式

货物运输保险将货物交给承运人，所以风险便由承运人承担。物流企业需承担货物运输风险及损失，货物保险是将风险规避及转嫁的主要方式。我国物流企业大小不一，并且公司较多，小物流公司为降低运营成本，没有购买保险，产生事故后，会使委托人利益受损，政府应当出台相应的政策，保障购买力。经济实力强大物流企业可实施自愿购买方式，两种方式共同实行能够减少损失，推动货物运输保险发展。

货物运输保险可以有效地帮助运输企业转移风险，当企业发生货物运输损失的时候，提供相应的经济补偿。而在投保过程中，充分的了解各种货物运输保险的特点则有利于货物运输企业去选择合适的货物运输保险险别和险种，做到高效率的风险转移。

第九章　对外贸易政策

第一节　发达国家对外贸易政策理论

发达国家对外贸易政策理论是西方学者对国际贸易实践的理论认识，为发达国家对外贸易政策的制定提供了强有力的理论基础，它的演化过程反映了国际贸易实践的发展过程。了解这一过程，对于认识国际贸易发展的历史过程和国际贸易的一般规律，丰富和发展中国社会主义市场经济体制下的对外贸易理论有重要意义。纵观历史，一国对外贸易政策的理论基础基本遵循两条主线：一条主线是基于提高国民福利的古典与新古典自由贸易理论；另一条主线是基于实现国家经济目标的一系列国家干预贸易理论。一般来讲，基于提高国民福利的对外贸易政策更倾向于充分发挥本国的比较优势，基于实现国家经济目标的对外贸易政策更倾向于努力创造本国的竞争优势。

一、基于提高国民福利的对外贸易政策理论

（一）基于实现国家利益的对外贸易政策理论

1. 重商主义思想

重商主义（Mercantilism）思想发端于 16 世纪中叶，盛行于 17 ~ 18 世纪中叶。重商主义认为对外贸易是"零和博弈"，即一方获益，必有一方受损，因此长期来看一定要保证绝对的贸易顺差。托马斯·孟（Thomas Mun）（1664）在其《英国得自对外贸易的财富》一书中指出，"贸易是检验一个王国是否繁荣的试金石，贸易顺差是一个国家获取财富的唯一手段"。当时的欧洲正处于资本原始积累初期，对财富的渴求胜于一切，各国政府纷纷以本国利益出发，采纳了重商主义的观点，以贸易顺差为最终目标实施了最早的保护贸易政策。对贸易进行全面干预的结果是为国家聚敛了财富，促成了资本的原始积累，实现了国家的最大利益。当然，重商主义者也认识到了这种贸易保护政策将会带来的后果。孟（1664）在他的书中提到"由于所有国家的对外贸易政策都大同小异，所以，当我们在这方面有所动作时，其他国家会作何反应是很容易判断的事情。"

这就是所谓的贸易摩擦和贸易报复。

2. 保护幼稚工业理论

18 ~ 19 世纪欧洲主流的贸易政策是以比较优势理论为基础的自由贸易政策。然而，几乎在同一时期，发展相对落后的美、德等国却不买自由贸易的账。美国第一任财政部长亚历山大·汉密尔顿（Alexander Hamilton）认为对于刚刚进入工业化发展阶段的国家，本国产业发展的"远期利益"要远远大于消费廉价产品的"近期利益"。他在 1791 年的《关于制造业的报告》中明确提出应该实施通过提高进口商品关税以保护美国幼稚工业的对外贸易政策。汉密尔顿认为，美国的工业刚刚起步，处在成长中的制造业很难与英国发达的制造业相竞争，如果按照当时盛行的比较优势原则进行自由贸易，美国的制造业可能很难发展，而制造业的发展对美国国民经济的发展具有长远的意义。因此，美国的制造业想要得到发展只能依赖政府的保护和扶植。汉密尔顿主张对那些正处于成长过程中的对本国工业发展有利的产业进行保护，对工业用原材料采取鼓励进口、限制出口的措施，同时鼓励工业技术的发展，提高制成品的竞争力。当然这种对幼稚产业的保护也不是无限度的，汉密尔顿认为，一旦这一产业成长起来后就应该撤掉贸易保护的壁垒。无独有偶，德国的弗里德里希·李斯特（Freidrich List）（1841）与汉密尔顿的想法如出一辙，他在《政治经济学的国民体系》一书中指出，比较优势理论不仅不会使德国的工业得到发展，反而会使德国一直落后于其他国家（英法）。他认为"财富的生产力的重要性要远远大于财富本身，它不但可以使已有的和已增加的财富获得保障，还可以使已经消失的财富获得补偿"。李斯特详细阐述了采用提高进口关税等措施保护本国幼稚产业发展的观点。他承认进口关税的提高起初会使国内制成品价格提高，但随着本国工业的成熟和发展，一段时期后国内制成品价格一定会降到国外进口品价格之下。可见，他认为发展国家生产力的长期利益要胜过减少国内消费的短期损失。同汉密尔顿一样，李斯特也认为政府对某个幼稚产业的保护不能是无限期的，一旦这个产业发展起来了就必须撤掉保护，否则该产业将会失去发展的动力。美、德两国实施的以保护幼稚工业理论为中心的对外贸易政策为后来两国在经济上赶超英、法奠定了基础，也为后起国家实现工业化，提高产业竞争力提供了成功的范例。

3. 凯恩斯主义对外贸易理论

从 18 世纪中叶到 20 世纪 30 年代以前，以比较优势为中心的自由贸易政策在西方世界始终占据着统治地位。发生于 20 世纪 30 年代的资本主义世界最大的经济危机动摇了自由贸易政策的统治地位。古典的以比较优势为基础的自由贸易理论无法解释更无法解决发生于 1929 ~ 1933 年资本主义的经济危机。一般来讲，任何经济现象应该都能用经济学的理论来解释，当现有的经济现象不能很好地用现有的理论加以解释时，此时也正是进行理论创新的好机会。约翰·梅纳德·凯恩斯（John Maynard Keynes）便是在古典学派理论熏陶下成长却对其大肆批判，并进行理论创新的代表。他在 1936 年出版的《就业、利息和货币通论》一书中指出，古典学派的自由贸易理论已经不适用于现代社会，因为古典学派经济学家所倡导的自由贸易理论是建立在充分就业的前提假设上，而 1929 ~ 1933 年的经济危机使英美等国失业率一度超过 20%。凯恩斯认为，贸易顺差能够增加一国国民收入，刺激物价上涨，扩大就业，缓和国内危机，符合国家利益。

相反，逆差则会减少一国国民收入，降低物价，加重失业，违背国家利益。他还提出对外贸易乘数理论，认为对外贸易顺差对国内就业和收入会产生乘数效应，使国内就业和收入成倍增长。因此，凯恩斯主义者在对外贸易政策上的态度表现为一切以国家利益为中心，鼓励出口，支持贸易顺差，反对贸易逆差。凯恩斯倡导的国家干预贸易甚至整个经济活动的政策使战后资本主义经济迅速得到恢复。

二、发达国家对外贸易政策理论

自国际贸易出现以来，一国对外贸易政策的选择一直是一个充满争议的问题。不同国家在同一时期可能会倾向于完全不同的对外贸易政策，同一国家在不同的发展阶段也可能会选择全然相悖的对外贸易政策。原因在于，各国在不同发展时期的政策目标各不相同，而同一国家在不同发展阶段的政策目标也不尽相同。总体上看，基于提高国民福利的自由贸易政策与基于实现国家利益的保护贸易政策的更替构成了西方发达国家对外贸易政策发展变化的基本线索。实行自由贸易政策的国家表现为政府对其对外贸易不施加任何干预，但实际上，"不干预"本身也可以认为是一种政策选择。同样，保护贸易政策的倡导者也并没有从根本上否定基于比较优势的自由贸易的一般正确性。李斯特认为后起工业化国家一旦解决了生产力落后问题，自由贸易政策依然是个不错的选择。凯恩斯主义所倡导的政府对一国贸易的政策性干预是从已经实现工业化的国家为摆脱经济危机、寻求稳定的经济增长的角度阐述的。凯恩斯本人也认为比较优势理论是国际贸易诞生以来最经得起考验的理论。事实证明，西方发达工业化国家在经济复苏后纷纷以贸易自由化为发展方向。

综上所述，自由贸易政策与保护贸易政策的兴衰更替一方面反映了两种政策各有利弊，另一方面也表明在特定的时期下恰当地选择一国对外贸易政策至关重要。

第二节　发展中国家对外贸易政策理论

一、发展中国家对外贸易政策理论

20 世纪中叶以来，亚、非、拉国家和地区相继通过民族解放运动赢得了民族独立和国家主权，并开始将经济发展、社会进步和国民富裕作为国家发展目标。针对这些发展中国家普遍存在的二元经济结构、工业基础薄弱、技术水平落后和产品需求弹性小等经济问题，一些发展经济学家纷纷提出专门解决这些特殊问题的对外贸易理论和政策。

（一）"中心—外围"论

1949 年 5 月，阿根廷经济学家劳尔·普雷维什（Raul Prebiseh）在向联合国拉美经济委员会提交的一份题为《拉丁美洲经济发展及其主要问题》的报告中系统地提出了"中心—外围"论思想。后经汉斯·辛格（Hans Singer）在《投资与借贷国之间的收益分配》一文中加以完善，这一理论也被称为贸易条件恶化论。

普雷维什认为，按照传统比较优势理论进行的国际分工已日益将世界经济格局分为两部分，一部分是"大的工业中心"国家；另一部分是为"大的工业中心"提供粮食和原材料的"外围"国家。而按照这种分工格局进行交换的利益分配是极不平等的，大多数贸易利益都被处于"中心"地位的发达国家所占有；而处在"外围"的发展中国家的贸易条件（进口与出口产品价格之比）则会不断恶化，其对外贸易和工业发展速度也将放缓。因此，普雷维什建议处于"外围"地位的发展中国家应采取以发展本国工业为中心的、温和的、有选择的保护贸易政策，以摆脱长期以来建立在比较优势基础上的不利于发展中国家经济发展的国际分工格局。他认为"外围"国家要发展本国经济，不能依靠初级产品的出口，而是要以实现工业化为目标改变自身的产品结构和贸易结构，降低初级产品在对外贸易中的比重。鉴于"外围"国家普遍存在的工业基础设施薄弱、生产成本高、制成品出口竞争力弱等问题，普雷维什建议"外围"国家优先发展进口替代工业，重点生产国内急需的消费品和制成品，以取代之前对这些产品的进口。20 世纪 50～60 年代，印度、墨西哥、巴西、韩国等发展中国家纷纷实行以"中心 - 外围"论为基础的进口替代型对外贸易政策，并取得了一定的成效。

（二）"剩余出路"论

1954 年，缅甸经济学家迈因特（U Hla Myint）针对发展中国家普遍存在的未被利用的自然资源和剩余劳动力现象，提出发展中国家通过对外贸易发展本国经济的思路，即"剩余出路"理论。明特认为发展中国家人口增长速度快，存在着相当规模的剩余劳动力，而生产和出口远未达到生产可能性曲线的最大值。因此，在既定的贸易条件下，发展中国家可以扩大初级产品和劳动密集型制成品的生产和出口规模，这样一方面能够使剩余劳动力得到充分的利用，增加就业；另一方面也可通过出口拉动本国经济增长。"剩余出路"理论从自然资源剩余和劳动力剩余的角度论证了发展中国家开展对外贸易的基础，为发展中国推行出口促进型对外贸易政策提供了理论基础。

（三）"关联效应"论

美国发展经济学家阿尔伯特·赫希曼（Albert Hirschman）在其 1958 年发表的《经济发展战略》一书中提出"关联效应"理论，认为一国各个产业部门之间存在着相互联系、相互依存、相互影响的关系。这种"关联效应"是普遍存在的，但在不同产业部门之间效应大小不同。赫希曼将"关联效应"分为"前向关联"和"后向关联"，前向关联是指一个产业与购买其产品的产业之间的联系，后向关联是指一个产业与为它提供原材料、中间产品的产业之间的联系。赫希曼认为发展中国家对制成品的市场需求量很大，不缺乏前向关联，而由于原材料等资源和资本相对稀缺，发展中国家普遍缺乏后向关联。因此，以稀缺资源应该得到有效利用的角度出发，他认为发展中国家应该集中有限的资源和资本，优先发展"进口替代"工业。"进口替代"工业的发展既可以减少对机器设备和原材料的进口，又可以生产人民生活急需的和有利于国内工业发展的产品，实现最大的"关联效应"。

（四）"支配—依附"论

1975年，巴西发展经济学家特奥托尼奥·多斯桑托斯（Theotonio Dos Santos）在"中心—外围"论的基础上，提出了更为激进的"支配—依附"论。多斯桑托斯认为发达国家利用跨国公司等工具掠夺发展中国家的"经济剩余"是一种新殖民主义政策，属于帝国主义理论的组成部分。帝国主义理论包括向外扩张的经济中心和作为扩展对象的附属国两部分。新殖民主义政策通过在国际贸易上的不平等交换使发展中国家在经济上受发达国家的剥削和支配，贸易条件恶化，并成为其经济附庸。这种"支配—依附"关系最终导致富国愈富，穷国愈穷。鉴于此，多斯桑托斯认为发展中国家应该通过保护贸易政策提高本国工资率和利润率，改善贸易条件，逐渐消除国际贸易中的不平等交换，摆脱与发达国家的"支配—依附"关系。

二、发展中国家对外贸易政策理论

在发展中国家对外贸易适用性方面，一些发展经济学家认为传统的国际贸易理论同样适用于发展中国家，但大多数发展经济学家则认为传统的国际贸易理论是以发达国家的经验和利益为基础的，并不完全适用于发展中国家。这些学者先后提出一系列适用于发展中国家的对外贸易理论和政策，可以看出，这些理论更多地倾向于有政府干预的保护贸易政策，在保护工业发展方面与西方国家提出的保护幼稚工业理论有相似之处，但又有专门针对并力图解决发展中国家存在的特殊问题的特点，在一定程度上对发展中国家的对外贸易发展起到了指导作用。但也可看出，这些发展中国家的对外贸易理论普遍存在体系不完整、普适性不强的局限性，如果不顾各个发展中国家的特殊国情和发展实际而照搬这些理论很可能会适得其反。

第三节　对外贸易理论的新发展

一、战略性贸易政策理论

20 世纪 80 年代以前的对外贸易政策理论无论是政府"干预"型的还是"不干预"型的都存在一个共同的理论假设，即市场是完全竞争的，事实上，这个假设条件与现实的市场特征并不相符。1981 年加拿大经济学家詹姆斯·布兰德（James Brander）和芭芭拉·斯潘塞（Barbara Spencer）在《存在潜在进入者条件下对外国厂商征收关税和抽取垄断租》一文中率先阐述了不完全竞争，特别是寡头垄断才是当今市场的主要特征，这一观点的提出颠覆了当时几乎所有贸易政策的理论基础。随后，布兰德、斯潘塞、克鲁格曼等人先后提出了以不完全竞争和规模经济为理论假设，以产业组织中的市场结构理论和企业竞争理论为分析框架，主张适当干预贸易促进产业发展的战略性贸易政策理论。克鲁格曼认为，尽管国际贸易中通行的原则是"非零和"的，但在不完全竞争的市场结构下，一国消费者损失的经济利益就是另一国垄断企业的垄断利润所得，这种因不完全竞争而产生的"额外利润"在两国之间的分配又表现为"零和"的博弈，这构成了采取战略性贸易政策的基础。战略性贸易政策不同于以往的对外贸易政策，战略性贸易政策主张政府采取各种经济措施对贸易进行干预以支持本国产业发展战略，实现利益最大化。为了实现这一目标，一国对外贸易政策的选择并不是单纯的贸易保护政策，有时还表现为自由贸易政策主张。克鲁格曼认为战略性贸易政策必然导致保护贸易政策。另外，战略性贸易政策还表现为与一国的产业政策相结合的特点，这就决定了一国干预对外贸易的意图不但会体现在一国对外贸易政策措施上，而且还会渗透在国内各项经济政策措施中。战略贸易政策获得了空前的甚至是处于各个发展阶段的国家的青睐，许多学者都认为日本、韩国等东亚国家获得的高速经济增长有赖于其在第二次世界大战后实施的战略性贸易政策。

二、贸易政策的政治经济学理论

纵观世界对外贸易政策发展的历史可以发现，尽管政府"不干预"的自由贸易政策几乎在全世界范围内受到推崇，但现实中各国政府的政策选择往往不是自由贸易政策，这种现象单纯从经济学角度很难解释，政治学与经济学的跨学科研究的发展在某种程度上对这一现象做出了解释。20 世纪 80 年代兴起的新政治经济学试图解释经济政策背后的政治因素，考虑政治行为约束下贸易政策的内生性问题，构建了大量贸易政策内生化理论模型。鲍德温（Baldwin，1985）将早期的贸易保护政治经济学模型进行了精辟的归类，包括利益集团模型、选举最大化模型、历史现状模型、社会公平模型和比较成本假说模型。晚期贸易保护的政治经济学模型有中间选民模型、政治捐献模型等。其中，格罗斯曼（Grossman）

和赫尔普曼（Helpman）在 1994 年建立的经典的保护代售模型为内生性贸易政策研究提供了完整的理论框架，是迄今为止贸易政策的政治经济学领域中最具影响力的理论模型。模型中假设政府是同时兼顾"个人利益"和"公共利益"的"民主"的政府，而利益集团的政治捐献会影响政府对贸易政策的选择，政府在利益集团政治捐献和选民福利之间进行博弈，寻求政府目标函数，即社会福利函数最大化。主要结论为：当利益集团的组织性越强，进口需求弹性越小时，贸易保护率越高；反之，没有组织或组织性越弱的行业，获得的贸易保护越低。由于格罗斯曼和赫尔普曼的保护代售模型生动地刻画了代议制民主下贸易政策的内生过程，因而有些学者热衷于将此理论模型应用于实证研究，也取得了丰硕的成果。其中，最优秀的成果是由高登伯格和马吉（Goldberg，Maggi，1997）对此模型进行的实证检验。该研究通过对非关税壁垒的政治决定因素进行计量检验，结果证实了美国高度重视社会利益和经济活动政治化的假说，也充分验证了保护代售模型的巨大贡献。

第四节 中国对外贸易政策的主要影响因素

一、对外贸易政策与经济增长

发展对外贸易对一国经济增长的促进作用不言而喻。早在 1664 年英国经济学家托马斯·孟就以《英国得自对外贸易的财富》一书详尽阐述了对外贸易如何为一个国家创造财富、促进经济增长。时代的变迁、经济的发展并没有减弱对外贸易对一国经济增长的作用，随着全球化趋势的加强，对外贸易对经济增长的促进作用越来越强。1937 年英国经济学家罗伯特逊又提出"对外贸易是经济增长的发动机"学说，继续延续着对外贸易在一国经济增长中的重要地位。鉴于对外贸易对一国经济增长的重要作用 300 多年来都未曾改变，许多国家都试图通过实施对外贸易政策，调整进出口贸易模式，以发挥对外贸易的最大作用，实现最大限度促进本国经济增长的目的。改革开放以来，中国政府正是通过出口导向型对外贸易政策促进经济增长。有学者认为，政府干预型对外贸易政策的实施确实促进了中国经济增长，但也有一些学者认为，出口导向型对外贸易政策的实施造成了种种发展的弊端，实际上阻碍了经济增长。

近年来，一些学者试图用实证方法检验对外贸易的宏观经济效果。

Yanikkaya（2003）对 100 多个发达国家和发展中国家于 1970～1997 年的贸易壁垒进行面板数据分析，发现贸易壁垒与发展中国家的经济增长正相关。Lee（2004）对 100 多个国家于 1965～2000 年的对外贸易和经济增长数据进行分析，发现一国对外开放程度与经济增长正相关。苏萍、刘艳朝、陈蒂（2007）认为，实现国际收支平衡目标的措施会给中国的经济平稳较快增长的目标和增加就业的目标带来负面影响。

二、对外贸易政策与城乡二元经济结构转换

城乡二元经济问题可以说是当今发展中国家普遍存在的状况，而二元经济也是发展中国家在发展本国经济过程中必然要跨过的障碍，二元经济转换为一元经济是经济发展的必由之路。相比于对外贸易政策与经济增长的关系而言，对一国对外贸易政策与城乡二元经济结构转换的关系展开深入研究的学者更是寥寥无几。

中国的城乡二元经济转换是伴随着改革开放、经济体制改革一步步进行的。中国市场化、工业化、现代化目标的实现有赖于城乡二元结构转换的完成。因而，以市场化、工业化和现代化为发展目标而制定的中国宏观经济政策也应着眼于城乡二元经济转换问题。对外贸易政策，作为一国宏观经济政策的重要组成部分，其制定和实施不仅要以对外经济发展为目标，也需兼顾国内经济发展目标。对于国内城乡二元经济转换的结构性目标，对外贸易政策可以兼顾的便是源源不断地吸收二元经济转换过程中释放出的农业剩余劳动力。

1978 年，中国城市人口约为 1.7 亿，农村人口约为 7.9 亿，占总人口的 82%，可见，转型时期中国二元经济转换的压力是空前的。中国的城乡二元经济转换可以说是一个系统的、艰巨的工程，需要国内各项经济政策的齐力配合方能尽早实现，而农业剩余劳动力的转移问题则是各项经济政策配合的着力点。农业剩余劳动力转移是二元经济转换的核心问题，农业剩余劳动力向城镇顺利转移的速度在某种程度上决定了二元经济转换的速度。

转型初期，中国乡镇企业的蓬勃发展吸收了大量农业剩余劳动力，有效地推动了城乡二元结构转换。但在 80 年代中后期，随着乡镇企业发展停滞，农业剩余劳动力转移的出口不畅，二元经济转换速度一度放缓。90 年代中期以来，改革进一步深化、市场进一步开放，城市企业获得发展，成为吸收农业剩余劳动力的主力。特别是 2001 年中国加入 WTO 后，外国企业被中国丰富而廉价的劳动力所吸引，纷纷将生产基地迁至中国，外资企业也加入吸收中国农业剩余劳动力的队伍。然而，多年来投资主导的过剩的产能和过量的产品无法被国内需求全部消化，这严重威胁到再生产问题，也影响到内资企业和外资企业吸收农业剩余劳动力的能力。在这种情况下，大力发展对外贸易，扩大出口的出口导向型对外贸易政策就成为中国维持经济增长、保证农业剩余劳动力顺利向城镇转移的必然选择。因此，中国出口导向型对外贸易政策的总体取向与城乡二元经济结构转换存在紧密关系。

三、对外贸易政策与国内消费需求不足

消费、投资、出口是拉动一国经济增长的"三驾马车"，然而对中国而言，消费这辆最重要的马车多年来起的作用不但没有增强，反而越来越弱。改革初期的相当长一段时期内，投资是拉动经济增长的主力，直到 90 年代中后期以来，出口迅速增加，中国经济增长形成投资、出口双重驱动模式。而在此期间，消费增长率、贡献率却在不断下降。

改革开放至今，中国的经济增长呈现出明显的阶段性发展特征，其根源在于拉动我国

经济增长的主要力量为投资和出口。投资拉动经济增长本身就存在阶段性特点，一般来讲，经济周期处于下行的时期，政府会增加投资以刺激经济增长；经济周期处于上行的时期，政府会减少投资以防止经济过热。不仅如此，投资拉动经济增长的弊端远大于消费和出口。出口拉动经济增长同样存在阶段性特点，因为出口的增加不仅受国内对外贸易政策的导向，还受国外需求和国际环境影响。当经济危机爆发时，国外需求迅速萎缩，中国出口增速必然下降；当与外国贸易摩擦加剧时，外部环境恶化，中国出口增速也必然下滑。

由此可见，投资和出口拉动经济增长必然出现时升时降的不稳定特征，相比之下，只有变动更加平稳的国内消费的持续增长才能保证国内经济持续稳定增长。鉴于转型时期，中国持续存在的国内消费需求不足的状况，可以说，出口导向型对外贸易政策总体取向是转型时期稳定经济增长、吸收农业剩余劳动力的重要手段。

第五节　中国对外贸易政策取向的政治经济学分析

转型时期中国对外贸易政策分类取向表现出极其明显的类似于"马太效应"的趋势。从新政治经济学角度分析，这种"鼓励强者、忽视弱者"的对外贸易政策取向是中央政府、地方政府、企业集团和民众四方利益集团制度博弈的结果。中国对外贸易政策取向的变化也是在中央政府、地方政府、企业集团和民众四方不断进行的动态博弈的过程中形成的。中央政府、地方政府、企业、民众四方利益集团都从自身利益最大化的角度出发，争取有利于自身利益的制度安排，但由于在中国经济体制转轨的不同时期，四方利益集团的目标不一致，势必导致中国对外贸易政策取向最终需要在四方力量的对抗下生成，并在四方力量此消彼长中不断调整。在四方利益集团的博弈中，政府作为对外贸易政策在政治力量和资源配置上处于绝对优势，居于主导地位，在四方博弈最终选择了以损失最小为基准的对外贸易政策。改革初期，中央政府为尽快实现经济发展，体现改革成效，将加速经济增长这一总量目标作为最重要的发展目标，提出一系列制度安排，而这一时期的地方政府与中央政府的目标基本一致，而企业和民众受开放经济的推动，生产和消费能力空前释放，客观上也促进了经济增长。

20世纪70年代末至90年代初这一时期，以经济增长为总体发展目标和二元经济结构转换为结构调整目标的改革，不论是中央政府、地方政府还是企业、民众都享受到了最大的利益。这一时期中国市场刚刚向世界开放，中国对外贸易商品普遍不具备比较优势，国家也未对其进行特殊的干预。1978 ~ 1992年，中国对外贸易政策取向基本上属于以经济增长为中心的开放性的对外贸易政策。

90年代中期开始，随着经济增速不断加快，粗放型经济发展模式的弊端日益显露，中央政府开始提出转变经济增长方式的发展战略，但地方政府受地方经济增长利益的驱使，仍然压抑不住投资冲动，放不下总量增长的发展目标，这就出现了中央政府与地方政府利益上的冲突。尽管如此，城乡二元经济结构转换过程中出现的农业剩余劳动力转移问题仍然是中央政府和地方政府共同关注的问题。另外，民众利益群体经历了 90 年代初期连续两年国内较大的经济波动，对制度改革的走向和未来收益的信心有所下降，因此，居民消费倾向有所下降。与此同时，与中国市场经济体制改革同步进行的二元经济转换也发展到了关键的时期，乡镇企业的萎缩导致不断析出的农业剩余劳动力就业问题亟待解决，大力发展劳动密集型出口产业成为政府的必然选择。由此，在农业剩余劳动力持续向工业转移的二元经济转换大背景下，在中央政府"重结构"、地方政府"重增长"、企业"重效益"、居民"重储蓄"的四重目标冲突中，中国对外贸易政策的总体取向最终形成。这种对外贸易政策取向的重大意义在于：第一，顺应二元经济结构转换的目标，适时地为农村剩余劳动力向城市转移找到了出口；第二，在居民消费需求萎缩的状况下，开启以出口拉动经济增长的引擎，保障了经济增长的总量目标。1993 ~ 2003 年中国的对外贸易政策为明显的支持劳动密集型产业发展的出口导向型贸易政策。

2004 年开始，中国开始将转变经济增长方式和转变外贸增长方式作为发展的重点，严格控制出口贸易结构，但由于 2005 年的汇率改革使人民币汇率有利于中国的出口，中国对外贸易顺差进一步拉大，客观上进一步促进了出口导向型对外贸易政策的发展。2004 ~ 2007 年，中国对外贸易政策取向同样带有明显的出口导向型特征。

2007 年美国爆发次贷危机，之后演变成了全球金融危机，中国多年实行的出口导向型经济发展模式受到空前的挑战。面对国外需求萎缩和保护主义盛行的双重压力，中央政府提出了转变经济发展方式，变单纯依靠投资、出口拉动经济增长为消费、投资、出口协调拉动增长的发展策略，大力刺激国内消费需求。这一时期，中国的经济增速有所下降，进出口趋近平衡增长，二元经济结构继续转换，改革进入了一个新的稳步平衡发展的时期。这一时期的对外贸易政策趋近于平衡增长的政策。这种政策虽然也是一种次优的选择，但能够最大限度地缓解中央、地方、企业和民众的矛盾，也是渐进式改革发展的必然结果。

第十章　多边贸易体制

第一节　多边贸易体制的制度演进

多边贸易体制是一个动态的制度设计，从 GATT 到 WTO，其职能增多、规则范围扩大、机制完善。在发展过程中，多边贸易体制遇到了瓶颈和困境，但是目前没有替代制度出现。多边贸易体制仍然是世界贸易自由化的主要推动力量。

一、多边贸易体制产生的制度经济学基础

（一）多边贸易体制的制度需求

由于第一次世界大战后的国际贸易秩序混乱，酿成了西方世界 20 世纪 30 年代第一次经济大危机，诱发了第二次世界大战。所以二战后，美国等考虑用法律制度建立稳定的国际经济关系，倡导并坚持贸易自由，保持贸易渠道的畅通。

古典贸易理论认为单边贸易自由化比贸易保护好，即使其他国家不这样做，每个国家也都应该以合作和削减贸易壁垒作为本国的贸易战略，从而提高本国的整体福利。然而国际贸易的收入分配效应，使参与国的一部分群体利益和实际收入受损，那些因为贸易壁垒而获益的人就会游说政府采取贸易保护措施，因此许多国家政府受到要求关闭市场的压力。如日本和韩国的农业利益集团对政府贸易自由化谈判的影响力。可以说，如果没有某种组织方面的支持，民主国家要维持自由贸易的政策非常困难。GATT/WTO 为自由贸易观念提供了的制度性支持。

二战结束时，美国比其他国家对贸易自由化更感兴趣，美国国务院的威尔克莱顿认为改善失业的较好方法是拥有稳定的汇率和自由贸易。其他国家更注重别的经济政策目标。英国人关系收支平衡，所以希望有更多的例外和豁免；澳大利亚则关心商品价格的稳定；发展中国家则希望可以获得许可运用进口配额保护本国的新兴产业。

由于不同国家追求的经济目标不同，国家之间贸易合作通常使用"囚徒困境"这一博弈模型来说明。博弈参与者是不同的国家，每个博弈者独立选择对其最优的策略，结果导致了低效的均衡和较高的交易成本。在 GATT/WTO 多边贸易体制这一制度安排下，各个国家根据 WTO 协议规则调整其贸易政策并接受 WTO 规则的审议，从而可以降低各国之

间的贸易成本。建立国际机制可以减少各成员方贸易政策的随意性，解决不明确的产权、高度不确定以及国际政治中的高额交易成本。

（二）多边贸易体制的制度供给

多边贸易体制对成员而言只是达到它们所想达到的目的地一个舞台，如果它无法为清晰有用的目的服务或无法使其为之服务的话，它就不应该存在。然而多边贸易体制具有全球公共产品的特性，即使各个成员方都能从中获利，但是他们不会自愿地采取措施以实现共同的或者集团的利益。

根据智猪博弈模型的分析，积极制定规则的国家要比享受免费搭便车的国家付出更多的成本，而积极推动者往往是由强势的博弈者担当。多边贸易体制的制度形成得益于美国的领导和支持。美国国务卿科德尔赫尔与其助手认为："我们所处的地位使我们没有选择。我们必须在国际合作中继续前往，从政治到经济，从金融到贸易。为了安全，世界组织是重要的，但如果它要取得胜利的话，必须基于对国际经济事务的持续参与……如果要重建政治经济秩序，我们必须在我们的贸易关系中提供牢固的基础，使国际合作的上层建筑能够建立"。这些思想贯彻于 1941 ~ 1948 年 GATT/WTO 谈判的筹划期间。GATT 的诞生是在美国的主导以及西方国家支持的结果。

（三）多边贸易体制的形成

关贸总协定是一个由许多国家签署的契约，其规章的执行在很大程度上是依靠各成员国的自愿合作来维持。成员国是否遵守规则，完全取决于各成员国对自身利益的考虑以及成员国的集体行动，而集体行动又以主要成员国在实质的意见一致为前提。所以，GATT 的规章能否执行、能否达成新的协议，要视主要国家对自身经济利益的评估和抉择。国际条约都是各种相互冲突的国家利益彼此妥协后的产物，乌拉圭回合的文件亦不例外。1995 年，GATT 演变成 WTO，约束范围从货物贸易扩大到服务贸易、与贸易有关的知识产权、竞争政策、贸易便利化等。GATT/WTO 是一个致力于在全球贸易体系中制定和执行反保护主义规则的组织。

二、多边贸易体制的制度演进

WTO 宪章第 16 条第 1 款明确指出，WTO 及其所有的组成部分应以 GATT 的惯例、决议等为指导。这意味着 GATT 的法理被 WTO 继承，成为 WTO 体系的一块重要基石。GATT 仅仅是一种合同框架；WTO 则逐渐从原来的 GATT 模式演变成一个评论规章制度的法律框架结构。ITO 点菜式的松散约束方式被 WTO 强制实行国际贸易政策规则的方式取代。现从多边贸易体制的职能、运行机制以及规则范围来看 GATT 到 WTO 的制度演进。

（一）职能增多

GATT 的基本职能包括为各成员方提供谈判场所、监督协议的执行情况并解决各成员方的贸易争端。WTO 在这 3 个基本职能的基础上，逐渐形成了另外两项职能：贸易政策审议以及协调与其他国际经济组织的关系促进全球经济协调发展。GATT 没有贸易政策审议机制，只有第 10 条、第 11 条、第 22 条要求各缔约方及时公布贸易政策措施。根据 1985 年的《七贤报告》，倡议加强贸易政策措施的国际透明度，可行的办法就是定期审查。经过乌拉圭回合谈判，贸易政策审议机制协议作为附件三列入乌拉圭回合文件之中，对所有成员方具有法律约束力。第 5 个协调与其他国际经济组织的关系是 WTO 的全新职能。IMF 是 GATTO 唯一明确提及的国际组织。WTO 则涉及许多其他的国际组织，如世界银行、世界知识产权组织、世界关税组织、国际标准化组织、营养法典委员会、国际动物检疫办事处、国际植物保护会议等。鼓励与政府间或者非政府组织的合作。装运前检验协议就是 WTO 与非政府机构国际调查局联盟及国际商会签订的正式协议。

（二）机制完善

自 GATT 成立之初，有关争端解决的条款是很少的；对于争端解决程序的认识就存在分歧。但是在实践过程中，争端解决程序不断完善。20 世纪 50 年代，争端的处理由"工作小组"转移到"争端解决专家小组"，说明争端解决程序逐渐从谈判协商向法律化的方向转变；60 年代又形成了适用于所有违反条约义务情况的"prima facie nullification or impairment"；东京回合形成了《关于通告、协商、争端解决和监督的谅解》，但是专家组报告的法律约束力因为欧共体的反对没有实现突破；1982 年，部长级会议试图取消"全体一致"通过程序，以增加报告通过的概率以及增强报告产生的"法律约束力"。乌拉圭回合就此问题进行磋商并形成了"关于争端解决程序的谅解"。

表决方式从"全体一致"到"反向一致"是一大进步。因为之前"全体一致通过"原则下，在专家小组争端处理中"败诉"，并不得不履行专家组报告中规定义务的那个国家很容易"阻碍"报告生效，从而免于按照专家组报告调整本国政策或者对受损国给予补偿。机构的完善，上诉机构的第一份报告，明确指出争端解决程序以及 GATT/WTO 都是国际法的一部分。

（三）规则范围扩大

多边贸易体制的规则范围从关税措施扩展到非关税措施，从单纯约束货物贸易到服务贸易、知识产权措施以及投资措施，从约束边境措施逐渐到监督成员方国内政策的制订。

GATT 被设计成削减关税的主要渠道，削减非关税壁垒有点力不从心；非关税壁垒的削减使贸易条款的确定复杂化，意味着修改国内现行的各种政策。与此同时，乌拉圭回合谈判达成的新协议，如 GATS、TRIPS 等，与 GATT 是并行关系而不是隶属关系。贸易和其他政策领域的联系长久以来成为多边贸易秩序的特色之一，许多国家通过多边贸易秩序实现其国内政策目标。随着国内政策目标逐渐融入世界贸易秩序，国内政策目标是受益还是受损？这是各个成员方进行谈判的时候最关注的问题。由于无法协调多边谈判目标和不同成员方国内的政策目标，多边贸易体制规则范围的不断扩展是导致多边谈判陷入困境的一个重要原因。

三、从制度经济学的角度看多边贸易体制的前景

（一）多边贸易体制的发展困境

多边贸易体制自 1948 年生效以来，共进行了 8 轮回合的谈判。最新一轮的多哈回合自 2001 年启动以来，进展一直不顺，多边贸易体制的发展前景一片黯淡。

2001 年 11 月，142 个成员方一致同意启动 WTO 首轮回合谈判，命名为"多哈发展议程"，并预计在 2005 年 1 月 1 日前完成谈判工作。谈判包括 19 个议题，采取"一揽子"谈判方式，分 8 个谈判小组具体负责谈判工作。原定于 2005 年结束的多哈回合一拖再拖，拉米认为多哈回合"陷入僵局"。2016 年第九次部长级会议，达成了多哈回合最具实质性进展的"巴厘岛一揽子协定"。2014 年 7 月，巴厘岛一揽子协定重要组成部分的《贸易便利化协议》最终未能达成一致，再次引发了对多边贸易体制发展的悲观思想。在总干事的号召下，WTO 各方努力寻求重新签署该协议，避免 WTO 在全球多边贸易体系中的地位将进一步被"边缘化"。

（二）区域贸易协定不是多边贸易体制的替代制度

多哈回合进程不顺利，虽然各成员方纷纷表示支持多边贸易体制，但同时依然将注意力转移到了特惠协定上。Baldwin 和 Yi 等是通过讨论一个区域经济一体化组织可以通过不断扩张而最终实现世界的自由贸易。张宇轩认为随着区域贸易协定的交叉建立，无数的自由贸易区将会组成一张覆盖全球的区域自由贸易网，多边贸易体制将被跨越全球的区域贸易协定所代替，全球范围内的贸易自由化最终将通过无数交叉纵横的区域自由贸易协定实现。这些观点把区域贸易协定和多边贸易体制看作是实现自由贸易的不同途径，不是相互冲突而是相互促进的关系。

1.区域贸易协定能够在外围影响多边贸易体制的发展。20 世纪 40 年代和 90 年代，不管是美国、欧洲还是日本，都没有充分的选择和理由拒绝并推出多边贸易体制。20 世纪 40 年代的美国虽然拒绝了 ITO 但是接受了 GATT，当时只有英国可以利用其帝国体系推行特惠制，欧洲开始出现区域合作的想法，而美国则没有明显的区域选择可以实现与其贸易目标相关的地缘政治选择；90 年代的美国则选择支持 WTO，是因为经济上的相互依存，虽然美国多了北美自由贸易区和 APEC 的选择，欧洲形成了经济联盟。

90 年代初，美国的首要大事是 NAFTA 谈判，而不是乌拉圭回合。然后 NAFTA 不是一个真正可靠的多变关税谈判的替代品。美国在乌拉圭回合中的目标是阻止保护主义渗透、消除欧洲的农业保护、将知识产权与服务贸易融入多边体系，而这些目标需要和发达国家进行多边谈判才能实现。

多哈回合启动以来，美国政府同步推进"竞争性自由化"战略，在美洲进行美洲自由贸易区谈判，在太平洋地区推进 APEC 和 TPP 谈判，在大西洋地区进行了 TPIP 协议谈判。美国在开放的多边贸易体制中居于有力的领导地位，但现在美国越来越愿意以双边方式对其贸易伙伴施加压力。

2. 区域贸易协定不是多边贸易体制的替代制度。理查德·斯坦伯格认为，采取区域贸易安排存在着 3 个明显的缺陷，获得贸易转移收益的国家将从保护租金出发而反对未来的贸易改革，区域贸易安排将会有强烈的动机去设置不利于第三方的贸易障碍。杰格迪什·巴格瓦蒂强烈反对区域贸易安排，尤其是美国的自由贸易协定关注非市场准入条款，如资本控制、知识产权保护、劳动和环保标准等，而弱化了对市场准入的关注。

区域性贸易协定备受诟病的是其歧视性和排他性。国际货币基金组织主席拉托认为，多边贸易改革仍然是目前最好的贸易促进方式，而双边协定由于贸易转移、贸易混乱以及有限的制度能力，都给整体的自由贸易带来了潜在的成本；多边贸易体制有助于贫困国家所关注的市场准入问题及棉花产品的出口补贴。

从博弈论的角度讲，当自由贸易协定的形式以多边协定取代原先的双边协定时，它必然会极大地推动全球贸易自由化的进程。如果博弈只能进行一次或有限次数，那么成员一般都会选择背叛，而如果博弈可以重复无数次，则存在很大的不确定性，从长期合作中获益的可能性必然会牵制从短期背叛中获益的冲动。多边贸易协定的机制特点决定了多边协定作为一种承诺信号，远比双边协定的可信度高，进而使加入协定的缔约国因国内利益格局发生变化而违约的现象大大减少。多边贸易体制的制度演变过程就是一个自我逐渐完善的过程；各成员方经过长期开放，背弃贸易协定的经济成本就会上升；随着时间的推移，破坏多边协定的政治成本将会增加。

2014 年 11 月 27 日，WTO 终于达成了贸易便利化协议以及食品安全公共储备的决定。多边贸易体制的谈判工作重新回到了正轨。这说明只要多边贸易体制不断进行制度完善，就会消除悲观思想，把多边贸易谈判重新纳入到正轨。

第二节　多边贸易体制下区域贸易协定的发展

一、区域贸易协定的基本内涵

（一）区域贸易协定的概念

区域贸易协定（Regional Trade Agreement，RTA）是指两个或两个以上的国家或地区以成员间清除各种贸易壁垒和阻碍生产要素自由流动的歧视性经济政策为目标而缔结的贸易条约或有法律约束力的政府间经贸安排。

（二）区域贸易协定的类型

按照区域经济一体化发展程度的高低，加拿大经济学家理查德·利普塞（Richard Lipsey）将区域贸易协定分为以下六种类型：

1. 优惠贸易安排（Preferential Trade Arrangements），是指在成员国之间通过签署优惠贸易协定或其他安排形式，对其全部贸易或部分贸易品互相提供特别的关税优惠，对非成员国之间的贸易则设置较高的贸易壁垒的一种区域经济安排。

优惠贸易安排是最为松散的一种区域经济一体化组织形式。1932 英国与其成员国建立的英联邦特惠制、中国加入的《亚太贸易协定》即属此列。

2. 自由贸易区（Free Trade Area），是指两个以上的主权国家或单独关税区通过签署协定，在世贸组织最惠国待遇基础上，相互进一步开放市场，分阶段取消绝大部分货物的关税和非关税壁垒，改善服务和投资的市场准入条件，从而形成的实现贸易和投资自由化的特定区域。

较之优惠贸易安排的关税优惠，自由贸易区成员方实质上取消了绝大部分货物的关税壁垒和非关税壁垒，货物可以在成员方之间真正实现自由流通。但各成员方仍保持各自对非成员方的关税和其他贸易限制。比较典型的自由贸易区有 1994 年建立的北美自由贸易区（NAFTA）、2010 年 1 月 1 日全面建成的中国—东盟自由贸易区（CAFTA）等。

3. 关税同盟（Customs Union），是指两个或两个以上的成员方组成一个贸易集团，在实质上取消彼此之间关税和非关税壁垒的基础上，对非成员方实行统一的对外关税和其他贸易政策。

较之自由贸易区，关税同盟在经济一体化的程度上又向前迈进了一步。关税同盟各成员方实际上将制定关税和其他对外贸易政策的权力让予给区域经济一体化组织，因此关税同盟已具有一定的超国家性质。比较典型的关税同盟有西非国家经济共同体（ECOWAS）、南部非洲关税联盟（SACU）等。

4. 共同市场（Common Market），是指两个或两个以上的成员方完全取消关税与非关税壁垒，采取共同的对外关税以及贸易政策，在实现商品自由流动的同时还允许服务、资本和劳动力等生产要素的自由流动。共同市场的目的是把被贸易保护主义分裂的孤立市场统一成一个大市场，通过市场的扩大和在共同市场内的激烈竞争，促使企业由小规模经营转向大规模经营，进而获得规模经济效应。比较典型的共同市场有海湾合作委员会（GCC）、南方共同市场（MERCOSUR）、中美洲共同市场（CACM）等。

5. 经济联盟（Economic Union），是指成员方之间不仅取消了贸易壁垒，建立了统一的对外关税和对外贸易政策，实现了商品、生产要素的自由流动，而且还就财政政策、货币政策和汇率政策等宏观经济政策达成协议，从而将一体化的程度从商品交换扩展到生产、分配乃至整个国民经济的一种区域经济组织。经济联盟与共同市场最大的区别就是成员方将使用宏观经济政策干预本国经济运行的权力让渡给了经济联盟。经济联盟最典型的例子是当今的欧盟（European Union）。

6. 完全的经济一体化（Complete Economic Integration），是指成员方在实现了经济联盟的基础上，进一步实现经济制度、政治制度和法律制度等方面的协调，直至形成统一的经济体的区域经济一体化组织形式。

完全经济一体化是区域经济一体化的最终和最高阶段，它与政治一体化相辅相成。2009 年 1 月，被视为《欧盟宪法条约》简化版的《里斯本条约》正式生效，该条约赋予了欧盟法律人格。根据条约，欧盟今后设立常任主席职位，并设欧盟外交和安全政策高级代表。《里斯本条约》的生效使欧盟向完全的经济一体化的目标又迈进了一步。

GATT/WTO 多边贸易体制对区域贸易协定的规范主要由三部分规则组成：一是《关税与贸易总协定》（General Agreement on Tariffs and Trade，GATT）第 24 条以及《关于解释 1994 年关税与贸易总协定第 24 条的谅解》（简称《谅解》）。GATT 第 24 条将货物贸易领域中的区域贸易协定分为三个层次：关税同盟、自由贸易区以及为成立关税同盟或自由贸易区所缔结的"临时协定"（Interim Agreement），而且"成立关税同盟或者自由贸易区的目的在于促进区域内的贸易往来，而不是增加贸易壁垒"。二是"授权条款"（Enabling Clause），即 1979 年东京回合达成的《关于发展中国家差别和更优惠待遇、互惠与更充分参与的决定》。发展中国家可以在"授权条款"下建立比 GATT 第 24 条规定更为宽松的局部的自由贸易协定（Partial Scope Agreement，PSA）。三是《服务贸易总协定》（General Agreement on Trade in Services，GATS）第 5 条。

二、区域贸易协定的发展趋势

（一）自由贸易区为主流发展模式

据 WTO 的官方统计，截至 2010 年 7 月 31 日，在已生效的区域贸易协定中，自由贸易协定和局部的自由贸易协定占 90%，关税同盟占 10%。从中可以看出，自由贸易协定是区域贸易协定的主流发展模式。

关税同盟要求成员国采取共同的对外政策，一般只有经济发展水平相似的国家才会签署。与关税同盟相比，自由贸易区只规定了区域内贸易自由，对成员国的约束较小，容易为各方所接受。因此，经济发展水平相差较大的国家之间基本上选择自由贸易区的发展模式。

（二）由北北合作、南南合作转向南北合作

南北合作即发达国家和发展中国家之间的合作。自 1994 年墨西哥加入北美自由贸易区开始，南北型区域合作不断涌现。从未来发展趋势看，南北型区域经济合作将成为今后世界各国发展区域经济合作的主要形式。

南北合作之所以取得成功，主要是基于发达国家和发展中国家的相互依赖关系。对于

发达国家来说，签署区域贸易协定有助于增强其在区域经济规则上的主导权，扩大自身利益；对于发展中国家来说，发达国家是主要的出口市场、外商直接投资和先进技术的来源，南北合作对于促进发展中国家经济发展意义重大。

（三）区域贸易协定覆盖领域更加广泛

传统的区域贸易协定以取消货物贸易的关税壁垒和非关税壁垒为主，而新一代的区域贸易协定涵盖的范围更加广泛，不仅包括货物贸易，还包括服务贸易、投资、知识产权、竞争、自然人移动、劳工标准、技术性壁垒、卫生与植物卫生措施、环境保护、争端解决等领域。

由于区域贸易协定的成员方利益相关，成员数量又相对较少，成员方之间能够就一些迄今尚未在多边贸易体制中达成共识的领域做出规范。因此，区域贸易协定具备了制定多边贸易规则"试验场"的性质。事实上，大国主导的区域贸易协定规则往往会演变为未来的多边贸易规则。

第三节　中国参与区域经济一体化的战略选择

中国自加入 WTO 十多年来，在坚持多边贸易体制的基础上，积极推动区域经贸合作的发展。通过十多年的摸索，中国已在自贸区建设方面积累了一定的经验。未来五年是中国重要的战略机遇期，把握好这一关键时期，加快实施自由贸易区战略，对于保持我国经济平稳较快发展目标具有十分重要的意义。

一、中国区域贸易协定的发展重点

（一）建立中华自由贸易区，带动两岸四地共同发展

由于历史原因，中国香港、中国澳门和中国台北在经贸事务方面享有自主权，是中国的三个单独关税区。因此，在 WTO 体制下就形成了"一国四席"的特殊局面。2003 年，中国积极利用世贸组织规则，先后与中国香港、中国澳门签署了《关于建立更紧密经贸关系的安排》，随后又分别签署了七个补充协议。这一举措极大地促进了中国内地与港澳的经贸往来。2010 年 6 月，中国与中国台北签署了《海峡两岸经济合作框架协议》。早期收获计划于 2011 年 1 月 1 日正式实施，给海峡两岸人民带来了实惠。

两岸四地同祖同宗，实现中华民族的伟大复兴是四地人民的共同心愿。中国应在已有经验的基础上，在两岸四地间签订自由贸易协定，建立中华自由贸易区，使四地在货物、服务、投资等领域实现自由流通，而对外保持各自独立的贸易政策。两岸四地建立自由贸易区是顺应历史潮流的举措，也是体现"一国两制"原则的重要举措。

（二）推动"10+3"合作模式，拉动东亚经济发展

东亚主要包括东盟十国和中日韩三国。东亚的人口总和超过全球人口的三分之一，GDP 总和占全球的近 20%。相比于北美自由贸易区、欧盟，东亚的经济一体化程度较低。推动东亚经济一体化建设将提升东亚各成员的发展空间，实现互利共赢的目标，同时也将在极大程度上推动世界经济的增长。

1995 年，东盟曼谷会议建议举行东盟与中日韩领导人会议。会议每年举行一次，由当年东盟轮值主席国主办，迄今已举行 13 次。1997 年 6 月，一场金融危机在亚洲爆发。为应对危机，1997 年 12 月 15 日，首次东盟与中日韩领导人非正式会议在马来西亚首都吉隆坡举行。这次会议的召开对于东亚各国加强合作、共度危机发挥了积极作用。

2010 年 10 月 29 日，第十三次东盟与中日韩领导人会议在越南首都河内召开。会上，温家宝总理指出，面对 2008 年世界金融危机，东亚经济率先复苏，呈现较为强劲的发展势头，成为拉动世界经济增长的重要引擎。事实证明，"10+3"合作模式经受住严峻的考验，应该坚持以"10+3"合作模式为主渠道，加快推进东亚自贸区建设。

东亚的和平、稳定与发展对于中国来说至关重要，中国下一步的目标应当是积极推动东亚自贸区的建设。继 2010 年中国—东盟自由贸易区全面建成后，韩国—东盟自由贸易区将于 2011 年建成，而日本—东盟自由贸易区将在 2012 年建成。随着这三个"10+1"自贸区的相继建成，为最终融合成"10+3"东亚自贸区打下了良好的基础条件。在东亚自贸区的建设过程中，要坚持循序渐进、从易到难的原则，考虑到各个国家不同的经济发展水平。同时，要发挥东盟重要的纽带作用，利用东盟提供的合作平台加强中日韩三国之间的联系。

（三）积极参与南北型经济一体化

南北型经济一体化即在发达国家与发展中国家间签署区域贸易协定，推进区域贸易自由化。南北合作的好处优于南南合作。发达国家与发展中国家的经济具有极强的互补性，发展中国家一般拥有比较丰富的劳动力资源，而发达国家拥有先进的技术和管理经验。与发达国家缔结区域贸易协定，发展中国家可以在吸收外资、引进发达国家先进技术和管理经验方面更加具有优势，从而加速本国经济的发展。

2008 年 4 月，中国与新西兰正式签署了《自由贸易协定》，这是中国首次与发达国家签署区域贸易协定，对中国的发展影响深远。协定的签署为推动中国与其他发达国家自贸区谈判积累了宝贵经验。目前，中国正积极参与中国—澳大利亚、中国—冰岛、中国—瑞士、中国—挪威自贸区谈判，研究中国—韩国、中日韩自贸区的建设。中国应以此为契机，以点带面，加快启动与美国、欧盟等主要贸易伙伴自贸区建设可行性研究。

（四）将自然资源丰富的国家作为优先谈判对象

资源在我国未来的战略部署中将占有越来越重要的位置。中国是一个自然资源并不丰富的国家，在与其他国家建立自由贸易区的过程中，应优先考虑将自然资源丰富的国家作

为谈判对象。

智利是一个铜矿资源丰富的国家。2005 年 11 月，中国已与智利正式签署了《中智自贸协定》。自协定实施以来，中智双边贸易迅速增长，经济互补性明显。目前，我国正与海湾合作委员会（GulfCooperationCouncil，GCC）、澳大利亚和南部非洲关税同盟（SouthernAfricaCustomsUnion，SACU）进行自贸区谈判。如果谈判取得成功，我国将以相对较低的价格获得石油、铁矿石、钻石等战略性自然资源，从而有效满足我国的能源供应需求。

二、中国参与区域经济一体化的策略

《十二五规划纲要》明确指出，加快实施自由贸易区战略。如何正确理解和保障落实这一战略任务，笔者认为可从以下几方面加以着手：

首先，统筹规划，处理好多边贸易体制与区域经贸合作的关系。区域经济一体化是指区域内成员在多边贸易体制的基础上，进一步相互开放市场，从而实现区域贸易自由化。只有多边贸易体制得到发展与完善，作为最大发展中国家的中国才能获得最大的经济利益。因此，中国应积极推动多哈回合谈判，努力使 WTO 规则更加合理，更能代表广大发展中国家的根本利益。

在制定区域贸易规则的过程中，要注意保持区域贸易协定与多边贸易体制的兼容性，避免冲突。其次，加强研究，切实提高我国参与区域经济一体化水平。自贸区建设是一个很复杂的系统工程，需要运用政治、经济、法律等多学科知识综合分析。在 2007 年十七大报告提出"实施自由贸易区战略"以前，我国的自贸区建设处于摸索阶段。在此期间，我国成功推动了与东盟、智利、巴基斯坦的自贸区建设，但该阶段的建设基本上限于货物贸易领域的自由化，区域经济一体化程度不深。2008 年我国与新西兰签署了《自由贸易协定》，这是我国自提出自由贸易区战略以来与其他国家签署的第一个自贸区协定，也是我国签署的第一个同时涵盖货物贸易、服务贸易、投资等多个领域的一揽子自由贸易协定。协定的签署为之后中国—新加坡、中国—秘鲁、中国—哥斯达黎加自贸区的顺利建成提供了宝贵经验。"十二五"时期，我国应继续重点研究自贸区建设中具有全局性、前瞻性、战略性意义的重大问题，切实提高我国参与区域经济一体化水平。

第三，大力宣传，使我国企业充分享受到自贸协定带来的实惠。在积极推动新自贸区谈判的同时，大力宣传已实施的自贸协定，指导企业积极利用自贸协定优惠政策来促进对外贸易和投资。2010 年 1 月至 10 月，全国检验检疫机构总共为企业签发各个自贸协定优惠原产地证书 59.7 万份，同比增长 70.5%。其中，签发中国—东盟自贸区原产地证书 40.9万份，同比增长 79.3%。从该数据可以看出，随着自贸区政策的日渐普及，我国企业利用自贸协定优惠政策比例不断上升。

第十一章 国际商务谈判

第一节 国际商务谈判基础知识

国际商务谈判（International Business Negotiation）是指国际商务活动中不同的利益主体，为了达成某笔交易，而就交易的各项条件进行协商的过程。

国际商务谈判是国际货物买卖过程中必不可少的一个很重要的环节，也是签订买卖合同的必经阶段。

一、国际商务谈判特点

国际商务谈判既具有一般商务谈判的特点，又具有国际经济活动的特殊性，表现在：

（一）政治性强

国际商务谈判既是一种商务交易的谈判，也是一项国际交往活动，具有较强的政策性。由于谈判双方的商务关系是两国或两个地区之间整体经济关系的一部分，常常涉及两国之间的政治关系和外交关系，因此在谈判中两国或地区的政府常常会干预和影响商务谈判。因此，国际商务谈判必须贯彻执行国家的有关方针政策和外交政策，同时，还应注意国别政策，以及执行对外经济贸易的一系列法律和规章制度。

（二）以国际商法为准则

由于国际商务谈判的结果会导致资产的跨国转移，必然要涉及国际贸易、国际结算、国际保险、国际运输等一系列问题，因此，在国际商务谈判中要以国际商法为准则，并以国际惯例为基础。所以，谈判人员要熟悉各种国际惯例，熟悉对方所在国的法律条款，熟悉国际经济组织的各种规定和国际法。这些问题是一般国内商务谈判所无法涉及的，要引起特别重视。

（三）要坚持平等互利的原则

在国际商务谈判中，要坚持平等互利的原则，既不强加于人，也不接受不平等条件。我国是社会主义发展中国家，平等互利是我国对外政策的一项重要原则。所谓平等互利，是指国家不分大小，不论贫富强弱，在相互关系中，应当一律平等。在相互贸易中，应根据双方的需要和要求，按照公平合理的价格，互通有无，使双方都有利可得，以促进彼此经济发展。在进行国际商务谈判时，不论国家贫富，客户大小，只要对方有诚意，就要一视同仁，既不可强人所难，也不能接受对方无理的要求。对某些外商利用垄断地位抬价和压价，必须不卑不亢，据理力争。对某些发展中国家或经济落后地区，我们也不能以势压人，仗势欺人，应该体现平等互利的原则。

（四）谈判的难度大

由于国际商务谈判的谈判者代表了不同国家和地区的利益，有着不同的社会文化和经济政治背景，人们的价值观、思维方式、行为方式、语言及风俗习惯各不相同，从而使影响谈判的因素更加复杂，谈判的难度更加大。在实际谈判过程中，对手的情况千变万化，作风各异，有热情洋溢者，也有沉默寡言者；有果敢决断者，也有多疑多虑者；有善意合作者，也有故意寻衅者；有谦谦君子，也有傲慢自大盛气凌人的自命不凡者。凡此种种表现，都与一定的社会文化、经济政治有关。不同表现反映了不同谈判者有不同的价值观和不同的思维方式。因此，谈判者必须有广博的知识和高超的谈判技巧，不仅能在谈判桌上因人而异，运用自如，而且要在谈判前注意资料的准备、信息的收集，使谈判按预定的方案顺利地进行。

二、国际商务谈判原则

（一）平等性原则

平等是国际商务谈判得以顺利进行和取得成功的重要前提。在国际经济往来中，企业间的洽谈协商活动不仅反映着企业与企业的关系，还体现了国家与国家的关系，相互间要求在尊重各自权利和国格的基础上，平等地进行贸易与经济合作事务。在国际商务谈判中，平等性要求包括以下几方面内容：

1.谈判各方地位平等。国家不分大小贫富，企业不论实力强弱，个人不管权势高低，在经济贸易谈判中地位一律平等。不可颐指气使，盛气凌人，把自己的观点和意志强加给对方。谈判各方面尊重对方的主权和愿望，根据彼此的需要和可能，在自愿的基础上进行谈判。对于利益、意见分歧的问题，应通过友好协商加以妥善解决，而不可强人所难。切忌使用要挟、欺骗的手段来达到自己的交易的目的，也不能接受对方带强迫性的意见和无理的要求。使用强硬、胁迫手段，只能导致谈判破裂。

2.谈判各方权利与义务平等。各国之间在商务往来的谈判中权利与义务是平等的，既应平等地享受权利，也要平等地承担义务。谈判者的权利与义务，具体表现在谈判各方的一系列交易条件上，包括涉及各方贸易利益的价格、标准、资料、方案、关税、运输、保险等。如在世界贸易组织中，国与国之间的贸易和谈判，要按照有关规则公平合理地削减关税，尤其是限制或取消非关税壁垒。谈判的每一方，都是自己利益的占有者，都有权从谈判中得到自己所需要的，都有权要求达成等价有偿、互相受益、各有所得的公平交易。价格是商贸谈判交易条件的集中表现，谈判各方讨价还价是免不了的，但是按照公平合理的价格进行协商，对进出口商品作价应以国际市场价格水平平等商议，做到随行就市，对双方有利。为弥合在价格以及其他交易条件上的分歧，顺利解决谈判中的争执，就需要以公平的标准来对不同意见进行判定，而公平的标准应当是谈判各方共同认定的标准。在谈判的信息资料方面，谈判者既有获取真实资料的权利，又有向对方提供真实资料的义务。谈判方案以及其他条件的提出、选择和接受，都应符合权利与义务对等的原则。谈判者享受的权利越多，相应地需要承担的义务也就越多，反之亦然。

3. 谈判各方签约与践约平等。商务谈判的结果，是签订贸易及合作协议或合同。协议条款的拟订必须公平合理，有利于谈判各方目标的实现，使各方利益都能得到最大限度的满足。签约践约要使"每方都是胜者"，美国学者尼尔伦伯格的这句话充分体现了谈判的平等性要求，可以说是谈判成功的至理名言。谈判合同一经成立，谈判各方须"重合同，守信用""言必信，行必果"，认真遵守，严格执行。签订合同时不允许附加任何不合理的条件，履行合同时不能随意违约和单方面毁约，否则，就会以不平等的行为损害对方的利益。

（二）互利性原则

在国际商务谈判中，平等是互利的前提，互利是平等的目的。平等与互利是平等互利原则密切联系、有机统一的两个方面。打仗、赛球、下棋，结局通常是一胜一负。国际商务谈判不能以胜负输赢而告终，要兼顾各方的利益。为此，应做到以下几点。

1. 投其所需。在国际商务活动中进行谈判，说到底就是为了说明对方进而得到对方的帮助和配合以实现自己的利益目标，或曰通过协商从对方获取己方所需要的东西。

首先，应将自己置身于对方的立场上设身处地地为其着想。把对方的利益看成与自己的利益同样重要，对其愿望、需要与担忧表示理解和同情，富于人情味，建立起情感上的认同关系，从心理上启开对方接纳自己之门。要记住：谈判虽为论理之"战"，然谈判桌上为人所动的是"情"，常常是"情"先于"理"。

其次，要了解对方在商务谈判中的利益要求是什么。谈判的立场往往是具体而明确的，利益却隐藏在立场的后面，出于戒心，对方不会轻易表白，即使显露，也是很有分寸、注意程度的。因而，了解对方的需求，应巧妙地暗探，策略地询问，敏锐地体味"话中之话"，机智地捕捉"弦外之音"。

第三，在对对方有所知的基础上有的放矢地满足其需求。这是前面行为的目的，是最重要的一环。在商务谈判中考虑和照顾对方的利益，会引起对方的积极反应，促进互相吸引、互相推动的谈判格局的形成。自己的主动利他之举，能唤起对方投来注意和关心。谈判各方通常都有在该谈判中努力实现的利益目标，因此，为对方着想就要根据对方的利益目标满足其基本需要。在目标要求不一致的情况下，要尽可能寻求双方利益的相容点而投其所需。此外，还要注意对方非经济利益的需求，如安全感、归属感、自尊感、认同感、荣誉感等，这类需求得到满足，有时会产生某种意想不到的效果，使谈判的实质性问题得到轻而易举的解决，使自己受益无穷。莎士比亚说："人们满意时，会付高价钱。"高明的谈判者自然明白个中奥妙。

2. 求同存异。谈判各方的利益要求完全一致，就无须谈判，因而产生谈判的前提是各方利益、条件、意见等存在着分歧。国际商务谈判，实际上是通过协商弥合分歧使各方利益目标趋于一致而最后达成协议的过程。如果因为争执升级、互不相让而使分歧扩大，则容易导致谈判破裂。而如果想使一切分歧意见皆求得一致，在谈判上既不可能也无必要。因此，互利的一个重要要求就是求同存异，求大同，存小异。谈判各方应谋求共同利益，妥善解决和尽量忽略非实质性的差异。这是商务谈判成功的重要条件。

首先，要把谋求共同利益放在第一位。在国际商务谈判中，各方之"同"，是使谈判顺利进行和达到预期目的的基础，从分歧到分歧等于无效谈判。谈判中的分歧通常表现为利益上的分歧和立场上的分歧。参与谈判的每一方都要追求自身的利益，由于所处地位、价格观念及处理态度不同，对待利益的立场也就不同。需要指出的是，谈判各方从固有的立场出发，是难以取得一致的，只有瞄准利益，才有可能找到共同之处。而且，国际商务谈判的目的是求得各方利益之同，并非立场之同。所以，要把谈判的重点和求同的指向放在各方的利益上，而不是对立的立场上，以谋求共同利益为目标。这就是求大同，即求利益之同。

然而，求利益之同难以求到完全相同，只要在总体上和原则上达到一致即可，这是对求大同的进一步理解。求同是互利的重要内容，如果谈判者只追求自己的利益，不考虑对方的利益，不注重双方的共同利益，势必扩大对立，中断谈判，各方均不能有所得。一项成功的商务谈判，并不是置对方于一败涂地，而是各方达成互利的协议。谈判者都本着谋求共同利益的态度参与谈判，各方均能不同程度地达到自己的目的。林肯曾颇有感触地说："我展开并赢得一场谈判的方式，是先找到一个共同的赞同点。"谈判的前提是"异"，谈判的良好开端则是"同"，谈判的推动力和谈判的归宿更在于"同"。

其次，努力发现各方之"同"。国际商务谈判是一种交换利益的过程，而这种交换在谈判结束时的协议中才明确地体现出来。谈判之初，各方的利益要求还不明朗或不甚明朗，精明的谈判者能随着谈判的逐步深入从各种意见的碰撞中积极寻找各自利益的相容点或共同点，然后据此进一步探求彼此基本利益的结合部。谈判各方利益纵然有诸多相异之处，总能找到某种相同或吻合之点，否则在一开始就缺乏谈判的基础和可能。为了引导对方表露其利益要求，应在谈判中主动而有策略地说明己方的利益。只要你不表现出轻视或无视对方的利益，你就可以用坚定的态度陈述自己利益的重要性。坚持互利原则内在地包含着坚持自己的利益，只是要把这种自我坚持奠定在对对方利益的认可与容纳的基础之上。忽视、排斥对方的利益和隐藏、削弱自身的利益，都不利于寻求相互之间的共同之处，都会妨碍谈判目标的正常实现。在解释自己的利益时，要力求具体化、生动化、情感化，以增加感染力，唤起对方的关切。在协调不同要求和意见的过程中，应以对方最小的损失换取自己最大的收获，而不是相反。

第三，把分歧和差异限定在合度的范围内。求大同同时意味着存小异，存小异折射着谈判各方的互利性。绝对无异不现实，而差异太大难互利。就商务谈判而言，"小异"不只是个数量概念，更重要的是有质的含义。其质的要求有两个方面：其一是谈判各方非利益之异；其二是若存在利益上的差异则应为非基本利益之异。这是互利性要求的内在规定，是谈判协议中保留分歧的原则界限。谈判各方的不同利益需要，又可分为相容性和排斥性的。属于排斥性的，只要不与上述原则要求相悖，允许存在于谈判协议之中；如是相容性的，则能各取所需，互为补充，互相满足。

3. 妥协让步。在国际商务谈判中，互利不仅表现在"互取"上，还表现在"互让"上。互利的完整含义，应包括促进谈判各方利益目标共同实现的"有所为"和"有所不为"两个方面。既要坚持、维护己方的利益，又要考虑、满足对方的利益，兼顾双方利益，谋求共同利益，是谓"有所为"；对于难以协调的非基本利益分歧，面临不妥协不利于达成谈判协议的局面，做出必要的让步，此乃"有所不为"。谈判中得利与让利是辩证统一的。妥协能避免冲突，让步可防止僵局，妥协让步的实质是以退为进，促进谈判的顺利进行并达成协议。

三、国际商务谈判重要性

国际商务谈判的内容，不仅包括商务与技术方面的问题，还包括法律与政策问题，它是一项政策性、策略性、技术性和专业性很强的工作。国际商务谈判的结果，决定着合同条款的具体内容，从而确定合同双方当事人的权利和义务，故买卖双方都很重视商务谈判这项重要的活动。

在国际货物买卖中，商务谈判是一项很复杂的工作，它比国内贸易中的洽谈交易复杂得多。因为，交易双方分属不同的国家或地区，彼此有着不同的社会制度、政治制度、法律体系、经济体制和贸易习惯，有着不同的文化背景、价值观念、信仰和民族习惯，而且还有语言和文字沟通方面的困难。

在谈判过程中，由于交易双方的立场及其追求的具体目标各不相同，故往往充满尖锐复杂的利害冲突和反复讨价还价的情况。参加商务谈判人员的任务是，根据购销意图，针对交易对手的具体情况，施展各种行之有效的策略，正确处理和解决彼此间的冲突和矛盾，谋求一致，达成一项双方都能接受的公平合理的协议。由于交易双方达成的协议不仅直接关系着双方当事人的利害得失，而且具有法律上的约束力，不得轻易改变，所以是否拍板成交和达成协议，彼此都应持慎重态度。如果由于失误而导致磋商失败，就会失掉成交的机会。如果由于我方人员急于求成、疏忽大意或其他原因，作了不应有的让步，或接受了不合理的成交条件和有悖于法律规定的条款，致使交易磋商中出现一些错误和隐患，往往事后难以补救。这不仅会使我方在经济上蒙受不应有的损失，而且还可能给履约造成困难，进而影响双方关系，对外造成不良的政治影响。

综上所述，足见商务谈判是一个很重要的环节，做好这个环节的工作，妥善处理商务谈判中出现的各种问题，在平等互利的基础上达成公平合理和切实可行的协议，具有十分重要的意义。

第二节　国际商务谈判的技巧

随着生产力的提高，信息化商务的快速发展，现代商务活动的复杂性已经远远超出了普通人的想象。商务谈判的难度和复杂性也随之提高。商务谈判人员不仅仅要有良好的口才，还要具备全面的整体素质。全面素质这一问题早在清代就有了很细致形象的概括。清代袁枚说过：学如弓弩，才如箭链，识以领之，方能中鹄。意思是说一个人的学问如同射箭用的弓弩，才能如同那支将要射出的箭链，要以自己的认识作为引领（瞄准）才能射中目标的那只鸟。这句话非常形象地说明了一个人的学识、才能、素质之间的关系，正所谓知行合一。在这三方面"识"为最核心的层面，"学"为中间层面，"才"也就是表现在外的外围层面。

一、国际商务谈判的技巧应用

（一）谈判前要做足功课，准备充分

"知己知彼"才能"百战不殆"。要想在谈判桌上顺风水顺水，就要事先研究好对手，做足准备，随机应变，应对挑战。在谈判前了解得越多，在谈判中就越能从容淡定，能够随机应变。在谈判前，谈判人员应该彻底调查谈判对象的背景，了解谈判人员的性格特征，熟悉谈判内容和谈判重点，了解双方在谈判过程中的利弊关系，提前预测对方的着重点并制定策略予以应对。提前的准备越充分，谈判也将越顺利地进行，在遇到突发事件时，就越不会自乱阵脚，从而灵活处理。

（二）掌握语言技巧，巧用语言艺术

在谈判中灵活运用语言艺术，可以达到事半功倍的效果。首先要做到有的放矢，有针对性地进行谈判，给对方一种压倒性的紧迫感；含含糊糊地言语只会让对方觉得我方缺乏自信，不值得对方信任。针对不同的环节，不同的谈判内容、不同的谈判对手，要有针对性地使用语言，灵活运用语言艺术。其次，要根据对方谈判人员性格，谈判内容，谈判形势的不同，灵活的使用语言技巧。谈判过程中往往会遇到一些意想不到的事情，要求谈判者具有灵活的应变能力，巧妙地摆脱困境。另外，因为国际谈判是在不同的两国之间进行，

所以还要考虑到与对方的文化差异，让别人能够充分的理解并接受。最后，要语言婉转，避免谈判中利益冲突激化。

（三）巧用心理战术，以智慧去战胜对手

商务谈判不仅仅是智慧上的较量，更重要的是掌握心理战术。在谈判过程中，仔细观察对方的每一个动作表情，揣摩他的心理变化以及时采取应对的方法。掌握一定的心理战术，在心理上战胜对手，从而在谈判过程中占取有利地位。比如对方越是急躁，我们就越要沉着冷静，拖延时间，虚与周旋，使其心理防线彻底崩溃。正确的判断对方的心理状态，有助于我们采取不同的措施，占取谈判中的主动位置。

（四）仔细聆听，找出破绽

集中精力、听专心致志倾听，适当地做做记录有利于自己调理思路，在恰当的时候与对方进行眼神交流，让对方感觉到你在用心聆听，以示对对方的尊重。这样做不仅可以帮助自己记住对方所阐述的关键点，而且也有助于在对方发言完毕之后，抓住对方的漏洞进行攻击提问，同时，还可以帮助自己更清晰的认识问题，理解对方讲话的隐形含义与内涵实质。听话者需要在用心倾听的基础上，仔细鉴别对方阐释的信息的真伪，捕捉漏洞，加以攻击，为自己争取更多的利益。为了防止扭曲讲话者的本意，要克服先入为主的倾听方式，全面分析说话者的本意，以防造成信息不准确、判断失误，从而造成行为选择上的失误。

（五）缓和紧张的气氛，利于双方的和平谈判

当谈判双方的利益关系激化的时候，不妨采取一些缓和的措施，比如中途休息十分钟，缓和一下紧张的气氛。在休息期间，不仅可以回顾一下谈判的进展情况，重新考虑自己的观点和对方的观点，而且让头脑清醒一下再进入洽谈，从心情上、态度上、和言语上效果会更好。最好能化干戈为玉帛，巧妙地去除彼此之间的隔阂，让一切能重新开始。若对方相互仇视，那么就会把主观意念掺入到谈判当中，会影响谈判的结果导致最终不能使双方达成一致。

（六）旁敲侧击的说服对方

在说服对方与其驳辩时，应当变换不同的说法，使对方逐渐转变思想。比如，一个观点，你总是用一种说法去阐述，对方就会厌烦，反而会起到反效果。你所要表达的目的虽然相同，但是，在反复说明强调的过程中，变化不同的方式进行阐释，既不会引起对方的反感又能起到强调的作用。当你从不同的角度，运用不同语言技巧，使用不同的说话方式，对方就会觉得你的观点很正确明晰，你讲解得很明白，而慢慢向你的观点靠拢，最终达成共识。

（七）运用大量文件资料，堆积攻击

在谈判开始时就运用事先准备好的大量文件给对方造成一种压迫感，让对方觉得我们准备很充分，对利弊关系了解很透彻，对谈判内容的了解深入，让对方对我们产生信任感。

尤其要注意的是，这些资料文件一定要与谈判本身相关，如果被对方发现这些文件只是充场面的，就会使对方不仅对我们的资料产生怀疑，而且对我们的诚信和实力产生怀疑。而且资料要贯穿谈判的始终，让对手感觉到资料的真实性，相信我们为了此次谈判做出很多努力。

（八）巧提问题，获取问题之外的有用信息

通过提问的过程，我们可以直接获取平时无法获得的信息，以证实我方猜测，制定有针对性的策略，进行下一步的谈判。谈判者应该提出巧妙的问题，从对方的回答中挖掘隐含的内容，可以使我们从问题中得到额外的信息。提问时应该注意的是，不要让对手有反问的机会，不要让对手有意打断提问的进程和我方的思路，直到问题问完完全了解对手。如果对手对我们的问题解释含糊或有意规避，我们应该要求对手做出正面回答，直至获得满意的答复获得有用的信息。

（九）灵活应对各种问题

在谈判桌上风云变幻，随时都有可能出现意料之外的事件，所以谈判者应该灵活机敏应对各种挑战。当对手逼你回答些刁钻的问题时，你若总说"让我想一想""等一下""这个——我也不知道"等等含糊的语句，对方便会认为你自己的思路都很混乱，从而在心理上处于劣势，相反，如果你能用很精准的语言概括你要表达的所有信息，就能给对方留下干练的形象，从心理上战胜对方。或者你可以巧妙的采用规避的方法，转移话题，使对手不会发现我方在此问题上无法做出准确的解释。

二、国际商务谈判需要注意的问题

（一）多元化的谈判手段是取胜的关键

为了取得谈判的成功，获取自身利益的最大化，在谈判过程中使用多种手段是取得成功的关键。如，先退后进。在对方完整阐述完自己的观点和态度之后，抓住其漏洞进行攻击使自己获得最大的利益。又如，利益诱惑。根据对手的喜好，以小恩小惠收买人心，最终获得更大的利益。再如，随时留有余地。在没有最终达成协议之前，任何话都不能说死，要为自己的下一步做打算，要留有余地。

（二）注重文化差异的谈判介质是取胜的细节

由于国际商务谈判的谈判者代表了不同国家和地区的利益，人们的生活方式、语言环境、政治背景不尽相同，所以在国际谈判中的难度会比一般谈判更大。在谈判中要注意文化差异对于谈判过程和结果的影响。很可能因为不同的表达方式使双方产生误解，或者理解上有歧义，导致谈判结果不能使双方满意。文化差异和语言习惯虽然是谈判过程中的小事，但是细节可能决定结果。

（三）取得国际化商务谈判的双烹是谈判成功的唯一标准，双方利益的兼顾是前提

国际谈判的目的是达成使双方满意的结果。国际商务谈判中，相互信任、双方平等是和谐谈判的前提，达到共赢是成功谈判的目的。谈判的双方带着不同的目的进行谈判，都想要达到自己利益的最大化，但是双方均达到利益的最大化是不可能实现的，这就要求在兼顾双方利益的前提下，进行细节的协商谈判，最终达成使双方都满意的结果。谈判不是分出你输我赢的局面，而应该是双方合作互利的过程，每一方都能得到自己想得到的，但是又不能完全得到自己想得到的，彼此协商退让，最终完成谈判。

（四）谈判信息的准备是必要

21世纪是信息的时代，信息就是资本，信息就是利益，信息是在谈判中取胜的法宝。掌握对手的精确信息有利于我方对对手的准确分析，提前制定行之有效的策略，利用信息我们可以了解对手的动态，了解对手的意图和目的，从而制定相应的策略。"知己知彼"才能"百战不殆"。谈判者要在复杂的局势中左右谈判的发展，则必须做好充分的准备，掌握对手足够的信息动态。

（五）良好的谈判气氛是成功的润滑剂

当双方在谈判过程中，情绪失控，利益矛盾激化时，老练的谈判者会灵活的掌控局面，运用轻松的语言，缓解紧张的气氛。当双方充满敌意时，相互诋毁时，人身攻击时，会在谈判中加入自己的主观因素，影响谈判的心情，使头脑不清醒，从而影响谈判的结果。当你发现你与对方有矛盾时，就不得不谨慎处理，小心应对。最好能化干戈为玉帛，让一切能重新开始，集中精力在谈判上，最终达成使双方都满意的结果。

国际商务谈判具有一般谈判的共性，需要掌握一些谈判的技巧来使得谈判的顺利进行。同时它也具有自己的特性，文化的差异是国际商务谈判的较为复杂的一点，因此，在谈判中要注意谈判的方式，尊重对方的文化。新媒体背景下，谈判也有了新型的方式，我们要不断地更新自己的方式，从而避免不必要的争端和利益损失，争取谈判的成功。

第三节　中外文化差异对国际商务谈判的影响

我国加入WTO后，与世界各国贸易往来日渐频繁，参与各种国际商务活动的机会越来越多，同时国际商务竞争也越来越激烈。国际商务谈判是进行商务活动的重要前提，国际谈判不仅仅是促进两国经济的相互交融与合作，还是各国之间的文化交流与沟通。国际谈判的制约与影响因素有很多，譬如各国家、各民族的政治、经济与文化等。尤其是文化差异，往往是导致国际谈判失败的主要因素。要想顺利促成国际商务活动，则需了解不同

国家的文化背景及其差异，懂得扬长避短，合理制定谈判策略。

一、文化差异主要表现

（一）语言行为

语言交流是国际商务活动进行的主要环节，通常情况下，贸易双方经雇佣的翻译或共用第三方语言进行交谈。即使如此，不同国家进行商务谈判时，双方语言文化仍旧存在差异。

（二）非语言行为

在进行国际商务谈判时，除语言交流外，非语言方式也是一种重要的交流方式。谈判人员常常用非语言方式含蓄的表现或接收比语言消息更重要的信息。拥有不同文化背景的谈判双方在谈判过程中，常常会误解对方发出的非语言信息，使商务谈判难以正常进行。

（三）风俗习惯

习俗是经历史发展形成且为人们早已司空见惯的一种社会现象，其文化内涵非常深厚，影响力相当强大。风俗习惯包括个人或集体已经形成习惯礼节与传统风尚，是既定社会范围内，由世代人们流传下来的行为模式与规范。风俗习惯是民族性格的象征，中西方习俗差异深入到各个细微之处，了解一国习俗，有利于真正理解和运用该国的语言。

（四）价值观念

中西方价值观念一直存在着较明显的差异。中国历来受儒家文化的教育与影响，儒家思想主推"仁""利他"观念根深蒂固，源远流长；西方则信仰个人主义，坚持个人利益不容侵犯，"利己"观念在西方文化中已经被达成共识。

（五）政治制度

政治制度建立在一定的经济基础上，是上层建筑的主要组成，它不仅受经济的影响，还受国家的法律、文化传统及地理条件等因素的影响。中西方政治制度出现明显差异是在原始社会末期，在此之前，双方政治均实行原始民主制，具有较强的相似性。在过后的发展中，这种差异进一步加深，最终西方国家过渡到以国家制度为基础的政治民主制度，中国的原始民主制完全消失，并被专制君主制度占据了两千多年。

二、中外文化差异对国际商务谈判的影响

（一）政治体制文化差异对国际商务谈判的影响

国际商务谈判双方所具有的政治体制差异对国际商务谈判结果产生着直接的影响。国家意识形态是否相同，国家关系是否友好决定着国际商务谈判中的环境是否宽松。另外，

政治体制文化差异还反映在国际商务谈判双方的社会制度与政治信仰差异方面，对于社会制度与政治信仰相同或者相近的国际商务谈判双方，能够在国际商务谈判过程中体现出对对方的理解、尊重，并能够充分发扬互帮互助的精神。具体到谈判过程中，谈判双方也能够具有坦诚相待的态度并且不必使用过于复杂的谈判手法，而对于谈判中出现的问题，也会比较容易解决。而如果国际商务谈判双方所具有的社会制度与政治信仰大相径庭，那么将不可避免地出现谈判一方对另一方采取带有歧视的经济政策、谈判策略等，这会导致国际商务谈判双方受到较多的限制，并且加大谈判双方的谈判难度。

（二）思维方式文化差异对国际商务谈判的影响

在国际商务谈判过程中，谈判者所具有的思维方式对谈判全程都产生着不同的影响。受到文化背景差异的影响，国际商务谈判双方在思维差异方面都或多或少具有差异性。从中西思维方式的特征比较方面来看，中国更倾向于综合思维，并重视演绎推理。而西方国家更倾向于分析思维，重视归纳推理，因此，在国际商务谈判工作中，即便是面对同样的问题，国际商务谈判双方也会因为思维方式的差异而持有不同的见解并提出不同的解决建议。中国在权责方面倾向于集权，即强调个人所拥有的权利与集体所拥有的责任。而西方则恰恰相反地倾向于分权，即强调个人所需要承担的责任以及集体所具有的权利。因此在国际商务谈判中，中方谈判人员虽然较多，但是却只有一名决策者，而西方则重视协商与一致。另外，中国谈判方在谈判过程中往往认为尊严要重于谈判结果，而西方谈判方则往往比较重视结果，因此，只要能够在谈判过程中获得最大利益，西方谈判方就会做出最大努力来争取。

（三）语境文化差异对国际商务谈判的影响

由于国际商务谈判活动具有综合性的特征，因此预警文化也能够对国际商务谈判过程与结果产生不容忽视的影响。预警文化差异所带来的影响体现在多个方面，强语境文化国家在对信息的理解与传递中往往使用非语言表达方式甚至更加间接的方式，如肢体知识、客观环境等语言。我国即属于强语境文化国家，因此我国谈判方在谈判过程中的语言不仅具有表面含义，同时还可能具有言外之意，而理解语言的言外之意对于谈判的成功而言发挥着重要的推动作用。另外，中国谈判方在谈判中为了表示尊重对方而往往使用沉默来表达自身的异议。而西方国家大多弱语境文化，信息传递的方式也主要以明确的文字或者语言为主，在国际商务谈判过程中，西方谈判者更倾向于开展直接、坦诚的交流，与中国不同的是，他们并不在意是否在谈判过程中产生摩擦，并且能够正视摩擦与解决摩擦。

（四）价值观文化差异对国际商务谈判的影响

社会个体所具有的价值观受到社会意识形态以及文化环境的影响，价值观的不同会导致国际商务谈判双方具有不同的语言交际习惯与非语言交际行为，在此基础上，则会产生一定的文化冲突。如在集体观念的熏陶下，中国谈判方倾向于将谈判过程看作是构建长期合作的过程，而合同的签订则意味着长期合同的良好开端。但是在个人主义熏陶下，西方谈判方更加倾向于独立思考与个人价值的实现，因此，谈判过程与合同的签订更多意味着利益的获取。同时，西方的价值观中强调平等主义，因此，在谈判过程中他们更主张公平与公开，并且会将谈判对手当作地位平等的一方，在利润划分方面也十分公平，而这一点，东方显然不及西方。另外，在国际商务谈判中，时间观念也会对国际商务谈判的结果产生很大的影响，相对而言，西方人尤其是美国人普遍具有较强的时间观念，但是东方人尤其是中东、南亚等国家则普遍欠缺这种意识。而时间观念的差异则会导致国际商务谈判双方在方式和风格方面体现出很多不同，从美国人来看，他们的竞争意识以及对效益的追逐意识较强，雷厉风行则是他们主要的商业作风。但是中国人则会使用很多的时间来对事件的可行性做出分析。

三、国际商务谈判中解决中外文化差异影响问题的策略

（一）尊重、理解文化差异

在国际商务谈判过程中，文化差异是客观存在的，而为了获得良好的谈判结果，国际商务谈判双方应当对文化差异做出了解、尊重与理解，从而在弱化文化差异负面影响的基础上来确保国际商务谈判工作的有序、有效开展。当国际商务谈判双方开始愿意了解对方文化之后，就会逐渐发现对方文化所具有的价值，所以在开展国际商务谈判的过程中，谈判双方应当在尊重文化差异的基础上开展换位思考，并利用这种方法来解决商务谈判中出现的问题。在此基础上，国际商务谈判所取得的成果也必然是双方满意且互惠互利的，同时也才能够让双方构建起长期且良好的合作关系。这要求国际商务谈判者能够树立正确的跨文化谈判理念，并在与不同国家的谈判对象开展谈判的过程中采取不同的谈判方式和谈判技巧，从而确保国际商务谈判能够具有良好氛围。

（二）做好国际商务谈判准备

国际商务谈判准备的目的不仅是为了在谈判过程中占据主动权，同时也是为了避免在谈判过程中出现沟通障碍。只有做好充分的谈判准备，谈判双方才能够对谈判过程中出现的问题做出随机应变的应对，从而避免谈判冲突的产生。从国际商务谈判准备的内容来看，需要对谈判参与者的情况、谈判工作的目标等做出了解，并有必要对谈判过程进行模拟。另外，谈判者不仅要对对手情况做出了解，同时也有必要对自身情况做出客观评估，从而在知己知彼的前提下做到战无不胜。

（三）了解国际惯例与国际商法

参与国际谈判的人员不仅要了解自身国家的对外贸易政策以及外交政策，同时有必要了解谈判对手所在国家的对外贸易政策与外交政策，同时，国家利益、民族利益应当始终高于个人利益和企业利益，这是国际谈判开展中我国谈判者需要把握的基础准则。另外，

现代商务活动的开展需要在特定的法律环境中进行，然而文化差异也会导致国际商务谈判双方在法律观念方面体现出明显差异。从我国来看，受到传统等级制度以及官本位思想的影响，法制观念相对欠缺，而西方国家则具有较高的法律意识。因此，在国际谈判工作开展过程中，对谈判者的法制观念和法律意识做出健全与提高也是十分必要的工作内容。

综上所述，中外文化中的政治体制文化、思维方式文化、语境文化乃至价值观文化等都会对国际商务谈判的过程与结果产生负面影响，而弱化这些负面影响是确保国际商务谈判取得成功的关键，为此，国际商务谈判双方已经做出尊重与理解对方文化、做好国际商务谈判准备并对国际惯例以及国际商法等做出了解，只有如此，国际商务谈判双方才能够在谈判过程中开展良好的沟通并为长期合作关系的形成构建基础前提。

结　语

　　金融行业的发展与国际贸易的发展有息息相关的联系。金融行业的发展能够促进国际贸易往来，为国家之间展开合作提供资金支持，同时，国际贸易的蓬勃发展也能够进一步推动金融行业的业绩提高。在此背景下，国家应当完善金融体系制度，结合贸易发展背景，从而为我国企业开展贸易活动保驾护航。